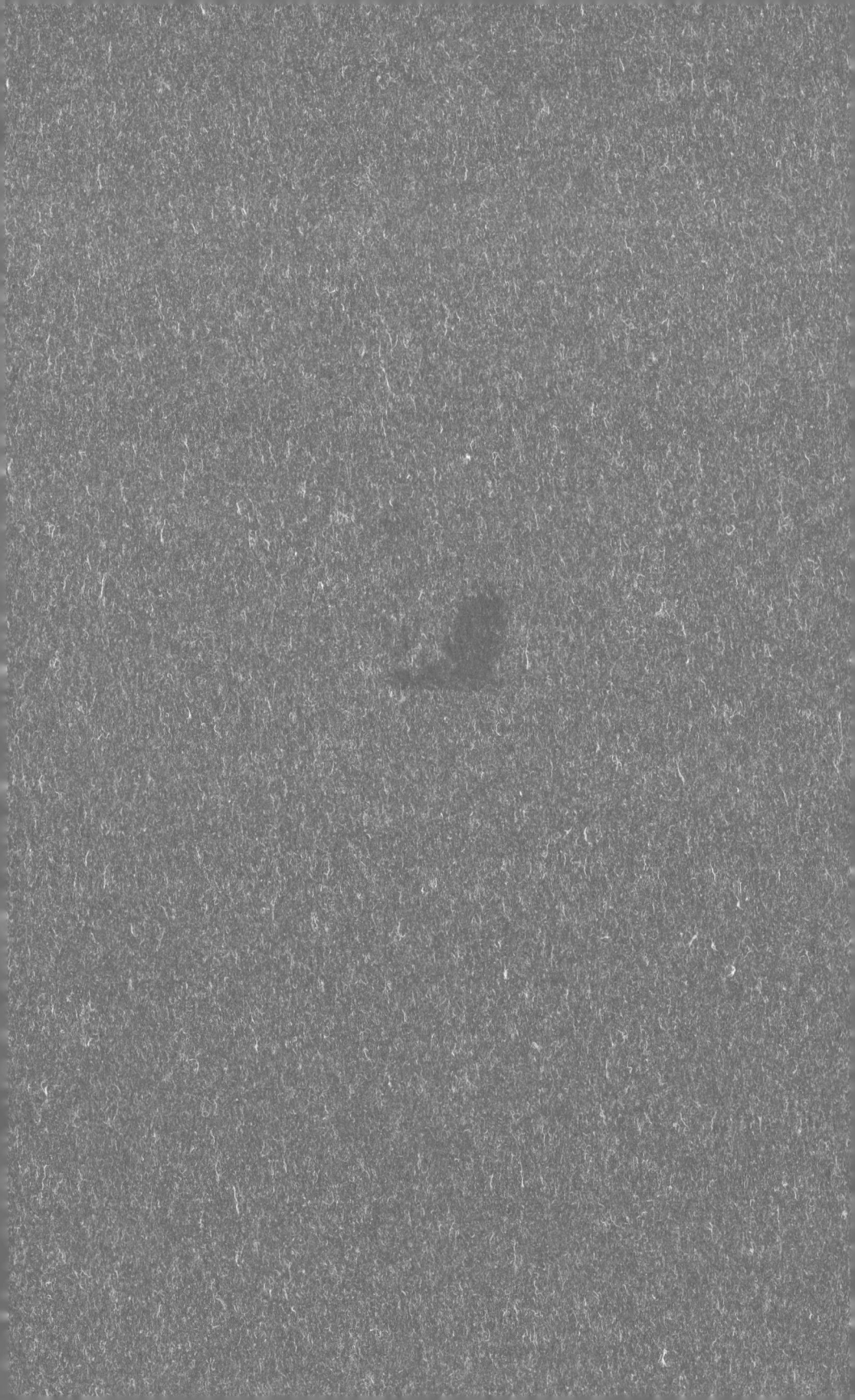

# 鴉片戰爭後
# 清宮粵海關稅收報告

## TARIFF ARCHIVES OF THE IMPERIAL CUSTOMS
## OF THE QING DYNASTY IN GUANGDONG
## AFTER THE FIRST OPIUM WAR IN THE QING'S PALACE

葉 農　黃素芳　整理、點校

**SPM**
南方出版傳媒
廣東人民出版社
·廣州·

图书在版编目（CIP）数据

清宫藏鸦片战争后粤海关税收报告／叶农，黄素芳整理点校. —广州：广东人民出版社，2019.12
ISBN 978－7－218－13823－7

Ⅰ.①清… Ⅱ.①叶… ②黄… Ⅲ.①关税—税收管理—研究报告—广州—清后期 ②粤海关—史料 Ⅳ.①F752.9

中国版本图书馆 CIP 数据核字（2019）第 187727 号

QINGGONG CANG YAPIAN ZHANZHENG HOU YUEHAIGUAN SHUISHOU BAOGAO
## 清宫藏鸦片战争后粤海关税收报告

叶农，黄素芳　整理、点校　　　　　　　　版权所有　翻印必究

出 版 人：肖风华

特约策划：暨南大学澳门研究院　港澳暨海外文献出版传媒中心
责任编辑：梁　茵　陈泽航
封面设计：陈　毅
责任技编：周　杰　周星奎

出版发行：广东人民出版社
地　　址：广州市新港西路 204 号 2 号楼（邮政编码：510300）
电　　话：(020) 85716809（总编室）
传　　真：(020) 85716872
网　　址：http://www.gdpph.com
印　　刷：广东信源彩色印务有限公司
开　　本：787 mm×1092 mm　1/16
印　　张：17.5　　　字　　数：260 千
版　　次：2019 年 12 月第 1 版
印　　次：2019 年 12 月第 1 次印刷
定　　价：80.00 元

如发现印装质量问题，影响阅读，请与出版社（020－85716849）联系调换。
售书热线：(020) 85716826

本書爲2016年國家社科基金重大招標項目
"鴉片戰爭後港澳對外貿易文獻整理與研究"
（16ZDA130）階段性成果

葉農　暨南大學澳門研究院院長、教授，歷史學博士。主要從事明清史（港澳史）、基督教傳華史、海外漢學、歷史文獻學的研究工作，曾出版過《渡海重生：19世紀澳門葡萄牙人移居香港研究》等澳門史的研究著作三部；主持《澳門研究》之"澳門學著作提要"專欄；承擔2016年國家社科基金重大招標項目"鴉片戰爭後港澳對外貿易文獻整理與研究"；發表相關研究論文50餘篇。

黃素芳　1979年生，河南葉縣人，廣東工業大學馬克思主義學院講師，歷史學博士，主要從事中國近代史和中外關係史的教學和研究。主持國家社科基金後期資助項目一項，佛山市歷史文化叢書編寫項目一項，參與國家社科基金重大項目子項目一項，發表論文數十篇。

# 導　言

粵海關始設於清康熙年間，一直履行著徵收對外貿易的稅收與執法職能。鴉片戰爭之後，特別是第二次鴉片戰爭之後，清政府的海關管理體系發生了改變。歷史悠久的粵海關，也開始改變，分爲了粵海關常關與洋關（或稱"新關"），並開始了"洋""常"之爭。由於它們系專門徵收關稅的機構，因此它們留下的檔案資料，成爲了研究粵港澳地區自鴉片戰爭以來，對外貿易發展的重要史料。關於洋關的史料，學術界多有研究與整理，而常關，因其徵稅對象的不同，常常不太受學術界關注。鴉片戰爭之後，清朝政府所設立的洋關與常關之間存在的紛爭，反映了近代粵港澳對外貿易的發展與中外政治關係的演變。爲了全面反映這個歷史過程，很有必要對常關稅收的資料進行收集與整理，爲進一步的學術研究提供基礎。

清康熙二十四年（1685年），清朝政府設立了粵海關，設海關監督滿漢各一人，筆帖式一人。監督的全稱是"欽命廣東沿海等處貿易稅務戶部分司"。康熙二十八年（1689年），清朝政府正式頒佈欽定粵海關稅則，沿襲明朝市舶司稅制，後經多次修改。

粵海關對清朝政府的財政貢獻和執法職能，主要是通過口岸現場來實現的。這些口岸，主要設置在經濟發達、航運便利、商業傳統濃厚的港口，與廣東城市經濟圈高度重合。其中，粵海關在廣州城內設有大關，在澳門設有澳門總口，在粵東惠州府、潮州府分別設有粵海關烏坎總口和庵埠總口，在粵西、廣西和海南分別設有粵海關梅菉總口、海安總口、海口總口，合爲七大總口。

粵海關按職能把分支機構分成正稅口、掛號口和稽查口三類。掛號口和正稅口分別負責報關登記、填寫稅單和收稅的功能，稽查口負責船隻、貨物出入的稽查，不執行報稅、收稅任務。按照這種劃分，在清道光中葉，粵海關有正稅口 33 個、掛號口 24 個、稽查口 19 個，見表 1。

表 1　1838 年粵海關常關口岸設置

| 序號 | 總口 | 子口 | 職能 | 屬地 | 相距大關 |
|---|---|---|---|---|---|
| 1 | 大關 |  | 正稅口 | 省城 |  |
| 2 |  | 總巡口 | 掛號口 | 廣州府南海縣附城 |  |
| 3 |  | 行後口 | 稽查口 | 廣州府南海縣附城 |  |
| 4 |  | 東炮臺口 | 掛號口 | 廣州府番禺縣附城 |  |
| 5 |  | 西炮臺口 | 掛號口 | 廣州府南海縣附城 |  |
| 6 |  | 佛山口 | 掛號口 | 廣州府南海縣 | 六十里 |
| 7 |  | 黃埔口 | 掛號口 | 廣州府南海縣 | 三十里 |
| 8 |  | 虎門口 | 掛號口 | 廣州府東莞縣 | 一百六十里 |
| 9 |  | 紫坭口 | 掛號口 | 廣州府番禺縣 | 一百里 |
| 10 |  | 市橋口 | 掛號口 | 廣州府番禺縣 | 一百里 |
| 11 |  | 鎮口 | 掛號口 | 廣州府東莞縣 | 一百六十里 |
| 12 |  | 江門口 | 正稅口 | 廣州府新會縣 | 二百里 |
| 13 | 澳門總口 |  | 正稅口 | 廣州府香山縣 | 三百里 |
| 14 |  | 大碼頭口 | 稽查口 | 廣州府香山縣 | 三百里 |
| 15 |  | 南灣口 | 稽查口 | 廣州府香山縣 | 三百里 |
| 16 |  | 關閘口 | 稽查口 | 廣州府香山縣 | 三百里 |
| 17 |  | 娘媽閣口 | 稽查口 | 廣州府香山縣 | 三百里 |
| 18 | 烏坎總口 |  | 正稅口 | 惠州府陸豐縣 | 七百里 |
| 19 |  | 神泉口 | 正稅口 | 潮州府惠來縣 | 九百里 |
| 20 |  | 甲子口 | 正稅口 | 惠州府陸豐縣 | 八百里 |
| 21 |  | 湖東口 | 掛號口 | 惠州府歸善縣 | 八百里 |
| 22 |  | 碣石口 | 掛號口 | 惠州府陸豐縣 | 八百里 |
| 23 |  | 汕尾口 | 正稅口 | 惠州府海豐縣 | 六百里 |
| 24 |  | 長沙口 | 稽查口 | 惠州府海豐縣 | 六百里 |
| 25 |  | 鮜門口 | 稽查口 | 惠州府海豐縣 | 六百里 |

（续表）

| 序號 | 總口 | 子口 | 職能 | 屬地 | 相距大關 |
|---|---|---|---|---|---|
| 26 |  | 平海口 | 正稅口 | 惠州府歸善縣 | 五百里 |
| 27 |  | 稔山口 | 稽查口 | 惠州府歸善縣 | 五百里 |
| 28 |  | 墩頭口 | 掛號口 | 惠州府歸善縣 | 六百里 |
| 29 |  | 靖海口 | 正稅口 | 潮州府惠來縣 | 九百里 |
| 30 | 庵埠總口 |  | 正稅口 | 惠州府海陽縣 | 一千六百里 |
| 31 |  | 雙溪口 | 掛號口 | 惠州府海陽縣 | 一千六百里 |
| 32 |  | 溪東口 | 掛號口 | 惠州府海陽縣 | 一千六百里 |
| 33 |  | 汕頭口 | 掛號口 | 惠州府海陽縣 | 一千六百里 |
| 34 |  | 潮陽口 | 正稅口 | 潮州府潮陽縣 | 一千八百里 |
| 35 |  | 後溪口 | 掛號口 | 潮州府潮陽縣 | 一千八百里 |
| 36 |  | 海門口 | 掛號口 | 潮州府潮陽縣 | 一千八百里 |
| 37 |  | 達濠口 | 掛號口 | 潮州府潮陽縣 | 一千八百里 |
| 38 |  | 澄海口 | 正稅口 | 潮州府澄海縣 | 一千六百里 |
| 39 |  | 南洋口 | 掛號口 | 潮州府澄海縣 | 一千六百里 |
| 40 |  | 卡路口 | 掛號口 | 潮州府澄海縣 | 一千六百里 |
| 41 |  | 東隴口 | 正稅口 | 潮州府澄海縣 | 一千六百里 |
| 42 |  | 樟林口 | 掛號口 | 潮州府澄海縣 | 一千六百里 |
| 43 |  | 府稅館口 | 正稅口 | 潮州府城 | 一千五百里 |
| 44 |  | 黃岡口 | 正稅口 | 潮州府饒平縣 | 一千七百里 |
| 45 |  | 烏塘口 | 掛號口 | 潮州府饒平縣 | 一千七百里 |
| 46 |  | 北炮臺口 | 正稅口 | 潮州府揭陽縣 | 一千六百里 |
| 47 | 梅菉總口 |  | 正稅口 | 高州府吳川縣 | 一千四百里 |
| 48 |  | 水東口 | 稽查口 | 高州府吳川縣 | 一千三百四十里 |
| 49 |  | 淘州口 | 稽查口 | 高州府吳川縣 | 一千二百六十里 |
| 50 |  | 芷芎口 | 掛號口 | 高州府吳川縣 | 一千一百里 |
| 51 |  | 暗鋪口 | 掛號口 | 高州府石城縣 | 一千一百六十里 |
| 52 |  | 兩家灘口 | 正稅口 | 高州府石城縣 | 一千一百六十里 |

（续表）

| 序號 | 總口 | 子口 | 職能 | 屬地 | 相距大關 |
|---|---|---|---|---|---|
| 53 | | 陽江口 | 正稅口 | 肇慶府陽江縣 | 八百里 |
| 54 | 海安總口 | | 正稅口 | 雷州府徐聞縣 | 一千七百里 |
| 55 | | 白沙口 | 稽查口 | 雷州府徐聞縣 | 一千七百里 |
| 56 | | 田頭口 | 稽查口 | 雷州府徐聞縣 | 一千七百里 |
| 57 | | 博賒口 | 稽查口 | 雷州府徐聞縣 | 一千七百里 |
| 58 | | 南樵口 | 稽查口 | 雷州府徐聞縣 | 一千七百里 |
| 59 | | 對樓口 | 稽查口 | 雷州府徐聞縣 | 一千七百里 |
| 60 | | 錦囊口 | 稽查口 | 雷州府徐聞縣 | 一千七百里 |
| 61 | | 雷州口 | 正稅口 | 雷州府海康縣 | 一千三百里 |
| 62 | | 赤坎口 | 稽查口 | 雷州府海康縣 | 一千三百里 |
| 63 | | 樂民口 | 稽查口 | 雷州府海康縣 | 一千三百里 |
| 64 | | 廉州口 | 正稅口 | 廉州府合浦縣 | 一千四百里 |
| 65 | | 山口口 | 稽查口 | 廉州府合浦縣 | 一千四百里 |
| 66 | | 欽州口 | 正稅口 | 廉州府欽州 | 一千八百里 |
| 67 | 海口總口 | | 正稅口 | 瓊州府瓊山縣 | 一千七百里 |
| 68 | | 鋪前口 | 正稅口 | 瓊州府文昌縣 | 一千七百里 |
| 69 | | 清瀾口 | 正稅口 | 瓊州府文昌縣 | 一千九百里 |
| 70 | | 沙荖口 | 正稅口 | 瓊州府合同縣 | 二千里 |
| 71 | | 樂會口 | 正稅口 | 瓊州府樂會縣 | 二千里 |
| 72 | | 萬州口 | 正稅口 | 瓊州府萬州縣 | 二千一百里 |
| 73 | | 儋州口 | 正稅口 | 瓊州府儋州 | 二千里 |
| 74 | | 北黎口 | 正稅口 | 瓊州府感恩縣 | 二千三百里 |
| 75 | | 陵水口 | 正稅口 | 瓊州府陵水縣 | 二千四百里 |
| 76 | | 崖州口 | 正稅口 | 瓊州府崖州 | 二千七百里 |

資料來源：（清）梁廷枏纂《粵海關志》（廣州：廣東人民出版社，2002年）卷五《口岸一》、卷六《口岸二》，第59~113頁。

鴉片戰爭之後，粵海關常關被稅務司逐步接管乃至消失。稅務司制度是外國人管理中國海關行政的一種制度，系西方列強通過發動第一次鴉片戰爭在中國取得協定關稅的特權的基礎上，在第二次鴉片戰爭後進一步對中國海關行政權的掠奪。1858年第二次鴉片戰爭後，英、法等國通過《天津條約》迫使中國設立海關稅務司制度，任用外國人爲總稅務司和稅務司，從而控制了整個中國的海關行政。

總稅務司署內正副總稅務司之下設稅務司及副稅務司，署內分設總務、機要、統計、漢文、銓敘五科，各科正副主任以及機要科的幫辦都由外國人擔任。此外還有內債基金處、造冊處、駐外辦事處、扢子手頭目等，都由外國人擔任。各海關設正稅務司一人，副稅務司一至二人，其下有幫辦以及其他人員，各關稅務司直接聽命於總稅務司。中國海關就完全處於總稅務司的控制之下，稅務司制度成爲清朝政府內部的、由外國人統領的一個獨立的系統。

粵海關稅務司分設有粵海、瓊海、潮海、北海、九龍、拱北、三水、江門、甘竹九個關口。各關開關日期如下，見表2。

表2　粵海關稅務司各口開關時間

| 關名 | 開關時間 | 所在地區 | 備註 |
| --- | --- | --- | --- |
| 粵海（廣州）關 | 1860年10月1日（咸豐十年八月十七日）開始按新章程徵稅 | 廣州 | 1842年（道光二十二年）《南京條約》開放廣州爲通商口岸。1858年《天津條約》議定各口以洋人爲稅務司，按上海關劃一管理，廣州關遂於1860年設稅務司，按新章徵稅 |
| 潮海（汕頭）關 | 1860年10月1日（咸豐十年八月十七日）開關徵稅 | 汕頭 | 1858年（咸豐八年）《天津條約》開放潮州爲通商口岸，1860年設稅務司開始徵稅 |

（续表）

| 關名 | 開關時間 | 所在地區 | 備註 |
| --- | --- | --- | --- |
| 瓊海（瓊州）關 | 1876年4月1日（光緒二年三月初七日）開關徵稅 | 瓊州 | 1858年（咸豐八年）《天津條約》開放瓊州爲通商口岸，1876年設稅務司開始徵稅 |
| 北海關 | 1877年4月1日（光緒三年二月十八日）開關徵稅 | 廣西北海 | 1876年（光緒二年）《煙臺條約》開放北海爲通商口岸，1877年設稅務司開始徵稅 |
| 九龍關 | 1887年4月1日（光緒十三年三月初九日）開關徵稅 | 九龍 | 按照《煙臺條約》及《煙臺續約》，中英雙方於1886年9月11日（光緒十二年八月十四日）議定，由中國在九龍設立關口，派駐稅務司，主要徵收洋藥稅厘。1887年按照此協議徵稅 |
| 拱北關 | 1887年4月1日（光緒十三年三月初九日）開關徵稅 | 澳門對面山拱北灣 | 1887年3月26日（光緒十三年三月初三日）中葡協議，中國在澳門設關口，派駐稅務司，主要徵收洋藥稅厘 |
| 三水關 | 1897年6月4日（光緒二十三年五月初五日）開關徵稅 | 三水縣江根墟 | 按照1897年（光緒二十三年）《中英續議緬甸條約》附款開放三水爲通商口岸，當年設稅務司開關徵稅 |

（续表）

| 關名 | 開關時間 | 所在地區 | 備註 |
|---|---|---|---|
| 江門關 | 1897年6月4日（光緒二十三年五月初五日）作爲分口開始徵稅。1904年（光緒三十年正月二十一日）正式設關徵稅 | 新會 | 1897年作爲三水關之分口與三水關同時開關徵稅。至1904年按照《中英續議通商行船條約》開放江門爲通商口岸，始設稅務司）開關徵稅 |
| 甘竹分關 | 1897年7月1日（光緒二十三年六月初二日）開始徵稅 | 順德 | 1897年作爲三水關之分口開始徵稅。與江門同爲停泊上下商貨之口，1904年江門設稅務司，單獨設關，甘竹分關亦在此時撤銷 |

資料來源：湯象龍編著《中國近代海關稅收和分配統計》（北京：中華書局，1992年），第57~58頁。

從咸豐十一年（1861年）至宣統二年（1910年），全國設立了海關稅務司有：江海關、蘇州關、鎮江關、金陵關、蕪湖關、九江關、江漢關、岳州關、長沙關、沙市關、宜昌關、重慶關、杭州關、浙海關、甌海關、閩海關、臺灣關、粵海關、梧州關、南寧關、鎮南關、蒙自關、思茅關、騰越關、東海關、津海關、秦皇島關、牛莊關、安東及大東溝分關、哈爾濱關，它們徵收了巨額關稅。而在這些稅收之中，粵海關稅務司九口的稅收總額，佔有相當的比重，見表3。

表3：粵海關稅收在全國海關中的占比

單位：庫平兩

| 年次 | 全國總收入 | 粵海關 | 所占比例% |
|---|---|---|---|
| 1861 | 5,036,371 | 1,553,311 | 30.84 |
| 1862 | 7,559,870 | 1,279,835 | 16.93 |
| 1863 | 8,556,476 | 1,415,318 | 16.54 |

（续表）

| 年次 | 全國總收入 | 粤海關 | 所占比例% |
| --- | --- | --- | --- |
| 1864 | 8,377,014 | 1,130,334 | 13.49 |
| 1865 | 7,937,975 | 1,067,275 | 13.45 |
| 1866 | 8,906,692 | 1,365,057 | 15.32 |
| 1867 | 8,927,309 | 1,337,656 | 14.98 |
| 1868 | 9,887,484 | 1,286,405 | 13.01 |
| 1869 | 9,631,531 | 1,203,262 | 12.49 |
| 1870 | 9,760,247 | 1,178,501 | 12.07 |
| 1871 | 10,717,471 | 1,517,827 | 14.16 |
| 1872 | 11,605,818 | 1,503,610 | 12.96 |
| 1873 | 11,181,872 | 1,564,351 | 13.99 |
| 1874 | 11,910,223 | 1,521,552 | 12.78 |
| 1875 | 12,171,811 | 1,709,578 | 14.05 |
| 1876 | 12,572,216 | 1,840,374 | 14.64 |
| 1877 | 12,293,699 | 1,837,591 | 14.95 |
| 1878 | 12,455,213 | 1,773,016 | 14.24 |
| 1879 | 13,196,197 | 1,896,219 | 14.37 |
| 1880 | 14,346,406 | 1,940,136 | 13.52 |
| 1881 | 15,052,722 | 1,885,755 | 12.53 |
| 1882 | 14,488,272 | 1,925,454 | 13.29 |
| 1883 | 13,603,926 | 1,980,728 | 14.56 |
| 1884 | 13,738,336 | 2,090,012 | 15.21 |
| 1885 | 14,178,227 | 2,091,503 | 14.75 |
| 1886 | 15,263,475 | 2,232,192 | 14.62 |
| 1887 | 20,081,682 | 3,423,527 | 17.05 |
| 1888 | 23,094,267 | 5,104,435 | 22.10 |
| 1889 | 21,929,723 | 5,125,384 | 23.37 |
| 1890 | 21,984,309 | 5,114,230 | 23.26 |

（续表）

| 年次 | 全國總收入 | 粵海關 | 所占比例% |
|---|---|---|---|
| 1891 | 23,126,136 | 5,114,113 | 22.11 |
| 1892 | 22,808,391 | 4,811,360 | 21.09 |
| 1893 | 22,066,185 | 4,324,774 | 19.60 |
| 1894 | 22,797,364 | 4,142,648 | 18.17 |
| 1895 | 20,984,970 | 3,831,162 | 18.26 |
| 1896 | 22,040,654 | 3,711,836 | 16.84 |
| 1897 | 22,672,911 | 4,137,274 | 18.25 |
| 1898 | 21,828,055 | 3,965,579 | 18.17 |
| 1899 | 26,015,231 | 4,751,178 | 18.26 |
| 1900 | 24,090,590 | 4,308,308 | 17.88 |
| 1901 | 23,923,670 | 4,514,984 | 18.87 |
| 1902 | 28,377,186 | 4,911,015 | 17.31 |
| 1903 | 30,423,243 | 5,726,524 | 18.82 |
| 1904 | 30,206,504 | 5,292,132 | 17.52 |
| 1905 | 32,675,574 | 4,624,630 | 14.15 |
| 1906 | 34,968,046 | 5,825,176 | 16.66 |
| 1907 | 33.198,319 | 6,169,441 | 18.58 |
| 1908 | 32,930,162 | 6,117,829 | 18.58 |
| 1909 | 33,205,087 | 6,204,064 | 18.88 |
| 1910 | 34,518,859 | 5,875,778 | 17.02 |

資料來源：前揭湯象龍編著《中國近代海關稅收和分配統計》，第69～76頁。

由以上統計可見，粵海關洋關在清朝政府的海關稅收中，佔有相當重要的地位。在上表統計的50年中，占總稅收的年平均值爲16.69%。由於稅務司由外國洋人掌控，故稅務司對於擴大掌控範圍十分積極。它所監管的事務不斷增加，對於清朝政府所設立的粵海關常關，也不斷進行侵蝕與接管。在晚清時期，粵海關發展歷史中出現了稅務司不斷接管常關的局面。其歷史過程如下：

## 第一階段：常關與洋關並立，實行二元體制（1859～1901年）

1858年《天津條約》及1860年《北京條約》簽訂後，廣東各沿海口岸陸續被列為通商口岸。1895年中日《馬關條約》簽訂時，中國對外開放的通商口岸已經達到40餘處。這些通商口岸，逐一建立實行外籍稅務司制度的新式海關（俗稱"洋關"或"新關"）。海關總稅務司職位由兩江總督兼管各口通商事務大臣劄派。1861年1月總理衙門設立，海關總稅務司署隸屬外交部門的總理衙門。

每個新關開關的同時，清朝政府往往相應地在同一通商口岸設置一個常關。這樣，同一個通商口岸的海關，被劃分成兩個機構，按照兩種不同的隸屬關係、管理體制、職權範圍、徵課對象來運作：（1）各地新關由稅務司管理，實行西方管理制度，主要向外國輪船貨物徵稅。（2）各地常關沿襲前清機構設置。就粵海常關的情況而言，在廣東，粵海新關、潮海關、瓊海關、北海關等相繼成立。為了與這些實行外籍稅務司制度的近代海關相區別，1859年粵海關監督署改稱粵海常關，包括廣州府內外子口和分卡以及不設洋關的各府口岸，仍由粵海關派出委員或專配監督管理。"洋""常"並立的局面存在近半個世紀。這是"海關與常關分離的肇端"①。這一時期，粵海關原在香港、澳門周圍設有關卡，在九龍關、拱北關設置後均改由新關管轄。

粵海關常關雖然仍歸清朝政府管理，但其稅收銳減。一是，原本統一的徵稅職能，被劃分成海關稅和常關稅，前者由新關負責，常關只負責國內稅。二是，子口稅、複進口半稅作為新關徵收的商品過境稅和厘金作為厘金局徵收的國內消費稅，實質是常關稅的變種，是與同處一地的常關爭奪稅源。三是，貿易交通路線的改變深刻地影響了地區經濟結

---

① 見戴一峰著《近代中國海關與中國財政》（廈門：廈門大學出版社，1993年），第92頁。轉引自陳勇著《近代常關衰落另論》，載《中國社會經濟史研究》2017年第4期，第78頁。

構，一些貿易交通要道逐漸成爲偏僻小道，這些地方的常關稅收衰落是必然的。①

## 第二階段：海關稅務司逐步接管常關（1901~1931年）

1900年8月，八國聯軍攻佔北京城，將義和團扼殺於血泊中。隨之迫使清朝政府於翌年9月簽訂了《辛丑條約》，索取賠款四億五千萬海關兩白銀，並把常關關稅作爲償付賠款的擔保："所有常關各進款，在各通商口岸之常關，均歸新關管理。"② 通商口岸常關以五十里爲限，分爲"五十里內常關"和"五十里外常關"，前者交由稅務司監管。

移交稅務司監管的五十里內常關共有24處。其中，海關總稅務司與總理衙門就是否移交粵海"五十里內常關"歸新關管理，產生了嚴重分歧。李鴻章劄行赫德（Sir Robert Hart），開列了擬歸海關兼管的通商口岸常關名目，並將關卡界限定明，內稱："廣東之潮海關、北海關、瓊海關，均應派現在各該口之稅務司兼辦徵收常稅事宜，由監督派員隨同經理。唯粵海一關……其粵海關監督現時徵稅各處，應仍由監督自行管理。"③ 對於赫德要求接管的24處通商口岸常關，只應允了23處，由內務府"通行各監督遵辦"的清單中保留粵海一關未交出。赫德深知"常稅之中，唯粵關爲最旺"，兩次致函外務部，聯合各國公使參贊向清朝政府施加壓力。④ 清朝政府終於1902年1月電達粵海關監督，同意交出粵海常關歸稅務司代徵。

海關兼管常關，不僅是中國近代海關發展史上的一個重大事件，而

---

① 參閱戴一峰著《簡論近代常關衰落的三個階段》，載《學術研究》2009年第4期。
② 見王鐵崖編《中外日約章彙編》（北京：三聯書店，1957年）第1冊，第1006頁。
③ See Documents of Customs, Vol. II, pp. 271~272, 全權大臣慶親王、李中堂劄行總稅務司，光緒二十七年七月十六日，轉引自戴一峰著《論清末海關兼管常關》，載《歷史研究》1989年第6期。
④ 見中國近代經濟史資料叢刊編輯委員會編《中國海關與義和團運動》（北京：中華書局，1983年），第60~61頁，赫德致外務部總辦函，光緒二十七年九月二十四日；赫德致外務部函，光緒二十七年十月八日，轉引自前揭戴一峰著《論清末海關兼管常關》。

且也是近代中國社會經濟發展史上的一個重大事件。在海關充任要職數十年的英人魏爾特（Stanley Fowler Wright）稱它是"《辛丑和約》議和代表所作的勢必要引起最深遠變化的決定之一"。①

1901年，總理衙門改稱外務部，海關也改由外務部統轄。1906年，清朝政府特別成立稅務處，並劄令海關由稅務處統轄。稅務處的成立，可以看出中國政府爲關稅自主所作的一次努力，也可以理解爲晚清政府爲改革關稅制度而進行的一次較爲成功的嘗試，最起碼稅務處的成立，"致使總稅務司簡直成了一個稅務處的人"。② 至民國建立時，海關總稅務司署仍由部級的稅務處統轄，隸屬關係不變。

## 第三階段：常關制度最終廢除（1931年後）

1927年4月，南京國民政府成立；同年5月，設立財政部，下設稅務處。1927年10月，稅務處改爲關務署，並公佈《財政部關務署總則》，明確"署長承財政部之命，綜理本署事務，監督本署職員、總稅務司、全國海常關各關監督、內地稅關、稅局長官及所屬職員"。③ 據此，以往不相統屬的全國海關、常關、總稅務司、海關監督、內地稅局各長官，都在關務署統轄之下，晚清以來的關務行政也統歸關務署領導。

1931年，南京政府財政部先後通令，五十里外及內地常關永久廢除；五十里內常關則改爲海關的分關、分所，由海關統攝，按海關則例徵收稅款。1937年抗日戰爭爆發，南京政府命令緊縮編制，財政部電令總稅務司裁撤各關監督署，於9月底前完成，監督署不復存在。

鴉片戰爭後，粵海口岸紛立變遷的歷史過程如下：

---

① Wirght, F F., *Hart and the Chinese Customs*, Belfast: the Queen's University, 1950, p.747, 轉引自前揭戴一峰著《論清末海關兼管常關》。

② 見（美）馬士（Hosea Ballou Morse）著；張匯文譯《中華帝國對外關係史》（上海：上海書店出版社，2000年）第3卷，第434頁注②，轉引自祁美琴著《晚清常關考述》，載《清史研究》2002年11月第4期，第110頁。

③ 見《財政部關務署總則》第六條，載《法令彙編》民國十七年（1928年），第2頁。轉引自陳詩啟著《南京政府的關稅行政改革》，載《歷史研究》1995年第3期，第13頁。

## 一、廣州地區：粵海常關與粵海新關

1859 年，粵海關稅務司署（官函稱"粵海新關"）設立，專門負責原由粵海關大關監管的外輪貨物的稽查和徵稅，同時在黃埔設立粵海新關（黃埔）分關，由粵海關稅務司領導。自此，粵海關在廣州口岸的行政管理機構及進出口監管業務權一分為二：原粵海關黃埔掛號口改為粵海新關的口岸一線，歸屬粵海新關管理；在廣州府內的子口和分卡，仍然沿襲清朝機構模式管理，屬於粵海常關。

1902 年 2 月，粵海關監督奉命將"五十里內常關"移交給粵海關稅務司管理，粵海常關所屬總巡口、總查口、西炮臺口、東炮臺口、花地口等分支機構於 5 月 15 日移交。1904 年 9 月，陳村、佛山兩口移交給粵海新關稅務司管理。這兩個關口距離總部超過五十華里，屬於嚴格意義上的"五十里外常關"，兩廣總督以此為由一直沒有移交，直至奉上諭才把這兩口移交給稅務司管理。

1906 年 1 月，經兩廣總督同意，陳村口所轄的紫坭分口移交稅務司管理，為最後一個交由稅務司管理的粵海五十里內常關機構。

1906 年 9 月，總巡口和常關總口合併辦公，僅留陳村口。1907 年，粵海新關增設常關辦公室。

1908 年，五十里外常關由關務處管理。至此，粵海五十里內常關僅有粵海常關總關、陳村口及其轄下的河口分卡（1916 年關閉）；粵海五十里外常關設有 24 處總口、分卡。

1931 年，粵海關五十里內常關撤銷，改為粵海關分關；常關辦公室改為民船管理處，管理五十里內常關。五十里外常關撤銷，一律改歸所在地新關管理，珠江三角洲各口和分卡由粵海關接收。至 1935 年，粵海關分卡包括民船管理處、陳村分卡、市橋分卡、容奇分卡、印州分卡、太平分卡和新塘分所、石龍車站分所等 8 處。

## 二、港澳地區

19世紀80年代中葉,海關總稅務司借解決香港、澳門鴉片走私問題之機,奪取了港澳地區常關權力,設置了九龍、拱北兩個特殊海關,"將廣東通商口岸與香港、澳門間的民船貿易,從粵海關監督手中奪取過來,置於稅務司們的管轄下"。這是十九世紀後期海關侵奪常關權力規模最大、影響最深的一次。①

### 1. 澳門總口與拱北關

拱北關:1849年,葡萄牙武力佔領澳門,封閉粵海關澳門總口,澳門成爲鴉片走私基地。爲抑制鴉片走私,增加稅收,粵海關於1868年在澳門周邊的廣東香山縣屬之馬騮洲、前山設立稅廠查緝鴉片。1886年,總稅務司赫德以中英《煙臺條約續增專條》爲由,要求清朝政府參照《管理香港洋藥事宜章程》,在澳門設立洋關,將粵海常關在澳門周邊的稅厘交由稅務司並徵。1887年,稅務司法來格(Edm. Faragó)受總稅務司指派成立拱北關,②接管馬騮洲、前山等常關稅廠及其所屬關卡。

### 2. 九龍關

第一次鴉片戰爭後,香港被割讓,而淪爲英國殖民地。港英政府縱容包庇不法商人以香港爲基地,向內地走私鴉片。1872年間,時任粵海關監督崇禮在香港周邊新安縣屬之九龍寨、汲水門、長洲、佛頭洲設立關卡,徵收來往香港各貨稅項,防堵走私。但港英政府以損害其自由港爲由提出抗議。清朝政府委託海關總稅務司赫德與港英政府進行談判,並於1886年簽訂《管理香港洋藥事宜章程》,規定由中方在香港邊境設立一個洋關,專司稽徵鴉片稅厘和查緝走私。當時,九龍半島新界區域尚未被英國侵佔,總稅務司署決定在該處設關並定名爲"九龍關"。

---

① 見前揭戴一峰著《論清末海關兼管常關》,第96頁。
② 著者按:1887年,經清政府批准,拱北關(洋關)正式成立,首任長官是匈牙利人法來格。

## 三、粵西地區（含海南地區）

### 1. 瓊州府屬粵海口岸與瓊海關

1858年《天津條約》開闢海口爲通商口岸，對外開放。至1876年4月，瓊海關在海口正式設立，施行外籍稅務司制度。瓊海關設立後，爲區別洋關，原本設立的海口總口及其分口統稱"常關"。1931年五十里外常關撤銷後，雷州各口和分卡由瓊海關接管。

### 2. 廉州府屬粵海口岸與北海關

1871年，粵海關廉州口撤銷，在北海設立"北海常關"，繼續執行原廉州口的職能。1876年《煙臺條約》開闢北海爲通商口岸，成立外籍稅務司管理的北海新關。自此，北海常關限於管理進出口岸的本國民船及載運貨物，徵收關稅。1908年，廣東設立關務處後歸該處管轄。1935年，北海關共有機構19個。

### 3. 高雷州府屬粵海口岸與雷州關

1911年，清朝政府爲查緝走私，由財政部稅務處令粵海關稅務司在廣州灣水陸要隘設卡，定名高雷常關。但因廣州灣爲法國租界，粵海關派駐人員難以開展業務，遂於1913年移交廣東省政府管理。此時，高州水東總口、雷州總口仍爲粵海關監督管轄的五十里外常關。1936年，雷州關稅務司公署成立，直屬總稅務司署。

## 四、粵東地區

潮州府屬粵海口岸與潮海關：汕頭成爲通商口岸後，1860年1月1日，施行外籍稅務司制度的潮海新關成立，由海關總稅務司管轄。1901年，潮海關接管距汕頭五十里內常關卡口。1915年，稅務處對口岸常關隸屬關係進行調整，潮州和瓊州府屬粵海常關原爲粵海常關監督委員管理，現分設粵海、潮海、瓊海三關監督，劃分管理。1914年，潮海關設立常關辦事處。1931年接管原潮州、惠州府屬粵海常關機構後，成立分卡辦事處，撤銷常關辦事處，成立民船管理處。

粵海關徵收的關稅，屬於清政府的"海稅"，具有財政職能、保護職能和調節職能。粵海關所徵收的關稅，除了扣除一小部分粵海關自身需要的管理費用外，一部分直接進貢爲內務府供皇室專用，另一部分交由戶部支配。其報解程式主要通過"造冊"來實現，全程涉及三個"稅冊"，包括親填冊、循環冊、稽考冊。

清初至康熙朝後期，沿襲明代舊例，實施権關稅額定額報解制度。定額即清政府確立権關徵收關稅的數額、奏銷年度採用中國的"農曆"記法，卽徵稅關稅的時間單位長度、造冊爲對徵收的關稅編造賬冊，卽"稅冊"。從康熙後期、雍正朝起，實行的是關稅盡收盡解制度。從關稅定額報解制度，轉變爲關稅盡收盡解制度，實現了中國古代向近代財政理念的重大轉變。定額報解制的革除，使得司権官吏明目張膽地勒索商民的情況得到明顯改善，是中國關稅制度史上的重大進步。粵海關關稅稅額居四省海關之首，爲清朝政府皇室國庫，提供了有益補充，成爲"天子南庫"。在清朝晚期，因新設洋關，其報解制度亦發生了相應變化（參見本集所收錄的相關檔案）。

學術界研究清代關稅史的基礎史料，首先，是收藏於中國第一歷史檔案館的下列檔案：朱批奏摺，檔案登記號04開頭者；題本，檔案登記號以數字02開頭者；錄副奏摺，檔案登記號以數字03開頭者；上諭檔。其次，是收藏在臺北的清代檔案：臺北"中央研究院"歷史語言研究所藏《明清史料》；臺北"故宮博物院"藏《宮中檔奏摺》。第三，是藏於中國社會科學院經濟研究所圖書館抄檔資料：《清代關稅收支報告》《清代海關收入》《清代海關開除》和《題本·關稅》。第四，是收藏於中國第二歷史檔案館的檔案。

已經出版的檔案及其整理著作，包括（清）王慶雲編《石渠餘記》（北京：北京古籍出版社，1985年）；湯象龍編著《中國近代海關稅收和分配統計：1861～1910》，從清政府數千件檔案中搜集、整理出118張歷年海關稅收和分配表格，並據此對舊中國的海關關稅制度、稅收和分配狀況進行論述和剖析。這是編著者與其他學者在20世紀30年代共同搜集而來，目前均保存在中國社會科學院經濟研究所圖書館。

作爲收藏相關檔案的重要單位——中國第一歷史檔案館編輯、影印出版了系列檔案：《康熙朝漢文朱批奏摺彙編》（北京：檔案出版社，1985 年）、《康熙朝滿文朱批奏摺全譯》（北京：中國社會科學出版社，1996 年）、《雍正朝漢文朱批奏摺彙編》（南京：江蘇古籍出版社，1991 年）、《雍正朝滿文朱批奏摺全譯》（合肥：黃山書社，1998 年）、《乾隆朝上諭檔》（北京：檔案出版社，1998 年）、《嘉慶道光兩朝上諭檔》（桂林：廣西師範大學出版社，2000 年）、《咸豐同治兩朝上諭檔》（桂林：廣西師範大學出版社，1998 年）、《光緒宣統兩朝上諭檔》（桂林：廣西師範大學出版社，1996 年）、《光緒朝朱批奏摺》（北京：中華書局，1995 年）。

臺北"故宮博物院"故宮文獻編輯委員會亦編緝、影印出版了系列檔案：《宮中檔康熙朝奏摺》（臺北："故宮博物院"，1982 年）、《宮中檔雍正朝奏摺》（臺北："故宮博物院"，1978 年）、《宮中檔乾隆朝奏摺》（臺北："故宮博物院"，1983 年）、《宮中檔光緒朝奏摺》（臺北："故宮博物院"，1973 年）。

關於粵海關稅收報告史料，目前主要有兩種影印史料集：1. 中國第一歷史檔案館編輯整理、邢永福主編《清宮粵港澳商貿檔案全集》（北京：中國書店，2002 年）（共十冊）。2. 中國第一歷史檔案館編輯整理、李國榮主編《明清宮藏中西商貿檔案》（北京：中國檔案出版社，2010 年）（共八冊）。①

這些已經出版的檔案爲本次整理工作提供了極大的方便。

暨南大學港澳歷史文化研究中心組織研究團體，於 2016 年國家社科規劃辦公室社科重大項目招標之時，中標國家社科基金重大招標項目"鴉片戰爭後港澳對外貿易文獻整理與研究"（項目編號：16ZDA130）。

---

① 各冊收錄的時間爲：一、明天啟四年起清乾隆七年止；二、乾隆八年起乾隆二十四年止；三、乾隆二十四年起乾隆四十七年止；四、乾隆四十八年起嘉慶五年止；五、嘉慶六年起道光七年止；六、道光八年起道光二十三年止；七、道光二十三年起同治朝止；八、光緒元年起宣統三年止，系中國第一歷史檔案館所藏明清兩朝中央政府有關中西商貿問題原始檔案的彙集。所輯近千件檔案，始自明代天啟四年（1624 年），止於清代宣統三年（1911 年）。這些檔案，既有皇帝的諭令，也有中央部院大臣及沿海將軍、督撫、海關監督等進呈的奏摺、題本等。

該課題設有子課題"鴉片戰爭後港澳對外貿易服務研究",擬解決的主要問題是鴉片戰爭後港澳對外貿易服務問題,主要回答貿易服務的總體情況,探討航運活動、港口建設、碼頭設置興建、金融服務業發展、海關及走私緝私、貿易糾紛及其處理等問題,特別是鴉片戰爭後港澳貿易監管。隨著港澳對外貿易規模增長擴大,對貿易活動進行監管的問題顯現出來。走私與緝私、徵稅與漏稅、洋關與常關等,一直是貫穿鴉片戰爭後港澳對外貿易一個世紀發展歷史的重要問題;也是涉及中國主權、中外關係的重大問題。

為展開本課題的研究工作,特將清宮所藏粵海關常關稅收檔案報告整理出來,作為研究工作的基礎。

這批稅收報告,共 165 件。最早一件完成於道光二十一年（1841年）,最后一件止於宣統二年（1910 年）。

本次整理工作,由上述重大招標項目首席專家、暨南大學澳門研究院葉農教授、廣東工業大學黃素芳女士、廣州海關郭穎怡女士、暨南大學圖書館莫駿先生合作進行。暨南大學碩士研究生劉亞萍、劉婕、張映月、毛星懿、寧有餘、肖瓊、盧世敏,廣東工業大學本科生譚觀強、潘棣文,參加了點校整理工作。黃素芳、劉亞萍、宋玉宇、劉婕、譚觀強等還曾前往位於北京故宮博物院內的第一歷史檔案館查閱、複製、整理相關檔案。

# 整理點校說明

一、本次整理所收錄的檔案，摘錄自《清宫粤港澳商貿檔案全集》《明清宫藏中西商貿檔案》及中國第一歷史檔案館所藏檔案。

二、本次整理點校，以尊重原文爲基本原則。如有錯漏，如文字較少，直接在文中以方括弧"[ ]"標明。如文字較多，以註腳的方式説明。

三、採用現代漢語標點符號系統。

四、文中採用的異體字、簡體字，一般尊重原文，如"届""欸""减""徃""准""筹""歴""并""净""彙""门""应""扰""乱""请""会""办""恳""拟""为""缉""与""紧""该""给""资""当""员""书""领""设""属""专""归""核""实""钱""统""计""对""续""营""体""扰""时""迹""东""军""万""营""准""讹""诈""过""国""粮""试""坚""陈""传""详""闱""盖""权""谁""壮""训""极""维""价""缙""随""声""画""辽""艰""济""览""执""面""饭""连"等。

五、其他字符，依照情况，做统一处理。如"為""即""既""暨""值""旨""範""節""議""疋""甴""緫""艮""荨""関""閔""册""兹""將""數""脚""結""題""税""貨""緒""謹""頂""經""費""項""聖""机""厦""頓""鉴""監""户""饷""筹""協""誤""间""額""儲""餘""賈""該""諭""銛"，統一改爲："爲""即""既""暨""値""旨""範"

"節""議""處""留""總""銀""等""關""冊""茲""將""數""腳""結""題""稅""貨""緒""謹""頂""經""費""項""聖""機""廈""頓""鑒""監""戶""餉""籌""協""誤""間""額""儲""餘""賈""該""論""銛"。

六、無法辨認的文字，以"□"表示。

七、原文中小字双行文字，改爲小五號字單行。

# 目錄

## 道光朝 ... 1

| | | |
|---|---|---|
| 001 | 粵海關監督克明額奏報道光二十一年分粵海關徵收關稅銀數等事折 | 2 |
| 002 | 粵海關監督文豐奏報道光二十三年分粵海關徵收關稅總數事折 | 3 |
| 003 | 粵海關監督文豐奏報道光二十三年分粵海關關稅盈餘銀兩數目事折 | 4 |
| 004 | 欽差大臣耆英等奏報定立五口通商章程後道光二十四年分粵海關徵稅情形片 | 5 |
| 005 | 粵海關監督文豐奏報道光二十四年分粵海關徵收關稅總數事折 | 6 |
| 006 | 粵海關監督文豐奏報道光二十四年分粵海關關稅盈餘銀數及上海廈門寧波三口徵收數目事折 | 7 |
| 007 | 粵海關監督文豐奏報道光二十五年分粵海關徵收關稅總數事折 | 8 |
| 008 | 粵海關監督基溥奏報道光二十六年分粵海關並福州等四關徵稅總數事折 | 9 |
| 009 | 粵海關監督基溥奏報道光二十七年分粵海關徵收稅銀總數並福州等四關現報數事折 | 11 |
| 010 | 粵海關監督基溥奏報道光二十七年分粵海關比較上年少收稅課緣由片 | 12 |
| 011 | 粵海關監督基溥奏報道光二十七年分粵海關徵收稅鈔銀兩數目及福州等四關徵收數目事折 | 13 |
| 012 | 粵海關監督基溥奏報道光二十八年分粵海關徵收總數並福州等四關現報數目事折 | 14 |
| 013 | 粵海關監督基溥奏報道光二十八年分粵海關收支實數及福州等四關徵收數目事折 | 15 |

| 014 | 粵海關監督基溥奏報交代道光二十九年分粵海關關庫錢糧並回京啟程日期折 | 17 |
| 015 | 粵海關監督明善奏報道光二十九年分接收交代粵海關關庫現存各款銀兩盤核數目相符折 | 18 |
| 016 | 粵海關監督明善奏報道光二十九年分粵海關稅銀徵收總數並福州等四關現報數目事折 | 19 |
| 017 | 粵海關監督明善奏報道光二十九年分粵海關稅銀收支實數及福州等四關徵收數目事折 | 20 |
| 018 | 粵海關監督曾維奏報道光三十年分粵海關稅銀徵收總數並福州等四關徵收數目事折 | 22 |
| 019 | 粵海關監督曾維奏報道光三十年分粵海關及福州廈門寧波上海四處通商所有徵收夷稅各數事折 | 23 |

## 咸豐朝　　27

| 020 | 粵海關監督曾維奏報咸豐二年分粵海關關稅收支數目事折 | 28 |
| 021 | 粵海關監督曾維奏報咸豐三年分粵海關關稅收支數目事折 | 29 |
| 022 | 粵海關監督曾維奏報咸豐三年分粵海關收支實數及福州等四關現報徵收數目事折 | 31 |
| 023 | 粵海關監督曾維奏報咸豐四年分粵海大關徵收總數及各口稅數未能一併奏報緣由折 | 33 |
| 024 | 粵海關監督恒祺奏報咸豐四年分粵海關關稅收支數目事折 | 34 |
| 025 | 粵海關監督恒祺奏報咸豐五年分粵海關關稅收支數目事折 | 36 |
| 026 | 粵海關監督恒祺奏報咸豐五年分粵海關關稅收支數目及福州廈門寧波上海四關徵收洋稅折 | 37 |
| 027 | 粵海關監督毓清題咸豐六年分粵海關常稅數目事折 | 39 |
| 028 | 粵海關監督恒祺奏報咸豐六年分粵東通商後粵海關關稅停徵相機籌辦開徵事宜折 | 42 |
| 029 | 粵海關監督恒祺奏報咸豐六年七年分粵海關關稅收支數目事折 | 43 |
| 030 | 粵海關監督毓清奏報咸豐七年分粵海關關稅收支實數及福州等關徵銀數目事折 | 45 |

| 031 | 粤海關監督恒祺奏報咸豐八年分粤海關關稅收支數目事折 | 46 |
| 032 | 粤海關監督恒祺奏報咸豐八年分大局漸定粤海關恢復徵稅情形片 | 48 |
| 033 | 廣東巡撫柏貴奉上諭著核實考咸豐九年分粤海關徵稅數目報部並嚴禁漏稅折 | 49 |
| 034 | 署兩廣總督勞崇光等奏報咸豐九年粤海關尚未開辦鴉片徵稅事宜折 | 49 |
| 035 | 粤海關監督恒祺奏報咸豐九年分粤海關關稅收支數目事折 | 50 |
| 036 | 恒祺片 | 51 |
| 037 | 粤海關監督毓清奏爲咸豐九年分粤海關關稅盈餘銀兩事折 | 52 |
| 038 | 粤海關監督毓清奏爲補報咸豐九年分粤海關收支稅數事折 | 53 |
| 039 | 廣東巡撫耆齡奏報咸豐十年分粤海關收支數目並籌辦省城夷務折 | 55 |
| 040 | 粤海關監督毓清奏報咸豐十年分粤海大關徵收總數並福州廈門現報徵收數目事折 | 57 |
| 041 | 粤海關監督毓清奏報咸豐十年分粤海大關關稅撥解數目事片 | 58 |
| 042 | 粤海關監督毓清奏爲補報咸豐十年分粤海關潮州新關收支稅數事折 | 59 |
| 043 | 海關總稅務司赫德關於廣東徵收洋藥稅之論 | 61 |
| 044 | 海關總稅務司赫德關於粤海關茶葉稅餉之論 | 61 |
| 045 | 兩廣總督勞崇光奏報咸豐十一年粤海關及潮州新關徵收洋藥稅收支報解數目事折 | 62 |
| 046 | 粤海關監督師曾奏爲補報咸豐十一年粤海關收支常稅數目事折 | 63 |
| 047 | 粤海關監督毓清奏爲補報咸豐十一年分粤海大關並潮州新關收支總數事折 | 64 |

同治朝 67

| 048 | 粤海關監督毓清奏報同治元年分粤海大關並潮州新關洋稅收支總數事折 | 68 |
| 049 | 粤海關監督毓清奏報同治元年分粤海大關及潮州新關徵收稅銀數目事折 | 69 |

| 050 | 粵海關監督毓清奏報同治元年粵海關及潮州關徵收洋藥稅銀數目事折 | 70 |
| 051 | 粵海關監督師曾奏爲補報同治元年分粵海關潮州新關收支常稅數目事折 | 71 |
| 052 | 粵海關監督毓清奏報同治二年分粵海大關及潮州新關徵收關稅總數事折 | 72 |
| 053 | 粵海關監督毓清奏報同治二年分粵海大關及潮州新關徵收洋藥稅銀及英法扣款折 | 73 |
| 054 | 粵海關監督師曾奏爲補報同治二年分粵海大關並潮州新關洋稅收支總數事折 | 73 |
| 055 | 粵海關監督師曾奏爲補報同治二年分粵海關潮州新關收支常稅數目事折 | 75 |
| 056 | 粵海關監督師曾奏爲補報同治三年分粵海關潮州新關收支常稅數目事折 | 76 |
| 057 | 粵海關監督師曾奏爲補報同治三年分粵海大關並潮州新關洋稅收支總數事折 | 77 |
| 058 | 粵海關監督師曾奏報同治四年分粵海大關並潮州新關洋稅收支總數事折 | 79 |
| 059 | 廣州將軍兼署兩廣總督瑞麟、粵海關監督師曾奏爲咸豐十年至同治四年分粵海關及潮州新關徵稅銀數目事折 | 80 |
| 060 | 粵海關監督崇禮奏爲補報同治四年分粵海關收支常稅數目事折 | 81 |
| 061 | 粵海關監督師曾奏報同治四年分粵海大關並潮州新關洋稅收支總數事折 | 82 |
| 062 | 粵海關監督崇禮奏爲補報同治五年分粵海關收支常稅數目事折 | 84 |
| 063 | 粵海關監督師曾奏報同治五年分粵海關潮州新關徵收常稅總數事折 | 85 |
| 064 | 粵海關監督師曾奏爲同治六年分粵海關徵收常稅總數事折 | 86 |
| 065 | 粵海關監督師曾奏報同治七年分粵海關徵收常稅總數事折 | 88 |
| 066 | 粵海關監督師曾奏報同治七年分粵海大關並潮州新關收支總數洋稅第二十九結至第三十二結收支洋稅數目事折 | 89 |

| 067 | 粵海關監督崇禮奏爲同治八年分粵海關常稅徵收數目事折 | 91 |
| 068 | 粵海關監督崇禮奏爲同治八年分粵海關並潮州新關洋稅第三十三結至三十六結收支數目事折 | 92 |
| 069 | 粵海關監督崇禮奏爲補報同治八年分粵海關收支常稅數目事折 | 94 |
| 070 | 粵海關監督崇禮奏爲補報同治九年分粵海關收支常稅銀兩數目事折 | 95 |
| 071 | 粵海關監督崇禮奏爲補報同治十年分粵海關收支常稅數目等事折 | 97 |
| 072 | 粵海關監督崇禮奏報同治十一年分粵海關徵收常稅總數及汲水門等處洋藥稅數等事折 | 98 |
| 073 | 粵海關監督文銛題報同治十二年分粵海關常稅數目事折 | 99 |
| 074 | 粵海關監督文銛奏爲補報同治十二年分粵海關收支常稅數目事折 | 101 |
| 075 | 粵海關監督文銛奏爲補報同治十三年分粵海關收支常稅數目事折 | 102 |

## 光緒朝　　　　　　　　　　　　　　　　　　105

| 076 | 兩廣總督英翰粵海關監督文銛等奏粵海關撥款日增六成洋稅不敷折 | 106 |
| 077 | 粵海關監督文銛奏爲光緒元年分粵海關常稅數目事折 | 107 |
| 078 | 粵海關監督文銛奏報光緒元年分粵海大關並潮州新關收支洋稅總數事折 | 108 |
| 079 | 粵海關監督文銛奏報光緒二年分粵海大關洋稅等及交卸印務日期折 | 111 |
| 080 | 粵海關監督俊啟奏報光緒二年分粵海關徵收常稅並汲水門洋藥及廉州北海關貨稅各數事折 | 112 |
| 081 | 粵海關監督俊啟奏爲補報光緒三年分粵海關收支常稅數目事折 | 113 |
| 082 | 粵海關監督俊啟奏報光緒四年分粵海關徵收常稅總數並汲水門等處稅收數目事折 | 115 |
| 083 | 粵海關監督事務臣崇光奏爲奏銷光緒四年分粵海關收支常稅數目事折 | 116 |

| 084 | 粵海關監督俊啟奏報光緒五年分粵海關徵收常稅總數事摺 | 117 |
| 085 | 粵海關監督崇光奏爲補報光緒五年分粵海關收支常稅數目事摺 | 118 |
| 086 | 粵海關監督崇光奏爲奏銷光緒六年分粵海關收支常稅數目事摺 | 120 |
| 087 | 粵海關監督崇光奏爲補報光緒六年分粵海關收支常稅數目事摺 | 121 |
| 088 | 粵海關監督崇光奏爲光緒六年分粵海關第七十七結至第八十結收支總數事摺 | 122 |
| 089 | 大學士管理戶部事務臣額勒和布等奏銷粵海關監督海緒奏報光緒六年粵海關收支常稅數目事摺 | 126 |
| 090 | 粵海關監督俊啟奏爲光緒七年分粵海關稅收數目事片 | 128 |
| 091 | 粵海關監督崇光奏爲光緒七年分粵海大關及潮州瓊州北海第八十一結至第八十四結洋稅收支數目事摺 | 130 |
| 092 | 粵海關監督海緒題請核銷光緒八年分粵海關徵收常稅銀兩支銷解存數目事摺 | 133 |
| 093 | 粵海關監督海緒奏爲補報光緒八年粵海關收支常稅數目事摺 | 134 |
| 094 | 粵海關監督海緒奏報光緒八年分粵海關洋稅第八十五結至第八十八結稅收支總數目事摺 | 136 |
| 095 | 粵海關監督崇光奏報光緒九年分粵海關常稅等項徵收數目摺 | 139 |
| 096 | 粵海關監督海緒奏報光緒九年分粵海大關暨潮海瓊海北海各新關洋稅第八十九結至九十二結收支總數目事摺 | 140 |
| 097 | 粵海關自光緒九年分粵海大關及潮州瓊州北海各新關第八十九結至第九十二結洋稅收支總數清單 | 141 |
| 098 | 粵海關監督海緒奏報光緒九年粵海關收支常稅數目事摺 | 145 |
| 099 | 粵海關監督增潤奏報光緒十年分粵海等關收支洋稅數目事摺 | 147 |
| 100 | 粵海關監督增潤奏爲補報光緒十年分粵海關收支常稅數目事摺 | 148 |
| 101 | 粵海關監督長有跪題爲奏銷光緒十一年分粵海關收支關稅數事摺 | 149 |
| 102 | 粵海關監督莊山奏報光緒十一年分粵海關常稅總數目事摺 | 150 |
| 103 | 粵海關監督長有奏報光緒十一年分粵海關等關第九十七至一百結收支洋稅總數事摺 | 152 |

| | | |
|---|---|---|
| 104 | 粵海關監督長有奏爲補報光緒十一年分粵海關收支常稅數目事折 | 153 |
| 105 | 粵海關監督長有題爲奏銷光緒十二年分粵海關收支常稅數目事折 | 154 |
| 106 | 粵海關監督曾潤奏報光緒十二年分粵海關徵收常稅總數事折 | 155 |
| 107 | 兩廣總督張之洞等奏報光緒十二年分粵海關潮州關第一百五結徵收正半各稅銀事折 | 157 |
| 108 | 兩廣總督張之洞等奏報光緒十二年分粵海潮州瓊州廉州北海關第一百六結徵稅銀數事折 | 158 |
| 109 | 粵海關監督長有奏報光緒十二年分粵海大關等關收支洋稅總數事折 | 160 |
| 110 | 粵海關監督長有奏爲補報光緒十二年分粵海關收支常稅數目事折 | 161 |
| 111 | 粵海關監督增潤奏報光緒十三年分粵海關辦貢次數用銀數目事折 | 162 |
| 112 | 粵海關監督增潤奏報光緒十三年分粵海大關等處徵收各項稅銀數目事片 | 163 |
| 113 | 粵海關監督增潤奏報光緒十三年分交卸印務日期等事折 | 164 |
| 114 | 粵海關監督廣英奏爲補報光緒十三年分粵海關收支常稅數目事折 | 164 |
| 115 | 粵海關監督長有奏報光緒十三年分接受盤查關庫現存銀兩數目相符折 | 166 |
| 116 | 兩廣總督張之洞等奏報光緒十三年分粵海潮州瓊州北海關第一百七結徵稅銀數事折 | 168 |
| 117 | 粵海關監督長有奏報光緒十三年分粵海關各口徵收常稅數目並移交新任監督事折 | 169 |
| 118 | 兩廣總督張之洞等奏報光緒十三年分粵海潮州瓊州北海關第一百八結徵稅銀數事折 | 170 |
| 119 | 兩廣總督張之洞等奏報光緒十三年分粵海潮州瓊州北海關第一百九結徵稅銀數事折 | 172 |

| 120 | 兩廣總督張之洞等奏報光緒十三年分粵海潮州瓊州北海關第一百十結徵稅銀數事摺 | 173 |
| 121 | 粵海關監督廣英奏為光緒十三年分粵海大關及潮州瓊州北海各新關洋稅第一百五結至第一百八結收支總數事摺 | 174 |
| 122 | 兩廣總督張之洞等奏報光緒十四年分粵海潮州等關第一百十二結徵收正稅船鈔銀數事摺 | 175 |
| 123 | 兩廣總督張之洞奏報光緒十四年分粵海關收支洋稅實在情形片 | 177 |
| 124 | 管理戶部事務臣宗室麟書等題為遵察光緒十五年分粵海關徵收常稅銀兩數目事摺 | 177 |
| 125 | 粵海關監督長有奏報光緒十四年分九龍拱北二關常稅仍歸粵海關開銷摺 | 180 |
| 126 | 粵海關監督長有奏報光緒十五年分粵海關徵收常稅總數並廉州等關貨稅各數事摺 | 181 |
| 127 | 粵海關監督長有奏報光緒十五年分粵海關徵收稅銀數目事摺 | 182 |
| 128 | 兩廣總督李瀚章等奏報光緒十五年分粵海潮州等關第一百十四結徵收各稅銀數事摺 | 183 |
| 129 | 粵海關監督聯捷呈光緒十五年分粵海關第一百十三結等四結收支洋稅數目事摺 | 184 |
| 130 | 兩廣總督李瀚章等奏報光緒十五年分粵海潮州等關第一百十四結徵收洋藥稅銀數事摺 | 188 |
| 131 | 粵海關監督長有奏為光緒十六年分粵海關常稅徵收數目事摺 | 188 |
| 132 | 粵海關監督長有奏報光緒十六年分交卸印務日期等事摺 | 190 |
| 133 | 粵海關監督聯捷奏為補報光緒十六年分粵海關常稅收支數目事摺 | 190 |
| 134 | 粵海關監督德生謹題為奏銷光緒十七年分粵海關收支常稅數目事摺 | 192 |
| 135 | 粵海關監督事務臣文珮奏報光緒十七年分粵海關徵收常稅總數目事摺 | 193 |

| | | |
|---|---|---|
| 136 | 粤海關監督德生奏爲補報光緒十七年分粤海關常稅收支總數目事折 | 194 |
| 137 | 粤海關監督廣英奏報光緒十八年分粤海關常稅及廉州北海關口稅收支數目事折 | 196 |
| 138 | 粤海關監督文珮奏爲補報光緒十八年分粤海關收支常稅徵收數目事折 | 197 |
| 139 | 粤海關監督事務臣文珮謹題爲奏銷光緒十九年分粤海關收支常稅數目事折 | 198 |
| 140 | 粤海關監督聯捷奏報光緒十九年分粤海關常稅總數事折 | 199 |
| 141 | 粤海關監督文珮奏爲補報光緒二十年分粤海關收支常稅數目事折 | 200 |
| 142 | 粤海關監督德生奏報光緒二十一年分粤海關徵收常稅總數目廉州北海關口稽徵貨稅折 | 202 |
| 143 | 粤海關監督莊山奏報光緒二十一年分粤海各關一百三十七結等四結收支洋稅總數事折 | 203 |
| 144 | 粤海關監督莊山奏報光緒二十一年分粤海各關自第一百三十七結至第一百四十結洋稅收支總數事清單 | 204 |
| 145 | 粤海關監督文珮奏爲光緒二十三年分粤海關徵收常稅总數事折 | 207 |
| 146 | 粤海關監督文珮奏報光緒二十四年分粤海關徵收常稅貨稅各數事清單 | 208 |
| 147 | 粤海關監督莊山奏報光緒二十五年分粤海關常稅總數目事折 | 224 |
| 148 | 粤海關監督常恩奏爲補報光緒二十五年分粤海關收支數目事折 | 225 |
| 149 | 粤海關監督常恩補報光緒二十五年分粤海潮州瓊州北海三水各關第一百五十三結等四結洋稅收支總數目事折 | 227 |
| 150 | 粤海關監督常恩奏爲補報光緒二十六年分粤海關常稅收支數目事折 | 228 |
| 151 | 粤海關監督莊山奏爲光緒二十七年粤海關北海關收稅總數事折 | 229 |
| 152 | 恒嘉片 | 231 |

| | | |
|---|---|---|
| 153 | 署理兩廣總督岑春煊奏報光緒三十一年分粵海各關經徵洋稅各款收支數目事折 | 232 |
| 154 | 署理兩廣總督岑春煊奏報光緒三十一年分粵海關常稅收支數目事折 | 232 |
| 155 | 署理兩廣總督岑春煊奏銷光緒三十一年粵海關各關一百八十一等四結收支洋稅各款事折 | 233 |
| 156 | 署理兩廣總督岑春煊奏報光緒三十一年分改章整頓粵海關務撙節釐剔歸公各款折 | 234 |
| 157 | 署理兩廣總督岑春煊奏報光緒三十二年分粵海各關洋常各稅等銀數移交清楚折 | 235 |
| 158 | 粵海關監督常恩補報光緒三十二年分粵海關常稅收支總數目事折 | 236 |
| 159 | 兩廣總督胡湘林奏報光緒三十二年分粵海各關撥節歸公各款事折 | 237 |
| 160 | 兩廣總督張人駿奏報光緒三十三年分粵海各關一百八十五等四結洋稅節省歸公各數事折 | 238 |
| 161 | 兩廣總督張人駿奏銷光緒三十三年粵海各關一百八十五等四結收支洋稅各款數目事折 | 239 |
| 162 | 粵海關徵收洋稅數目清單 | 240 |
| 163 | 粵海關徵收常稅數目清單 | 240 |
| 164 | 署理兩廣總督袁樹勛奏報光緒三十四年分粵海各關一百八十九等五結收支洋稅數目事折 | 241 |
| 165 | 署理兩廣總督袁樹勛奏報光緒三十四年分粵海各關一百八十九等五結洋稅節省數目事折 | 242 |

# 道光朝

## 001　粵海關監督克明額奏報道光二十一年分粵海關徵收關稅銀數等事摺①

粵海關監督奴才克明額跪奏，爲恭報接收交代關稅銀數及商口各欠數目，查核清楚，仰祈聖鑒事。竊奴才荷蒙恩命，簡放粵海關監督，業將到任，接印日期，恭疏題報，並繕摺叩謝天恩在案。茲查撫臣怡良兼理任內，因值嘆夷滋事，奏將關庫銀兩分寄藩運道三庫存貯，以昭慎重。自奴才抵任，接准移交，當將關稅清冊逐一詳查。內癸卯年分，自道光二十年三月二十六日起，至二十一年三月二十五日止，一年期內，大關各口共徵銀八十六萬四千二百三十二兩一錢六分九釐。內除支銷通關經費及各口已徵未解商欠各款，共銀一十五萬六千五十七兩四錢三分三釐，應存銀七十萬八千一百七十四兩七錢三分六釐。除發借洋商銀七十萬兩外，實存在庫銀八千一百七十四兩七錢三分六釐。另存平餘截曠等銀二千六十五兩五錢八分三釐。又甲辰年分，自道光二十一年三月二十六日起，連閏至四月二十六日止，計兩個月零一日，大關各口共徵銀兩二十八萬三千五十一兩八錢三分，內除支銷通關經費及各口已徵未解商欠各款，共銀三萬一千一百十五兩九錢三分六釐，應存銀二十五萬一千九百三十五兩八錢九分四釐。除發借洋商銀二十五萬兩外，實存在庫銀一千九百三十五兩八錢九分四釐；另存平餘銀四百九十一兩一錢四分二釐；另又應存壬寅年分正羨盈餘銀三十九萬三千二百一十三兩三錢三分，除已撥解軍需銀三十八萬一千九百二十兩五錢二分五釐外，尚存正羨盈餘銀一萬一千二百九十二兩八錢五釐。又存平餘及十九年分閒款等銀三萬二千八百六十七兩一錢八分三釐。又應存戊戌年分，帶徵二限正項銀三萬三千五十兩七錢二分九釐。已亥年分，帶徵三限正項銀六萬九千二十八兩七錢四分六釐，二共銀十萬二千七十九兩四錢七分五釐。除

---

① 見前揭《清宮粵港澳商貿檔案全集》第 949 號檔案，第 4804～4810 頁；前揭《明清宮藏中西商貿檔案》第 718 號檔案，第 3649～3655 頁。

業已全數撥解軍需外，以上通共實存在庫銀五萬六千八百二十七兩三錢四分三釐。各商口欠繳辛丑、壬寅各年分備貢正羨平餘及十九、二十、二十一年分備公開款覆價等銀共三十萬五百兩一錢四分六釐，俱有認狀存。據茲，奴才傳齊洋商伍怡和等嚴切面諭，迅將未完各款銀兩，勒限按卯交納，并飭各口將已徵未解銀兩趕緊交庫，隨時移請委員接續起解，以期逐漸清理，而昭核實。奴才按冊逐款詳查，接收清楚，除癸卯年分所徵稅餉仍應歸入該年分奏銷案內，照例另行具題所有寄存各庫銀兩。俟後仍行移回關庫存貯以專職守外，再查前項撥解軍需銀兩內，壬寅年分正羨盈餘銀及戊戌年分帶徵二限正項銀，已亥年分帶徵三限正項銀。以上三款，共銀四十八萬四千兩。前經撫臣怡良會同兩廣總督臣祁墳奏明，核撥兵餉。又癸卯、甲辰兩年分徵存稅餉數內，共發借洋商等銀九十五萬兩，亦於撫臣怡良兼理任內會移議奏借發洋商伍敦元等各在案，合併陳明。所有奴才接收關稅銀數，查核清楚緣由，除循例恭疏題報外，理合繕摺具奏。伏乞皇上聖鑒。謹奏。

戶部知道。

道光二十一年六月初八日

## 002　粵海關監督文豐奏報道光二十三年分粵海關徵收關稅總數事摺[①]

粵海關監督奴才文豐跪奏，為恭報關稅一年期滿徵收總數，仰祈聖鑒事。竊照粵海關徵收正雜銀兩向例一年期滿，先將總數奏明，俟查覈支銷確數，另行恭疏具題，並分欵造冊，委員解部，歷年遵照辦理在案。至粵海關原定正額銀四萬兩，銅斤水腳銀三千五百六十四兩。又嘉慶四年五月，奉戶部劄行，欽定粵海關盈餘銀八十五萬五千五百兩，欽遵在案。查該關遞年連閏趕前，應徵乙巳年分關稅，自道光二十二年二

---

[①] 見前揭《清宮粵港澳商貿檔案全集》第 957 號檔案，第 4851~4854 頁；前揭《明清宮藏中西商貿檔案》第 725 號檔案，第 3690~3693 頁。

月二十六日起，至二十三年二月二十五日關期報滿止，一年期內，督臣祁墳署理任內經徵一個月零十二日，奴才接管任內經徵十個月零十八日，兩任合徵統計大關各口共徵銀一百一十八萬二千四百八十八兩九錢九分三釐。除徵足正額稅銀及銅斤水腳並徵足欽定盈餘銀兩外，計多收銀二十八萬三千四百二十四兩九錢九分三釐。除將到關船隻、貨物粗細分別造冊送部覈對外，所有關稅一年期滿徵收總數，理合恭摺具奏。再查乙巳年分，徵收稅餉內，撥解浙省軍需銀十萬兩。又撥解南河工費銀一十四萬兩，業經先後分別奏明在案。現計應存稅餉銀九十四萬二千四百餘兩，內有應開除一年通關支銷經費等項銀兩，尚未覈實數目，合併陳明。伏乞皇上聖鑒。謹奏。

戶部知道。

道光二十三年三月二十六日

## 003　粵海關監督文豐奏報道光二十三年分粵海關關稅盈餘銀兩數目事摺[①]

　　粵海關監督奴才文豐跪奏，為恭報關稅盈餘銀兩數目，仰祈聖鑒事。竊照粵海關每年徵收正雜銀兩例於滿關後三個月，將收支實數分欵造報。茲查關期遞年連閏趕前，應徵乙巳年分關稅，督臣祁墳署理任內，自道光二十二年二月二十六日起，至四月初七日止，計一個月零十二日。奴才接管任內，自四月初八日起，至二十三年二月二十五日止，計十個月零十八日，統計一年期內兩任，合徵大關各口，共徵銀一百一十八萬二千四百八十八兩九錢九分三釐。業於本年三月關期報滿時，經將徵收總數，恭摺奏明在案。現當三個月期滿，自應照例造報。查乙巳年分徵收稅銀內，除循例支出正額銀四萬兩，銅斤水腳銀三千五百六十四兩移交藩庫，取有實收，送部查覈。又除撥解浙江軍需銀一十萬兩。

---

①　見前揭《清宮粵港澳商貿檔案全集》第963號檔案，第4896~4899頁；前揭《明清宮藏中西商貿檔案》第731號檔案，第3735~3738頁。

又撥解南河工費銀八萬兩。又改撥銀六萬兩。又除支銷通關經費、養廉、工食及鎔銷折耗等銀四萬七千四十四兩六錢六分二釐外,尚存正雜羨盈餘各欸等銀八十五萬一千八百八十兩三錢三分一釐。又加平及平餘等銀一萬五千三百一十兩七錢五分二釐。又另欸報解潘仕成採買軍工木料,僱倩朱順安船水手,隨帶零星貨稅銀三百五十九兩九錢二分,以上通共應存銀八十六萬七千五百五十一兩三釐,內除各口已徵未解銀兩。奴才現在上緊嚴催,俟完繳到日,再行籌辦。現實存銀八十萬六千六十三兩七錢七分二釐,遵照奏定撫夷案內,留貯備還夷欠,毋庸解京交納,合併聲明。除循例逐欸照舊造冊,送部籌銷外,合將支銷動撥各數及留貯緣由,謹恭摺具奏。伏乞皇上聖鑒。謹奏。

戶部知道。

道光二十三年六月二十七日

## 004　欽差大臣耆英等奏報定立五口通商章程後道光二十四年分粵海關徵稅情形片[①]

再,粵海關徵收稅餉,向係扣足十二個月為滿,遞年連閏趲前計算。現徵丙午年分關餉,應自道光二十三年二月二十六日起,連閏扣至二十四年正月二十五日一年期滿。查現定《五口通商章程》,粵海關稅額如有徵不足數,暫於上海等四關所徵西洋各國稅內撥補,卽由各海關逕自報撥。俟三年後察看情形,再將粵海關原額銀數,勻歸五口作為定額。業經臣等奏,奉勅部覆准在案。所有本年上海等四關開市以後所徵西洋各國稅銀應與粵海關一體,以道光二十四年正月二十五日為截數之期,將徵收數目咨會粵海關查照,以後每屆三個月各該關互相咨會一次,俾關期不致參差。倘粵海關徵不足額,卽可照案指請撥補,仍於截數時由各海關另案題報,以資稽考。至粵海關自康熙年間設立監督之

---

[①]　見前揭《清宮粵港澳商貿檔案全集》第970號檔案,第4941~4943頁;前揭《明清宮藏中西商貿檔案》第738號檔案,第3780~3782頁。

後，遞年連閏趲前以十二個月爲一年，是以現屆癸卯年已徵丙午年稅餉。今上海等四關係屬創始之年，粵海關章程亦多所更改，應請即從道光二十四年正月二十六日爲始，聲明以某年月日爲始，至某年月日，連閏扣足十二個月，爲該關報滿之期。毋庸再排甲乙，以免混淆。臣等謹附片陳明。伏乞皇上聖鑒。敕部查照施行。謹奏。

戶部知道。

## 005　粵海關監督文豐奏報道光二十四年分粵海關徵收關稅總數事折①

粵海關監督奴才文豐跪奏，爲恭報關稅一年期滿徵收總數，仰祈聖鑒事。竊照粵海關徵收正雜銀兩，向例一年期滿，先將總數奏明，俟查覈支銷確數，另行恭疏具題，並分欵造冊，委員解部，歷年遵照辦理在案。再粵海關原定正額銀四萬兩，銅觔水腳銀三千五百六十四兩。又嘉慶四年五月奉戶部劄行，欽定粵海關盈餘銀八十五萬五千五百兩，欽遵亦在案。茲查本關遞年連閏趲前，應徵丙午年分關稅，自道光二十三年二月二十六日起，連閏至二十四年正月二十五日止，一年期滿，所有大關循照舊例徵銀三十萬三千四百四十七兩二分五釐，遵照新章徵銀一百六十萬五百四兩七錢三分九釐，又各口徵銀一十二萬六千五百九十一兩三錢四分四釐，統計一年期內共徵銀二百三萬五百四十三兩一錢八釐，除徵足正額稅銀及銅觔水腳並徵足欽定盈餘銀兩外，計多收銀一百一十三萬一千四百七十九兩一錢八釐。除將到關船隻貨物，照例造冊，送部覈對外，所有關稅一年期滿，徵收總數，理合恭摺具奏。再前經會奏撫夷各條摺內聲明，福州、廈門、寧波、上海四處通商，所有徵收夷稅各數，歸入粵海關彙併計算，具摺奏報，業經移咨在案。茲屆粵海關錢糧報滿之期，尚未准該四口將所徵稅數咨會到關，應俟移咨到齊，另爲統

---

① 見前揭《清宮粵港澳商貿檔案全集》第 982 號檔案，第 5018～5021 頁；前揭《明清宮藏中西商貿檔案》第 749 號檔案，第 3854～3857 頁。

計覈算，並將本關稅數覈實支銷，再行恭摺具奏，合併陳明。伏乞皇上聖鑒。謹奏。

戶部知道。

道光二十四年二月二十九日

## 006　粵海關監督文豐奏報道光二十四年分粵海關關稅盈餘銀數及上海廈門寧波三口徵收數目事摺①

粵海關監督奴才文豐跪奏，爲恭報關稅盈餘銀兩數目，仰祈聖鑒事。竊照粵海關每年徵收正雜銀兩例於滿關後三個月，將收支實數分欵造報。茲查關期遞年連閏趕前，應徵丙午年分關稅，自道光二十三年二月二十六日起，連閏至二十四年正月二十五日止，一年期內，所有大關循照舊例，徵銀三十萬三千四百四十七兩二分五釐；遵照新章，徵銀一百六十萬五百四兩七錢三分九釐。又各口徵銀一十二萬六千五百九十一兩三錢四分四釐，統計大關各口共徵銀二百三萬五百四十三兩一錢八釐，業於本年正月關期報滿時，經將徵收總數，恭摺奏明在案。現當三個月期滿，自應照例造報。查丙午年分，徵收稅銀內，除循例支出正額銀兩四萬兩、銅觔水腳銀三千五百六十四兩，移交藩庫，取有實收，送部查覈。又除支銷通關經費、養廉工食及鎔銷折耗等銀三萬六千一百五十一兩七錢七分三釐。又除照新例支解糧道衙門撥充普濟堂公用銀一萬九千八百八十八兩八錢八分九釐。又循例除動支報解水腳銀六萬九千七百一十兩一錢三分三釐。又除部飯食銀五萬一千一百六兩八錢九分二釐。又除支出解交造辦處裁存備貢銀五萬五千兩。又除撥解廣儲司公用銀三十萬兩。又除正雜盈餘、平餘水腳、部飯食并廣儲司各欵加平銀六萬七千五十八兩三錢四分二釐外，尚存正雜羨盈餘銀一百三十八萬八千六十三兩七分九釐。又另欵平餘等銀七千一百八十五兩二錢四釐，並循

---

① 見前揭《清宮粵港澳商貿檔案全集》第 983 號檔案，第 5022～5028 頁；前揭《明清宮藏中西商貿檔案》第 750 號檔案，第 3858～3864 頁。

例除支未解動支報解水腳等項五欵，共計五十四萬二千八百七十五兩三錢六分七釐。以上通共應存銀兩一百九十三萬八千一百二十三兩六錢五分，內除已徵未解銀六萬九千一百九十二兩六錢八分五釐。奴才現在上緊嚴催，俟完繳到日，再行覈辦。現實存銀一百八十六萬八千九百三十兩九錢六分五釐，遵照奏案存貯，留備撫夷之用，毋庸解京交納。再查前經會奏通籌五關收稅摺內聲明，福州、廈門、寧波、上海四處通商所有徵收夷稅各數歸入粵海關彙併計算，具摺奏報，移咨辦理在案。茲屆粵海關錢糧報滿之期，現查上海自道光二十三年九月二十六日開市起，至本年正月二十五日止，徵收稅鈔銀四萬一千九百三十三兩四錢五分一釐。廈門自道光二十三年九月十一日開市起，至本年正月二十五日止，徵收銀一萬五千一百三十四兩四錢三分八釐。寧波自道光二十三年十一月十二日開市起，至本年正月二十五日止，徵收稅鈔銀六千二百六十四兩四錢六分八釐，陸續咨會前來。至福州一口尚未開市，合併聲明。除循例逐欵造冊，送部覈銷外，合將支銷各欵及三口徵收數目緣由，恭摺具奏。伏乞皇上聖鑒。謹奏。

該部院知道。

道光二十四年五月二十五日

## 007　粵海關監督文豐奏報道光二十五年分粵海關徵收關稅總數事摺①

粵海關監督奴才文豐跪奏，爲恭報關稅一年期滿徵收總數，仰祈聖鑒事。竊照粵海關徵收正雜銀兩向例一年期滿，先將總數奏明，俟查覈支銷確數，另行恭疏具題，分欵造冊解部，歷年遵辦在案。所有粵海關原定正額銀四萬兩，銅觔水腳銀三千五百六十四兩；又嘉慶四年五月奉戶部剳行欽定粵海關盈餘銀八十五萬五千五百兩，欽遵亦在案。茲於道

---

① 見前揭《清宮粵港澳商貿檔案全集》第987號檔案，第5054～5057頁；前揭《明清宮藏中西商貿檔案》第754號檔案，第3890～3893頁。

光二十四年正月二十六日起,至二十五年正月二十五日止,一年期滿,大關徵銀二百二十五萬七千七百九兩七錢六分三釐,又各口徵銀一十萬三千一百二十二兩三錢九分五釐,統計一年期內,共徵銀二百三十六萬八百三十二兩一錢五分八釐。除徵足正額稅銀及銅觔水腳並徵足欽定盈餘銀兩外,計多收銀一百四十六萬一千七百六十八兩一錢五分八釐,比較上年所徵稅數多至三十餘萬兩,較之道光二十二年以前額徵之數倍有盈餘。除將到關船隻貨物,照例造冊,送部覈對外,所有關稅一年期滿徵收總數,理合恭摺具奏。再前會奏撫夷各條摺內聲明,福州、廈門、寧波、上海四處通商所徵夷稅,統歸粵海關彙覈具奏。茲屆粵海關錢糧報滿之期,該四口尚未將通年徵數,咨會到關,應俟移咨到齊,另為統計覈算,並將粵海關稅數覈實支銷,再行恭摺具奏,合併陳明。伏乞皇上聖鑒。謹奏。

戶部知道。

道光二十五年二月二十八日

## 008　粵海關監督基溥奏報道光二十六年分粵海關並福州等四關徵稅總數事摺①

粵海關監督奴才基溥跪奏,為恭報關稅一年期滿徵收總數,仰祈聖鑒事。竊照粵海關徵收正雜銀兩,向例一年期滿,先將總數奏明,俟查覈支銷確數,另行恭疏具題,分欵造冊解部,歷年遵辦在案。所有粵海關原定正額銀四萬兩、銅觔水腳銀三千五百六十四兩。又嘉慶四年五月奉戶部劄行,欽定粵海關盈餘銀八十五萬五千五百兩,欽遵亦在案。茲於道光二十六年正月二十六日起,連閏至十二月二十五日關期報滿止,一年期內,前監督恩吉管理任內九個月零十九日,共徵銀一百四十二萬四千八百五十二兩六錢七分三釐。奴才接管任內兩個月零十一日,共徵

---

① 見前揭《清宮粵港澳商貿檔案全集》第 990 號檔案,第 5079～5085 頁;前揭《明清宮藏中西商貿檔案》第 757 號檔案,第 3914～3919 頁。

銀四十四萬三千五百十七兩四錢二分八釐。以奴才接徵七十一日，比較二十五年十一月十五日至二十六年正月二十五日計，尚多徵銀八萬四千餘兩，兩任共徵大關稅銀一百八十六萬八千三百七十兩一錢一釐，各口稅銀一十萬三千七百一十九兩七錢二釐，共徵銀一百九十七萬二千八十九兩八錢三釐。統計所徵，雖按從前正額稅銀及銅觔水腳並欽定盈餘數目徵足外，多收銀一百七萬三千二百二十五兩八錢三釐，然比較上年所徵尚少收稅銀二十一萬四千四百四十兩六錢三分九釐。推原其故，蓋因上海貿易日增，計上年截至九月止，已收至四十五萬二千三百六十六兩四錢八分七釐，以致彼有所盈，此有所絀。奴才仍不敢遽以為實，凡商船出入各關口，俱添派巡船嚴密稽查，並會同督撫臣出示，嚴禁偷漏，以防弊端。總期稅課豐收，有盈無絀。除將到關船隻貨物，照例造冊，送部覈對外，所有關稅一年期滿徵收總數，理合恭摺具奏。再前於道光二十三年更定稅務新章會奏案內聲明，福州、廈門、寧波、上海四處海關所徵夷稅，統歸粵海關，彙齊具奏。查二十五年分，福州、廈門、寧波、上海四關，共收銀五十二萬三千一百七兩二錢二分六釐；茲二十六年分，以上四關雖未據將通年徵收總數，咨會到關，難以懸定。就現在准到文移，除江海關自二十六年正月二十六日起截至九月，據報徵銀四十五萬二千三百六十六兩四錢八分七釐，較前多收銀二萬四千餘兩；浙海關自二十六年正月二十六日起截至九月，據報徵銀二千一百七十三兩三錢七分九釐；閩海關及福州南臺口自二十六年正月二十六日起截至九月，據報徵銀二萬六千九百八十六兩七錢一分三釐。其續徵之銀，尚未咨報，已共徵銀四十八萬一千五百二十六兩五錢七分九釐。是本年粵海關雖較上年少收銀二十一萬四千四百四十兩六錢三分九釐，而各關通商就現報經徵九個月之數，業已較上年前三季九個月多收銀一萬六千九百餘兩。遵照奏准條例，統歸粵海關彙齊，仍屬日形充足。俟各關移咨到齊，另為統計覈算，並將粵海關稅數覈實支銷，再行恭摺具奏，合併陳明。伏乞皇上聖鑒。謹奏。

戶部知道。

道光二十七年二月初一日

## 009　粵海關監督基溥奏報道光二十七年分粵海關徵收稅銀總數並福州等四關現報數事折①

粵海關監督奴才基溥跪奏，爲恭報關稅一年期滿徵收總數，仰祈聖鑒事。竊照粵海關徵收正雜銀兩，向例一年期滿，先將總數奏明，俟查覈支銷確數，另行恭疏具題，分欵造冊解部。又粵海關原定正額銀四萬兩、銅觔水腳銀三千五百六十四兩。又嘉慶四年五月奉戶部劄行，欽定粵海關盈餘銀八十五萬五千五百兩，欽遵辦理各在案。茲查道光二十六年十二月二十六日起，至二十七年十二月二十五日關期報滿止，一年期內，大關共徵銀一百七十二萬四千七兩一錢二分五釐，各口共徵銀一十萬一千二百一十五兩九錢三分，二共徵銀一百八十二萬五千二百二十三兩五分五釐。統計所徵，查按從前正額稅銀及銅觔水腳並欽定盈餘數目徵足外，多收銀九十二萬六千一百五十九兩五分五釐，比較上年所徵，少收銀一十四萬六千八百六十六兩七錢四分八釐。奴才除將到關船隻貨物，照例造冊，送部覈對外，所有徵收關稅一年期滿，循例恭摺具奏。再前於道光二十三年更定稅務新章會奏案內聲明，福州、廈門、寧波、上海四處海關所徵夷稅，統歸粵海關彙覈具奏。查二十六年分，福州、廈門、寧波、上海四關，共徵銀七十萬一千六百六十一兩二分；茲二十七年分，雖未據將通年徵收總數，咨會到關，難以懸定。就現在准到文移，查江海關自二十六年十二月二十六日起，至二十七年九月二十五日止，據報徵銀三十六萬一千三百四十四兩九錢三分七釐。浙海關自二十六年十二月二十六日起，至二十七年八月二十五日止，據報徵銀一千五百七十一兩九錢二分六釐。閩海關及福州南臺口自二十六年十二月二十六日起，至二十七年八月二十五日止，據報徵銀二萬三千二百一十四兩一錢九分六釐。以上各口續徵之數尚未咨報，現共徵銀三十八萬六千一

---

①　見前揭《清宮粵港澳商貿檔案全集》第 995 號檔案，第 5102～5106 頁；前揭《明清宮藏中西商貿檔案》第 760 號檔案，第 3930～3934 頁。

百三十一兩五分九釐餘。俟各關移咨到日，另爲統計覈算外，所有粵海關一年期滿徵收總數並各關口現報數目，理合恭摺具奏。伏乞皇上聖鑒。謹奏。

戶部知道。

道光二十八年二月初九日

## 010　粵海關監督基溥奏報道光二十七年分粵海關比較上年少收稅課緣由片①

再，查粵海關稅務自上年新季開徵起，逐日所收尚無短絀。惟二月十八日嘆夷兵船突入省河，雖數日旋卽退出，而以後錢糧頓見稀少，直至五、六月間稍有起色，然未能趕補前絀。截至九月初間，比較二十六年少收銀十三萬有奇。迨九月以後稅課來源大旺，每日錢糧較之春夏多至數倍。未及兩月，遂將前短之數趕補十二萬餘兩，比較二十六年僅少收一萬有奇。奴才方冀十一、十二兩月再能如前旺收，則滿關時比較二十六年所收之數定可豐盈。詎意十一月間復有黃竹岐地方民夷互毆一案，以致各客商心懷疑懼，漸覺裹足不前，每日所收稅銀或三四千兩或千餘兩不等。截至滿關之期，遂較上屆少收至十四萬有奇。奴才誠恐海面遼闊，夷情詭詐，難保無奸商繞越走私等弊，當卽親往黃埔海口督飭通事、丁胥人等明察暗訪；一面咨商督撫臣密派妥員隨時訪查，覈計十一、十二兩月進口、出口貨船不及往時一月之數。現自二十七年十二月二十六日新季開徵起，卽今又經月餘，稅務尚無起色。又聞茶客夷商皆有虧缺，貨本貨物壅滯不銷情事。奴才覩此情形，日深焦灼。惟有隨時設法相機辦理，以期稅課漸次豐旺。謹將比較上年少收稅課緣由，附片據實具奏。伏乞聖鑒。謹奏。

戶部知道。

---

①　見前揭《清宮粵港澳商貿檔案全集》第996號檔案，第5107～5110頁；前揭《明清宮藏中西商貿檔案》第761號檔案，第3935～3937頁。

011　粵海關監督基溥奏報道光二十七年分粵海關徵收稅鈔銀兩數目及福州等四關徵收數目事摺①

　　粵海關監督奴才基溥跪奏，爲恭報關稅收支實數，仰祈聖鑒事。竊照粵海關每年徵收關稅銀兩，例於滿關後三個月，將收支實數，分款造報。茲查道光二十七年分關稅，自二十六年十二月二十六日起，至二十七年十二月二十五日止，一年期內，大關徵銀一百七十二萬四千七兩一錢二分五釐，各口徵銀一十萬一千二百一十五兩九錢三分。於本年二月初九日將經徵總數，恭摺奏明在案。現屆三個月期滿，相應照例造報。查二十七年分徵收稅銀，內除循例支出正額銀四萬兩，銅觔水腳銀三千五百六十四兩，普濟院公用銀四萬兩，分別解交藩司糧道衙門，取有實收，送部查覈。又除支銷通關經費，養廉工食及鎔銷折耗等銀七萬二千六百四十兩九錢八分三釐。又除循例動支，報解水腳銀四萬五千二百一十六兩三錢七分二釐。又除部飯食銀四萬四千二百五十兩六錢九釐。又除解交造辦處裁存備貢銀五萬五千兩。又除撥解廣儲司公用銀三十萬兩。又除支正雜盈餘、平餘水腳、部飯食、廣儲司，各款加平銀六萬一千四百九十兩六錢一分九釐，應存解戶部關稅銀一百一十六萬三千六十兩四錢七分二釐。數內又遵旨酌留尾數，解貯藩庫之款。奴才與署督臣徐廣縉面議，即按二十七年分徵收總數除盡支銷例解各款，應存銀一百一十六萬三千餘兩，即以六萬三千六十兩四錢七分二釐之尾數留解藩庫存貯備用外，實應解交戶部銀一百一十萬兩。伏查粵海關稅經督臣耆英會同奴才具奏，於二十七年爲始，按季解京，奉部議准劄知到關。遵於上年分季起解，陸續共解過銀一百一十萬兩，隨加平銀一萬六千五百兩，又二十五兩加平銀二萬七千五百兩，委員分批解赴戶部，投納在案，尚存前項循例開支數內，除動支仍應報解水腳等五款，共銀五十萬

---

①　見前揭《清宮粵港澳商貿檔案全集》第 997 號檔案，第 5111～5118 頁；前揭《明清宮藏中西商貿檔案》第 762 號檔案，第 3938～3944 頁。

五千九百五十七兩六錢，除已解部加平銀四萬四千兩，實存解銀四十六萬一千九百五十七兩六錢。又另款平餘銀一千三百三十一兩九錢八分八釐。又另存留貯藩庫節存盤費銀四百六十九兩四錢三分三釐。又另存內務府咨撥解交廣儲司公用，奏准開支擡費布袋劈鞘用費銀二千四百兩，共計分款開支，仍應解京銀四十六萬六千一百五十九兩二分一釐，內除各口已徵未解銀五萬五千八百一十一兩八錢一分三釐。奴才上緊嚴催，俟完繳到日，再行覈辦，實存應解銀四十一萬三百四十七兩二錢八釐。現已咨請委員過關，接續起解。再查會奏通籌五關收稅摺內聲明，福州、廈門、寧波、上海四處通商所有徵收夷稅各數，歸入粵海關彙併計算，具摺奏報，移咨辦理在案。茲屆粵海關錢糧報滿之期，節准福州等關將二十七年分徵收稅鈔銀兩數目，陸續咨會前來。查福州關共徵銀四兩三分九釐，廈門關共徵銀二萬九千一百三十二兩二錢一分三釐，寧波關共徵銀一千五百七十一兩九錢二分六釐，上海關共徵銀六十二萬八千二百七十四兩二分一釐，合併聲明。除循例造冊，送部覈銷外，謹將支銷各款及四關徵收數目緣由，恭摺具奏。伏乞皇上聖鑒。謹奏。

戶部知道。

道光二十八年五月初一日

## 012　粵海關監督基溥奏報道光二十八年分粵海關徵收總數並福州等四關現報數目事摺①

粵海關監督奴才基溥跪奏，為恭報關稅一年期滿徵收總數，仰祈聖鑒事。竊照粵海關徵收正雜銀兩，向例一年期滿，先將總數奏明，俟查覈支銷確數，另行恭疏具題，分款造冊解部。又粵海關原定正額銀兩四萬兩，銅觔水腳銀三千五百六十四兩。又嘉慶四年五月奉戶部劄行，欽定粵海關盈餘銀八十五萬五千五百兩，欽遵辦理各在案。茲查道光二十

---

① 見前揭《清宮粵港澳商貿檔案全集》第 998 號檔案，第 5119～5123 頁；前揭《明清宮藏中西商貿檔案》第 763 號檔案，第 3945～3949 頁。

七年十二月二十六日起，至二十八年十二月二十五日關期報滿止，一年期內，大關共徵銀一百三十一萬八千九百一兩四錢二釐，各口共徵銀一十萬五千一百四十四兩五錢一分四釐，二共徵銀一百四十二萬四千四十五兩九錢一分六釐。統計所徵，查按從前正額稅銀及銅觔水腳並欽定盈餘數目徵足外，多收銀五十二萬四千九百八十一兩九錢一分六釐，比較上年所徵少收銀四十萬一千一百七十七兩一錢三分九釐。奴才除將到關船隻貨物，照例造册，送部覈對外，所有徵收關稅一年期滿，循例恭摺具奏。再前於道光二十三年更定稅務章程會奏案內聲明，福州、廈門、寧波、上海四處海關所徵夷稅，統歸粵海關彙齊具奏。查二十七年分，福州、廈門、寧波、上海四關共徵銀六十五萬八千九百八十二兩一錢九分九釐。茲二十八年分，尚未據將通年徵收總數咨會到關，難以懸定。就現在准到文移，江海關自二十七年十二月二十六日起，至二十八年九月二十五日止，據報徵銀二十二萬七千四百九十三兩五錢一分七釐。浙海關自二十七年十二月二十六日起，至二十八年九月二十五日止，據報並未徵收夷稅。閩海關及福州南臺口，自二十七年十二月二十六日起，至二十八年九月二十五日止，據報徵銀一萬七千二百三十五兩八錢八分五釐。以上各口續徵之數尚未咨報，現共徵銀二十四萬四千七百二十九兩四錢二釐餘。俟各關移咨到日，另爲統計覈算外，所有粵海關一年期滿徵收總數並各關口現報數目，理合恭摺具奏。伏乞皇上聖鑒。謹奏。

戶部知道。

道光二十九年二月十二日

## 013　粵海關監督基溥奏報道光二十八年分粵海關收支實數及福州等四關徵收數目事摺①

　　粵海關監督奴才基溥跪奏，爲恭報關稅收支實數，仰祈聖鑒事。竊

---

① 見前揭《清宮粵港澳商貿檔案全集》第 999 號檔案，第 5124~5131 頁；前揭《明清宮藏中西商貿檔案》第 764 號檔案，第 3950~3957 頁。

照粵海關每年徵收關稅銀兩，例於滿關後三個月，將收支實數分款造報。茲查道光二十八年分關稅，自二十七年十二月二十六日起，至二十八年十二月二十五日止，一年期內，大關徵銀一百三十一萬八千九百一兩四錢二釐，各口徵銀一十萬五千一百四十四兩五錢一分四釐。於本年二月十二日奴才將經徵總數，恭摺奏明在案。現屆三個月期滿，相應照例造報。查二十八年分徵收稅銀，內除循例支出正額銀四萬兩，銅觔水腳銀三千五百六十四兩，普濟院公用銀四萬兩，分別解交藩司糧道衙門，取有實收，送部查覈。又除支銷通關經費、養廉工食及鎔銷折耗等銀六萬九千七百六十六兩三錢九分三釐。又除循例動支報解水腳銀三萬三千九百三十六兩七錢七分七釐。又除部飯食銀三萬三千三百三十二兩五錢四釐。又除解交造辦處裁存備貢銀五萬五千兩。又除撥解廣儲司公用銀三十萬兩。又除支正雜盈餘、平餘水腳、部飯食、廣儲司，各款加平銀四萬六千三百一十四兩八分八釐。淨應解戶部關稅銀八十萬二千一百三十二兩一錢五分四釐，內除奉撥解交南河工用銀二十六萬兩。又除已解部正雜盈餘銀五十一萬九千二百九十三兩九錢二分四釐，實存尾數銀二萬二千八百三十八兩二錢三分。奴才與督臣徐廣縉面商，即作為遵旨應酌留本年解貯藩庫之款外，伏查粵海關稅銀於二十七年五月內，奏准按季解京。茲二十八年分關稅，陸續共解過銀五十五萬三千二百三十兩七錢一釐，內正雜盈餘銀五十一萬九千二百九十三兩九錢二分四釐，動支報解水腳銀三萬三千九百三十六兩七錢七分七釐，共隨加平銀八千二百九十八兩四錢六分。又續增之二十五兩加平銀一萬三千八百三十兩七錢六分八釐，委員分批解赴戶部投納。尚應存前項循例開支數，內除動支仍應报解水腳等五款，共銀四十六萬八千五百八十三兩三錢六分九釐，內除已解水腳銀三萬三千九百三十六兩七錢七分七釐。又已解加平，共銀二萬二千一百二十九兩二錢二分八釐，共解過銀五萬六千六十六兩五釐，實存解銀四十一萬二千五百一十七兩三錢六分四釐。又另款平餘銀九百五十兩四錢三分七釐。又另存留貯藩庫節存盤費銀一百七十兩一分二釐。又另存內務府咨撥解交廣儲司公用，奏准開支擡費布袋劈鞘用費銀二千四百兩，共計分款開支仍應解京銀四十一萬六千三十七兩八錢一分三釐，內除各口尚未解到銀五萬二千三百七十四兩一錢三分七釐。奴才上緊嚴催，到日隨時起解，現在實存應解銀三十六萬三千六百六十三兩六錢七分六釐，已經咨請督臣，飭司委員過關，分批起解。再查福州、廈門、寧波、上海四處通商所有徵收夷稅，各數歸入粵海關彙併計算，歷經按照辦理在案。茲屆粵海關錢糧報滿之期，節准福州等關將二十八年分徵收稅鈔銀兩數目陸續咨會前來。查福州關共徵銀三十一兩四錢，廈門關共徵銀二萬四千五百六十八兩三錢六分七釐，上海關共徵銀五十四萬九百七十兩二錢九分七釐，寧波關本年並無徵收夷稅，合併聲明，除循例造冊，送部覈銷外，謹將支銷各款及四關徵收數目緣由，恭摺具奏。伏乞皇上聖鑒。謹奏。

該部院知道。

道光二十九年閏四月初六日

## 014　粵海關監督基溥奏報交代道光二十九年分粵海關關庫錢糧並回京啟程日期摺①

粵海關監督奴才基溥跪奏，為恭報交卸起程日期，仰祈聖鑒事。竊奴才承准戶部劄知，於道光二十八年十二月十四日奉旨，粵海關監督著明善去。欽此。茲新任監督明善於閏四月初十日行抵廣東省城，奴才隨派大關委員張浩良恭齎粵海關關防一顆，并庫貯錢糧逐款造冊，移交接收。奴才交代後，即行起程回京。再，所有奴才現徵二十九年分關稅，自道光二十八年十二月二十六日起，連閏至二十九年十一月二十五日止，關期始行屆滿，今截至奴才交代之日，大關已徵銀二十五萬三千九百五十七兩二錢五分六釐。又各口現冊報到，共徵銀七千五百三十六兩一錢三分八釐。另，澳門、福、潮各行存棧貨物搬運進省，照例收納稅銀二千三百十一兩六錢九分七釐，應俟滿關之期，由接任監督明善彙總

---

①　見前揭《清宮粵港澳商貿檔案全集》第 1001 號檔案，第 5144～5146 頁；前揭《明清宮藏中西商貿檔案》第 766 號檔案，第 3966～3968 頁。

具奏，合併陳明。除循例恭疏題報外，所有奴才交卸起程日期，理合繕摺具奏。伏乞皇上聖鑒。謹奏。

览。

道光二十九年閏四月初十日

## 015　粵海關監督明善奏報道光二十九年分接收交代粵海關關庫現存各款銀兩盤核數目相符摺①

粵海關監督奴才明善跪奏，爲恭報接收交代關庫現存各款銀兩盤覈數目相符，仰祈聖鑒事。竊奴才荷蒙恩命簡放粵海關監督，業將到任接印日期，恭疏題報，並繕摺叩謝天恩在案。茲准前監督基溥移交關庫存貯各款銀兩，奴才分日逐一盤查。現徵道光二十九年分關稅，自二十八年十二月二十六日起，至二十九年閏四月初九日止，計四個月零十四日，大關各口共徵銀二十六萬一千四百九十三兩三錢九分四釐。內除照例支銷過通關經費等銀一萬三千五百五十八兩三錢七分三釐，及大關各口已徵未完解銀二萬四千四百一十二兩六錢一分七釐，實存庫銀二十二萬三千五百二十二兩四錢四釐。又另存平餘銀一十四兩三分三釐。又另存丙午年及二十四年分加平銀一萬三千二百七十兩二錢五分六釐。又存二十六年分水腳平餘并加平等銀二萬三千八百九十五兩七錢七分。又存二十七年分備貢水腳平餘并加平等銀七萬七千三百四兩七錢一釐。又存二十八年分廣儲司公用備貢、部飯食、平餘并加平等銀三十六萬三千七百九十七兩六錢三分一釐。又另存解造辦處開款銀三萬九千一百七十一兩六錢九分三釐。又另款存貯洋商折貢銀一萬兩。以上共實存在庫銀七十五萬九百七十六兩四錢八分八釐。奴才按款詳查，所存數目相符，尚有大關各口欠繳丙午及二十四、二十六、二十七、二十八等年分未完銀兩。奴才現在勒限嚴催，一俟完繳齊全，即行分別解納，以清欠款。所

---

① 見前揭《清宮粵港澳商貿檔案全集》第 1003 號檔案，第 5149~5153 頁；前揭《明清宮藏中西商貿檔案》第 768 號檔案，第 3971~3975 頁。

有接收交代，盤驗關庫現存銀兩數目相符緣由，除循例恭疏題報外，理合繕摺具奏。伏乞皇上聖鑒。謹奏。

覽。

道光二十九年五月十八日

## 016　粵海關監督明善奏報道光二十九年分粵海關稅銀徵收總數並福州等四關現報數目事摺①

粵海關監督奴才明善跪奏，爲恭報關稅一年期滿徵收總數，仰祈聖鑒事。竊照粵海關徵收正雜銀兩，向例一年期滿，先將總數奏明。俟查覈支銷確數，另行恭疏具題，分款造冊解部。又粵海關原定正額銀四萬兩，銅觔水腳銀三千五百六十四兩。又嘉慶四年五月奉戶部劄行，欽定粵海關盈餘銀八十五萬五千五百兩，欽遵辦理各在案。茲查道光二十八年十二月二十六日起，連閏至二十九年十一月二十五日關期報滿止，一年期內，前監督基溥管理任內四箇月零十四日，共徵大關稅銀二十五萬三千九百五十七兩二錢五分六釐。奴才接管任內七箇月零十六日，共徵大關稅銀一百一十一萬八千七百四十四兩九分七釐。以奴才接徵七箇月零十六日比較，二十八年五月初十日起，至十二月二十五日止，計雖多徵銀九萬六千二百六十九兩一錢七分一釐，惟較比二十八年通年徵收稅數僅多徵銀五萬餘兩，蓋因本年春間嘆夷復申進城之約，商賈疑懼不前，致使上半年貨稅未能踴躍。今計一年兩任，共徵大關稅銀一百三十七萬二千七百一兩三錢五分三釐，各口稅銀九萬八千六百一十七兩一錢二分三釐，二共徵銀一百四十七萬一千三百一十八兩四錢七分六釐。統計所徵，查按從前正額稅銀及銅觔水腳並欽定盈餘數目徵足外，計多收銀五十七萬二千二百五十四兩四錢七分六釐。奴才除將到關船隻貨物，照例造冊，送部覈對外，所有徵收關稅一年期滿，循例恭摺具奏。再前

① 見前揭《清宮粵港澳商貿檔案全集》第1006號檔案，第5160～5166頁；前揭《明清宮藏中西商貿檔案》第771號檔案，第3982～3988頁。

於道光二十三年更定稅務章程會奏案內聲明，福州、廈門、寧波、上海四處海關所徵夷稅統歸粵海關彙躉具奏。查二十八年分，福州、廈門、寧波、上海四關共徵銀五十六萬五千五百七十兩六分四釐。茲二十九年分尚未據將通年總數咨會到關，難以懸定，就現在准到文移，江海關自二十八年十二月二十六日起，連閏至二十九年七月二十五日止，據報徵銀二十七萬九千四百五十一兩七錢七分七釐，浙海關自二十八年十二月二十六日起，至二十九年閏四月二十五日止，據報徵銀四百一十九兩八錢八分五釐，閩海關及福州南臺口自二十八年十二月二十六日起，連閏至二十九年八月二十五日止，據報徵銀二萬四千二百二十九兩一錢六分五釐。以上各口續徵之數，尚未咨報。現共徵銀三十萬四千一百兩八錢二分七釐。餘俟各關移咨到日，另為統計彙算。再前監督基溥任內，因澳門、福、潮各行存棧貨物搬運進省，照例徵收稅銀二千三百一十一兩六錢九分七釐，業經奏明，另款存貯，應俟查覈本年支銷確數，一併解部。所有粵海關一年期滿徵收總數，並各關口現報數目，理合恭摺具奏。伏乞皇上聖鑒。謹奏。

戶部知道。

道光二十九年十二月二十一日

## 017　粵海關監督明善奏報道光二十九年分粵海關稅銀收支實數及福州等四關徵收數目事摺①

粵海關監督奴才明善跪奏，為恭報關稅收支實數，仰祈聖鑒事。竊照粵海關每年徵收關稅銀兩，例於滿關後三箇月，將收支實數分款造報。茲查道光二十九年分關稅，自二十八年十二月二十六日起，連閏扣至二十九年十一月二十五日止，一年期內，前監督基溥管理任內，四箇月零十四日。奴才接管任內，七箇月零十六日，兩任共合徵大關稅銀一

---

① 見前揭《清宮粵港澳商貿檔案全集》第1007號檔案，第5167~5175頁；前揭《明清宮藏中西商貿檔案》第772號檔案，第3889~3997頁。

百三十七萬二千七百一兩三錢五分三釐，各口稅銀九萬八千六百一十七兩一錢二分三釐，二共徵銀一百四十七萬一千三百一十八兩四錢七分六釐。於道光二十九年十二月二十一日，奴才將徵收總數，循例恭摺奏明在案。現屆三箇月期滿，相應照例造報。查二十九年分徵收稅銀，內除循例支出正額銀四萬兩，銅觔水腳銀三千五百六十四兩，普濟院公用銀四萬兩，分別解交藩司糧道衙門，取有實收，送部查覈。又除支銷通關經費、養廉工食及鎔銷折耗等銀七萬一千四百二十六兩一分六釐。又除循例動支報解水腳銀三萬五千二百八十六兩一錢二分八釐。又除部飯食銀三萬四千六百三十四兩四錢四分九釐。又除解交造辦處裁存備貢銀五萬五千兩。又除撥解廣儲司公用銀三十萬兩。又除正雜盈餘、平餘水腳、部飯食、廣儲司各款暨另款報解等款，加平銀五萬七十兩一錢五分四釐。又除補支二十七、二十八兩年分備貢加平銀四千四百兩，淨應解戶部關稅銀八十三萬六千九百三十七兩七錢二分九釐。內除已解部正雜盈餘銀七十一萬二千兩，尚存未解銀六萬八千兩，實存尾數銀五萬六千九百三十七兩七錢二分九釐。奴才與督臣徐廣縉商，作爲遵旨，酌留本年解存藩庫之款。伏查粵海關稅銀於二十七年五月內，奏准按季解京。茲二十九年分關稅，除陸續共解過部正雜盈餘銀七十一萬二千兩，隨加平銀一萬六百八十兩。又續增二十五兩加平銀一萬七千八百兩。又廣儲司公用銀三十萬兩，內已起解一十五萬兩，隨加平銀二千二百五十兩。又續增二十五兩加平銀三千七百五十兩。又補解二十七、二十八兩年分內務府備貢加平銀四千四百兩，共計銀九十萬八百八十兩，業已委員分批解赴戶部、廣儲司，分別投納外，尚應存解戶部、正雜盈餘、飯食水腳並加平及廣儲司公用、內務府備貢并加平等款銀三十五萬八千五百一十兩七錢三分一釐。又存另款平餘銀五百七十一兩七錢六分九釐。又存另款報解澳門客商運貨來省稅銀二千三百一十一兩六錢九分七釐。又樽節存留藩庫尾數、解員盤費銀四百二十三兩八錢五分四釐。又存內務府咨撥解交廣儲司公用奏准開支，攙費布袋劈鞘用費銀二千四百兩，共計分款開支，仍應解京，共銀三十六萬四千二百一十八兩五分一釐，內除各口已徵未解銀五萬一千三百三十六兩一錢二分六釐。奴才上繁嚴催，俟彙解到日隨時起解。現在實存應解銀三十一萬二千八百八十一兩九錢二分五釐，已經咨請督臣飭司委員過關，分批起解。再，查福州、廈門、寧波、上海四處通商所有徵收夷稅各數，歸入粵海關彙併計算，歷經按照辦理在案。茲屆粵海關錢糧報滿之期，節准福州等關將二十九年分徵收稅鈔銀兩數目，陸續咨會前來。查福州關共徵銀七百二十三兩二錢七分七釐，廈門關共徵銀二萬九千九百三十二兩三錢四分五釐，上海關共徵銀六十三萬一千五百八十三兩二錢五分六釐，寧波關共徵銀五百九兩六錢一分九釐，合併聲明。除循例造冊，送部覈銷外，謹將支銷各款及四關徵收數目緣由，恭摺具奏。伏乞皇上聖鑒。謹奏。

該衙門知道。

道光三十年三月二十五日

## 018　粵海關監督曾維奏報道光三十年分粵海關稅銀徵收總數並福州等四關徵收數目事折①

粵海關監督奴才曾維跪奏，為恭報關稅一年期滿徵收總數，仰祈聖鑒事。竊照粵海關徵收正雜銀兩，向例一年期滿，先將總數奏明。俟查覈支銷確數，另行恭疏具題，分款造冊解部。又粵海關原定正額銀四萬兩、銅觔水腳銀三千五百六十四兩。又嘉慶四年五月奉部剳行，欽定粵海關盈餘銀八十五萬五千五百兩，欽遵辦理各在案。茲查道光二十九年十一月二十六日起，至三十年十一月二十五日關期報滿止，一年期內，前監督明善管理任內八箇月零二十六日，共徵大關稅銀九十一萬九千四百七十五兩四錢一分。奴才接管任內三箇月零四日，共徵大關稅銀四十四萬七千六百五十三兩八錢一分五釐，計一年兩任，共徵大關稅銀一百三十六萬七千一百二十九兩二錢二分五釐，各口稅銀一十萬九千七百三十八兩七錢四分六釐，二共徵銀一百四十七萬六千八百六十七兩九錢七分一釐，比較上年多收銀五千五百四十九兩四錢九分五釐。統計所徵，

---

① 見前揭《清宮粵港澳商貿檔案全集》第1008號檔案，第5176~5181頁；前揭《明清宮藏中西商貿檔案》第773號檔案，第3998~4003頁。

查按從前正額稅銀及銅觔水腳並欽定盈餘數目徵足外，計多收銀五十七萬七千八百三兩九錢七分一釐。奴才遵例將到關船隻貨物數目造冊送部覈對。再，道光二十三年更定稅務章程會奏案內聲稱，福州、廈門、寧波、上海四海關所徵夷稅統歸粵海關彙覈具奏。查二十九年分，福州、廈門、寧波、上海四處關共徵銀六十六萬二千七百四十八兩四錢九分七釐。茲三十年分，通年總數尚未咨會到關，按現在准到文移，江海關自二十九年十一月二十六日起，至三十年八月二十五日止，據報徵銀四十三萬一千九百四十四兩八錢四分三釐。浙海關自二十九年十一月二十六日起，至三十年七月二十五日止，據報徵銀一百一十七兩六錢三分。閩海關及福州南臺口自二十九年十一月二十六日起，至三十年九月二十五日止，據報徵銀三萬九百七十三兩三錢七分三釐。以上四口現共徵銀四十六萬三千三十五兩八錢四分六釐。其續徵之數，俟各關移咨到日，另為統計覈算。謹將粵海關一年期滿徵收總數暨江海等四關現報徵收數目，恭摺具奏。伏乞皇上聖鑒。謹奏。

戶部知道。

道光三十年十二月二十一日

## 019　粵海關監督曾維奏報道光三十年分粵海關及福州廈門寧波上海四處通商所有徵收夷稅各數事摺[①]

粵海關監督奴才曾維跪奏，爲恭報關稅收支实數，仰祈聖鑒事。竊照粵海關每年征收關稅銀兩，例於滿關後三箇月，將收支实數，分款造報。茲查道光三十年分關稅，自道光二十九年十一月二十六日起，至三十年十一月二十五日止，一年期內，前監督明善管理任內八箇月零二十六日，奴才接管任內三個月零四日，兩任共合征大關稅銀一百三十六萬七千一百二十九兩二錢二分五厘，各口稅銀一十萬九千七百三十八兩七錢四分六厘，二共征銀一百四十七萬六千八百六十七兩九錢七分一厘。

---

① 見前揭《清宮粵港商貿檔案全集》第1010號檔案，第5187～5194頁；見前揭《明清宮藏中西商貿檔案》第775號檔案，第4009～4016頁。

扵道光三十年十二月二十一日，奴才將征收總數，循例恭折，奏明在案。現屆三箇月期滿，相應照例造報。查，三十年分征收稅銀內，除循例支出正額銀四萬兩，銅觔水腳銀三千五百六十四兩，普濟院公用銀四萬兩，分別觧交藩司糧道衙門，取有実收，送部查核。又除支銷通關經費、養廉工食及鎔銷折耗等銀七萬二千五百五兩三錢一厘。又除循例動支报觧銅觔水腳銀三萬五千二百九十二兩五錢一分七厘。又除部飯食銀三萬四千六百八十二兩九錢八厘。又除解交造办處裁存備貢銀五萬五千兩。又除支解廣儲司公用銀三十萬兩。又除正裱盈餘、平餘水腳及廣儲司公用、造办處備贡等款加平銀二萬五千六百四十九兩四分二厘，净應觧戶部關稅銀八十七萬一百七十四兩二錢三厘。內除已觧部正裱盈餘銀二十六萬九千五百九十八兩一錢七分二厘。又除撥觧湖南兵餉銀二十萬兩。又除撥觧廣西兵餉銀二十萬兩。又除奉撥南河工需湊借銀一十七萬兩，共銀八十三萬九千五萬九十八兩一錢七分二厘，尚存銀三萬五百七十六兩三分一厘。奴才与督臣餘廣縉面商，卽作爲遵旨酌留尾數，觧存藩庫之款。伏查，粵海關稅銀扵道光二十七年五月內奏准，按季觧京。又咸豐元年二月內奉部行知，將续增二十五兩加平銀刪除。等因。各在案。玆三十年分關稅除奉裁续加平以前，陸续解過部庫正裱盈餘銀二十六萬九千五百九十八兩一錢七分二厘。除十五兩加平銀四千四十三兩九錢七分二厘。又续增二十五兩加平銀六千七百三十九兩九錢五分五厘外，計尚应觧部飯食水腳並加平及造办處備贡、廣儲司公用並加平等銀四十三萬八百二十九兩八錢一分三厘。又存另款平餘銀一百三十九兩一钱一分四厘，除十五兩加平銀二兩八分七厘。又存關稅尾數，酌留藩庫，撙節觧員盤費銀二百二十七兩六錢一分三厘，除十五兩加平銀四百五十八兩六钱四分。又節存撥觧湖南兵餉十五萬兩加平銀三千兩。又節存撥觧廣西兵餉十五兩加平銀三千兩。又節存撥觧南河工用十五兩加平銀二千五百五十兩。又節存撥觧廣儲司公用、应支抬費布袋劈鞘用費銀兩千四百兩。以上各款，除廣儲司公用銀三十萬兩，已湊撥南河工需外，其餘分款開支，仍应觧京銀一十四萬二千六百七兩二錢六分七厘，內除各口已徵未觧銀四萬九千五百七十九兩六錢七分二厘。奴才上緊嚴催，俟彙觧到日，随时起觧，現在実存应解銀九萬三千二十七兩五錢九分五厘。業經咨请督臣飭司委員過關起觧。再查福州、廈門、寧波、上海四處通商所有征收夷稅各數，歸入粤海關，彙併計算，歷經按照办理在案。茲屆粤海關钱粮报滿之期，節准福州等關將三十年分征收稅鈔銀兩數目，陸續咨会前來。查，福州關共征銀一千五百八十五兩八錢三分二厘，廈門關共征銀三萬二千九十八兩五錢六分四厘，上海關共征銀七十萬四千六百一十二兩五錢四分八厘，寧波關共征銀一百一十七兩六錢三分，合併声明，除循例造冊，送部覈銷外，謹將支銷各款及四關征收數目緣由，恭摺具奏。伏乞皇上聖鑒。謹奏。

咸豐元年五月初七日，奉硃批：該戶部知道。欽此。

四月初一日

# 咸豐朝

## 020　粵海關監督曾維奏報咸豐二年分粵海關關稅收支數目事折①

　　粵海關監督奴才曾維跪奏，為恭報關稅收支實數，仰祈聖鑒事。竊照粵海關每年徵收關稅銀兩，例於滿關後三箇月，將收支實數分款造報。茲查咸豐二年分關稅，自咸豐元年十月二十六日起，至二年十月二十五日止，一年期內，共徵大關稅銀一百五十五萬三千七百七十一兩六錢四釐，各口稅銀一十一萬三千四十四兩八錢八分五釐，二共徵稅銀一百六十六萬六千八百一十一兩九錢四分九釐。於咸豐二年十一月十四日，奴才將徵收總數，循例恭摺，奏明在案。現屆三箇月期滿，相應照例造報。查二年分徵收稅銀，內除循例應支正額銀四萬兩，銅觔水腳銀三千五百六十四兩，普濟院公用銀四萬兩。又除支銷通關經費、養廉工食及鎔銷折耗等銀七萬五千二百七十七兩八分五釐。又除循例動支報解水腳銀四萬六百八十九兩二錢五分八釐。又除部飯食銀三萬九千八百二十六兩四錢七分三釐。又除解交造辦處裁存備貢銀五萬五千兩。又除支解廣儲司公用銀三十萬兩。又除正雜盈餘、平餘水腳及廣儲司公用造辦處備貢，并節存撥解藩庫，暨湊撥元年分不敷等款十五兩加平，共銀二萬一千五百七十八兩四錢三分七釐。又除支廣儲司公用造辦處備貢二十五兩加平，共銀八千八百七十五兩，實存應解戶部關稅一百四萬二千一兩六錢九分六釐。又存另款平餘銀八百七十一兩五錢三分三釐。查二年分關稅，湊撥過元年分不敷撥解廣西軍需銀一十萬七百一十兩一錢三分八釐。又撥廣東藩庫銀五十一萬兩。又撥湖南軍需銀四十萬兩。又撥廣西軍需銀五十四萬兩。通共撥解過銀一百五十四萬七百一十兩一錢三分八釐。除將前項應解戶部關稅及動支報解水腳、部飯食平餘暨造辦處備貢廣儲司公用連十五兩加平，並二十五兩加平，共銀一百五十萬八千八

---

① 見前揭《清宮粵港澳商貿檔案全集》第 1013 號檔案，第 5201~5207 頁；前揭《明清宮藏中西商貿檔案》第 777 號檔案，第 4021~4027 頁。

百四十二兩三錢九分七釐。全數湊撥外，所有不敷撥解銀數，前經奴才於奏報咸豐二年分徵收稅數時覈計，不敷約銀三萬二千餘兩。當與兩廣督臣葉名琛、廣東巡撫臣柏貴商酌，由咸豐三年分稅銀內湊撥。其有數尾銀酌留，解存藩庫之處，統俟奏銷時，覈明辦理。等因。附片陳明在案。今屆奏銷之期通盤覈算實計，不敷撥解銀三萬一千八百六十七兩七錢四分一釐，業由現徵咸豐三年分首季稅銀內湊足撥解。至遵旨酌留尾銀，解存藩庫一款，本年無項可撥。合併陳明。查，撥解廣東藩庫銀五十萬兩，應有節存解員盤費銀三千七百二十二兩八分四釐。又存水腳冊報項下應支節存撥解廣儲司公用、抬費布袋劈鞘用項銀二千四百兩。俟有便員搭解赴戶部、廣儲司投納。又應存解藩庫正額銅觔水腳并普濟院公用，共銀八萬三千五百六十四兩。查，現存庫銀一萬六千一百四十四兩二錢三釐。各口已徵未解銀六萬七千四百一十九兩七錢九分七釐。奴才現已勒限嚴催，俟彙解到日，隨時分別解交藩司糧道衙門兌收，取具實收，送部查覈。再福州、廈門、寧波、上海四處通商，所有徵收夷稅各數歸入粵海關彙併計筭，歷經按照辦理。茲屆粵海關錢糧報滿之期，節准福州等關，將二年分徵收稅鈔銀兩數目陸續咨會前來。查福州關共徵銀一十一兩四錢七分，廈門關共徵銀三萬一千一百七十兩五錢一分六釐，上海關共徵銀一百二十四萬三千一百六十五兩四錢五分九釐，寧波關并無徵收夷稅，合併聲明。除循例造冊，送部覈銷外，謹將支銷各款及四關徵收數目緣由，恭摺具奏。伏乞皇上聖鑒。謹奏。

咸豐三年四月初六日，奉硃批：該部知道。欽此。

三月初二日

## 021　粵海關監督曾維奏報咸豐三年分粵海關關稅收支數目事摺①

粵海關監督奴才曾維跪奏，為恭報關稅一年期滿征收總數，仰祈聖

---

① 見前揭《清宮粵港澳商貿檔案全集》第1015號檔案，第5210～5215頁；前揭《明清宮藏中西商貿檔案》第779號檔案，第4030～4035頁。

鑒事。窃照粵海關徵收正襍銀兩，向例一年期滿，先將總數奏明，俟查覈支銷確數，另行恭疏具題，分款造冊解部。又粵海關原定正款銀四萬兩、銅斤水腳銀三千五百六十四兩。又嘉慶四年五月奉戶部劄行，欽定粵海關盈餘銀八十五萬五千五百兩，欽遵辦理各在案。茲查咸豐二年十月二十六日起，至三年十月二十五日關期報滿止，一年期內，共征大關稅銀一百一十七萬三千六百三十六兩八錢四分一厘，各口稅銀一十萬四百九十二兩六錢四分三厘，二共征銀一百二十七萬四千一百二十九兩四錢八分四厘。统计本年所征，查照從前正額稅銀及銅斤水腳並欽定盈餘數目征足外，計多收銀三十七萬五千餘兩，比較上年少收銀三十九萬二千六百餘兩。緣粵海關稅向以洋布、棉花、茶葉為大宗，茲值鄰省或軍務未竣，路途阻滯；或兵燹之後，商業未復，以致貨物不能暢銷，來船較少，稅收不旺，實由拎此。而奴才誠恐其中或有不肖兵役，藉词朦混影射，走私情弊，隨時加意嚴查。有犯必懲，斷不敢稍形疎懈，除遵例收到關船隻貨物數目，造冊送部覈對外，再查道光二十三年更定稅務章程会奏案內聲称，福州、廈門、寧波、上海四處海關所征夷稅統歸粵海關彙覈具奏。查咸豐二年分，福州、廈門、寧波、上海四關共征銀一百二十七萬四千三百四十七兩四錢四分五厘。茲咸豐三年分，通年總數尚未咨会到關，按現在凑到文移，江海關等咸豐二年十月二十六日起，至三年五月二十五日止，據報征銀五十四萬五千六百八十七兩四錢八分四厘。浙海關自咸豐二年十月二十六日起，至三年六月二十五日止，據報並無征收夷稅。閩海關及福州南臺口自咸豐二年十月二十六日起，至三年四月二十五日止，據报征銀八千三百九十四兩五錢五分三厘，以上四口現共征銀五十五萬四千八十二兩三分七厘。其续征之數，俟各關移咨到日，另為統計覈算。謹將粵海關一年期滿征收總數，暨江海等四關現報征收數目，恭摺具奏。伏乞皇上聖鑒。謹奏。

咸豐四年正月二十日，奉硃批：知道了。欽此。

三年十一月十九日

## 022　粵海關監督曾維奏報咸豐三年分粵海關收支實數及福州等四關現報徵收數目事折①

　　粵海關監督奴才曾維跪奏，為恭報關稅收支實數，仰祈聖鑒事。竊照粵海關每年徵收關稅銀兩，例於滿關後三箇月，將收支實數分款造報。茲查咸豐三年分關稅，自咸豐二年十月二十六日起，至三年十月二十五日止，一年期內，共徵大關稅銀一百一十七萬三千六百三十六兩八錢四分一釐，各口稅銀一十萬四百九十二兩六錢四分三釐，二共徵稅銀一百二十七萬四千一百二十九兩四錢八分四釐。於咸豐三年十一月十九日，奴才將徵收總數，循例恭摺奏明在案。現屆三箇月期滿，相應照例造報。查三年分徵收稅銀，內除循例應支正額銀四萬兩，銅觔水腳銀三千五百六十四兩，普濟院公用銀四萬兩。又除支銷通關經費、養廉工食及鎔銷折耗等銀七萬一千二百一十三兩九錢七分二釐。又除循例動支報解水腳銀二萬九千四百八十七兩五分九釐。又除部飯食銀二萬九千一百九十三兩八錢。又除支解造辦處裁存備貢銀五萬五千兩。又除支解廣儲司公用銀三十萬兩。又除正雜盈餘、平餘水腳及廣儲司公用、造辦處備貢並節存撥解藩庫暨湊撥二年分不敷等款十五兩加平，共銀一萬五千九百九十四兩五錢五釐。又除支廣儲司公用、造辦處備貢二十五兩加平，共銀八千八百七十五兩，實存應解戶部關稅銀六十八萬八百一兩一錢四分八釐。查，三年分關稅湊撥過二年分不敷撥解廣西軍需銀三萬一千八百六十七兩七錢四分一釐。又先後奉撥廣西軍需銀一十萬兩，廣東藩庫備撥銀八萬三千八百兩，江西總局銀四十四萬七千二百三十八兩，貴州兵餉銀一十萬兩，湖南軍需銀七萬兩，兩湖礮船經費銀七萬兩，湖南截留廣東藩庫委解貴州兵餉，由應撥湖南軍需內扣抵補解貴州銀四萬七千兩。又湖南截留委解前欽差大臣徐廣縉行營軍餉，准兩廣督臣葉名琛

---

①　見前揭《清宮粵港澳商貿檔案全集》第 1018 號檔案，第 5221～5229 頁；前揭《明清宮藏中西商貿檔案》第 781 號檔案，第 4039～4047 頁。

咨，令由應撥湖南軍需內扣除解交廣東藩庫銀三萬兩，應撥彭玉雯糧臺改解部庫廣東捐輸並關稅銀二十萬兩，內動撥關稅銀十萬八千三百八十兩，通共撥解過銀一百八萬八千二百八十五兩七錢四分一釐。除將前項應解戶部關稅及動支報解、水腳、部飯食暨造辦處備貢、廣儲司公用連十五兩加平，並二十五兩加平，共銀一百一十一萬九千三百五十一兩五錢一分二釐，全數湊撥外，存銀三萬一千六十五兩七錢七分一釐。伏查三年分尚有奉撥未解各款銀兩，前經奴才於奏報咸豐三年分徵收稅數時覈計，尚存銀三萬一千餘兩。當與兩廣督臣葉名琛、廣東撫臣柏貴商酌，將三年分撥剩銀兩歸併現徵四年分關稅內，次第委解。等因。附片陳明在案。今屆奏銷之期通盤覈算，實存銀三萬一千六十五兩七錢七分一釐，連平餘銀一千一十二兩一錢七釐，共存銀三萬二千七十七兩八錢七分八釐，歸併現徵四年分關稅內撥解。至遵旨酌留尾銀，解存藩庫一款，本年無項可撥，合併陳明。查，撥解廣東藩庫銀三萬兩應有節存解員盤費銀二百二十三兩三錢二分五釐。又存水腳冊報項下，應支節存撥解廣儲司公用、擡費布袋劈鞘用項銀二千四百兩，俟有便員搭解赴戶部、廣儲司投納。又應存解藩庫正額銅觔水腳並普濟院公用，共銀八萬三千五百六十四兩。查現存庫銀三萬一千六百八十一兩七錢三分九釐，各口已徵未解銀五萬一千八百八十二兩二錢六分一釐。奴才現已勒限嚴催，俟彙解到日，隨時分別解交藩司、糧道衙門兌收，並循例造冊，送部覈銷。再福州、廈門、寧波、上海四處通商，所有徵收夷稅各數歸入粵海關彙併計算，歷經按照辦理。今福州等關三年分徵收稅秒銀兩數目，除福州關自咸豐二年十月二十六日起，至三年十月二十五日止，計一年期內，共徵銀四萬一千四百一十六兩三錢八釐，廈門關自咸豐二年十月二十六日起，至三年四月二十五日止，計六箇月，共徵銀八千一百七十四兩六錢四分五釐，四月以後並無徵收夷稅。浙海關自咸豐二年十月二十六日起，至三年十月二十五日止，計一年期內，並無徵收夷稅。等因。業准咨會前來。至上海關自咸豐二年十月二十六日起，至三年五月二十五日止，計七箇月，共徵銀五十四萬五千六百八十七兩四錢八分四釐。茲屆粵海關錢糧報滿之期，謹按現准移會，徵收數目先行聲明。

其上海關自五月二十六日起，至十月二十五日止，徵稅若干之處，俟該關咨會到日，奴才再補行呈報戶部查照。謹將支銷各款及四關徵收數目緣由，恭摺具奏。伏乞皇上聖鑒。謹奏。

該部知道。

咸豐四年三月初九日

## 023　粵海關監督曾維奏報咸豐四年分粵海大關徵收總數及各口稅數未能一併奏報緣由摺[①]

粵海關監督奴才曾維跪奏，為關稅一年期滿謹將大關徵收總數，先行循例具報，仰祈聖鑒事。竊照粵海大關暨各口徵收正雜銀兩，向例一年期滿，先將總數奏明，俟查覈支銷確數，另行恭疏具題，分款造冊解部。又粵海關原定正額銀四萬兩，銅觔水腳銀三千五百六十四兩。又嘉慶四年五月奉戶部劄行，欽定粵海關盈餘銀八十五萬五千五百兩，欽遵辦理各在案。茲查咸豐三年十月二十六日起，連閏至四年九月二十五日關期報滿止，一年期內，大關共徵銀一百九萬七千四百一十九兩一分三釐。伏查粵海關稅向以茶葉為大宗，自上年十月開徵以來，外洋來貨較前雖少，而茶稅尚旺，首二三季已徵銀九十八萬三千九百餘兩。嗣因附省地方盜賊蜂起，路途梗塞，茶客多被阻隔不能來省，夷商無茶可置，茶稅頓稀，餉課日形短絀。計自七月二十六日起，至九月二十五日關滿第四季，僅徵銀十一萬三千餘兩。統計大關所徵，雖按照從前正額銅觔水腳暨欽定盈餘銀兩徵足外，計多收銀一十九萬八千餘兩，而比較上年大關少收銀七萬六千餘兩。至各口稅數，因廣、潮、惠各屬口岸土匪滋事，所設稅館間有被盜，盤踞滋擾，稅餉悉難如舊；而惠、潮距關較遠，所徵餉數必須飭查明確，庶無捏飾。其高、廉、雷、瓊等口亦因路途不靖，稅冊未能依限到齊，現在分別飭催查辦。所有各口徵收總數，

---

[①] 見前揭《清宮粵港澳商貿檔案全集》第 1020 號檔案，第 5233～5237 頁；前揭《明清宮藏中西商貿檔案》第 783 號檔案，第 4051～4055 頁。

擬請俟奏銷時，再行彙總奏報，以歸覈實。除將到關船隻貨物數目，遵例列冊，送部覈對外，再查道光二十三年更定通商稅務章程會奏案內聲稱，福州、廈門、甯波、上海四處海關所徵夷稅，統歸粵海關彙覈具奏。茲咸豐四年分，甯波、上海徵稅若干，未准咨會到關，福州、廈門自上年十月二十六日起，至十二月二十五日止，據報徵銀二萬四千八百六十二兩六錢六分九釐。以後續徵之數，亦未准咨會，應俟各關將一年徵收總數移會到日，另行彙總覈算。謹將粵海關一年期滿，大關徵收總數及各口稅數，未能一併奏報緣由，理合據實恭摺具奏。伏乞皇上聖鑒。謹奏。

知道了。

咸豐四年十一月十九日

## 024　粵海關監督恒祺奏報咸豐四年分粵海關關稅收支數目事折[①]

粵海關監督奴才恒祺跪奏，为恭报关税收支实数，仰祈聖鑒事。窃照粵海關每年徵關稅銀兩，例將收支實數，分款造報。查咸豐四年分關稅，前監督曾維管理任內，自咸豐三年十月二十六日起，連閏至四年九月二十五止，一年期內，大關共征銀一百九萬七千四百一十九兩一分三厘，至各口稅數因土匪滋事，稅館被匪踞扰，路途不靖，稅冊未能依限到齊，俟奏銷时再行彙總，奏報以歸核实。等因。業經前監督曾維奏明在案。奴才抵任後，節經嚴催，据各口繳到冊報，实共征銀六萬九千七十三兩一錢一分三厘，大關各口二共征銀一百一十六萬六千四百九十二兩一錢二分六厘，核实照例造報。查四年分征收稅銀內，除循例應支正額銀四萬兩，銅觔水腳銀三千五百六十四兩，普濟院公用銀四萬兩。又支銷通關經費、養廉工食及鎔銷折耗等銀六萬六千九百五十五兩五錢

---

① 見前揭《清宮粵港澳商貿檔案全集》第 1023 號檔案，第 5248~5254 頁；前揭《明清宮藏中西商貿檔案》第 786 號檔案，第 4066~4072 頁。

三分六厘。又循例動支报解水腳銀二萬八千二百七十四兩四錢五分二厘。又部飯食銀二萬六千三百三十四兩三錢五分六厘。又支解造办處裁存備貢銀五萬五千兩。又正雜盈餘、平餘水腳及廣儲司公用、造办處備貢，并節存撥解藩庫等款十五兩加平，共銀一萬四千六百二兩五錢四分七厘。又支廣儲司公用、造办處備貢二十五兩加平，共銀三千二百五十兩，実存應解戶部關稅銀八十八萬八千五百一十一兩二錢三分五厘。又另存平餘銀一千七百一十七兩四錢七分二厘，除解過部庫銀二十二萬六千四百九十九兩八錢八分四厘四毫。又撥解兩湖炮船經費銀七萬兩。又先後奉撥廣東藩庫銀四十二萬三千兩，福建軍需項下扣解廣東藩庫代支過紅单船弁兵飯食等七款。共銀二萬一千六百六十七兩七錢二分一厘。湖南軍需銀六萬一千一百兩一錢一分五厘六毫，廣西經費銀二萬七千三百兩，福建軍需銀七萬兩，福建軍需項下扣回解江南大营代備紅单船銀二萬六千四兩三錢二分六厘，宿遷糧台銀九萬兩，廣儲司首季公用加平等銀七萬八千兩。以上共解過銀一百九萬三千五百七十二兩四分七厘。内將四年分銀一百一萬七千六百九十兩六分二厘及三年分共存銀三萬二千七十七兩八錢七分八厘全數抵撥外，尚不敷銀四萬三千八百四兩一錢七厘。在扵咸豐五年分稅款內湊足撥解。至遵旨酌留尾銀，解存藩庫一款，本年無項可撥，合併陳明。查撥解廣東藩庫及扣解廣東藩庫銀兩應有節存、解員盤費，共銀三千三百一十兩一錢八分一厘。又節存撥解廣儲司公用、抬費布袋劈鞘用項銀六百兩。俟有便員搭解赴戶部廣儲司投納，並循例造冊，送部核銷。再，查四年分福州關征銀一十七萬二千一百六十九兩九錢六分二厘，廈門關征銀二萬六千八百兩七錢二分，甯波關征銀四千六百六十八兩八錢二分五厘，上海關征銀六十萬四千二十二兩一錢四分七厘，均准咨会到關，遵照通商章程歸入粤海關計算。謹將征收支銷各數，恭摺具奏。伏乞皇上聖鑒。謹奏。

咸豐六年六月三十日，奉硃批：知道了。欽此。

五月二十二日

## 025　粵海關監督恒祺奏報咸豐五年分粵海關關稅收支數目事折①

　　粵海關監奴才恒祺跪奏，为關稅一年期滿，謹將大關徵收總數，先行循例实報，仰祈聖鑒事。竊照粵海大關暨各口徵收正雜銀兩，向例一年期滿，先將總數奏明，俟查覈支銷確數，另行恭疏具題，分款造冊解部。又粵海關原定正雜銀四萬兩，銅觔水腳銀三千五百六十四兩。又嘉慶四年五月奉戶部剳行，欽定粵海關盈餘銀八十五萬五千五百兩，欽遵辦理。嗣於道光二十三年閏七月奉戶部剳行，粵海關应征外洋及内地正稅，並額定盈餘，向來照數徵解之外，尚有額外盈餘。現既分五口通商，若仍令粵海關照舊例征解，勢有所難。此後粵海關徵不足數，應请於福州、廈門、寧波、上海各關所征西洋各國貨稅內撥補足數。等因。承准各在案。茲查咸豐四年九月二十二日起，至五年九月二十五日，關期報滿止，前監督曾維管理任內，計八箇月零三日，共征大關稅銀一十萬九千八百五十三兩四分二釐。奴才接管任內三箇月零二十七日，共徵大關稅銀二十三萬二千一百九十兩九錢一分。统計一年兩任，共征大關稅銀三十四萬二千四十三兩九錢五分二厘。伏查粵海關稅，向以茶葉为大宗，自上年地方不靖，外洋來貨較前稀少，兼之路途梗塞，茶客裹足不前，以致大關所徵，頓形短绌。迩來道路稍通，商業漸復，稅餉亦漸有起色，一時未能如舊。至各口稅銀，其廣、潮、惠各屬口岸，土匪滋事，所設稅館，間有被賊盤踞滋擾。現在雖經陸續設法，稅餉亦难以照前；而惠、潮距關較遠，所徵餉數，必須飭查明確，庶無捏飾。其高、廣、雷、瓊等口，較之惠、潮等更距關尤遠，道路向有阻滯，稅冊未能依限到齊，現在分別飭催查辦。所有各口征收總數，擬请俟奏銷時，再行彙總奏报，以歸覈實。除將到關船隻貨物數目，遵例列冊，送部覈對

---

① 見前揭《清宫粵港澳商貿檔案全集》第 1021 號檔案，第 5238～5243 頁；前揭《明清宫藏中西商貿檔案》第 784 號檔案，第 4056～4061 頁。

外，再查道光二十三年更定通商稅務章程會奏案內聲稱，福州、廈門、甯波、上海四處海關所征夷稅，統歸粤海關彙覈具奏。茲咸豐五年分，上海關征稅若干，未准咨会到關。甯波關自四年九月二十二日起，至五年四月二十五日止，據報並無征收夷稅。福州、廈門二關自四年九月二十六日起，至五年三月二十五日止，據報征銀一十二萬四千五百七十兩六錢八分七厘。以後續征之數亦未准咨会，應俟各關將一年征收總數移会到日，另行彙總覈算。惟當此鈔粮需用孔亟之時，奴才斷不敢稍形疎懈。凡一切走漏弊端，設法剔除，隨時加意访緝，并督飭各口吏役，一体嚴密稽查，有犯必懲，以昭慎重，而裕稅課。謹將粤海關一年錢糧期滿，大關征收總數及各口稅數未能一併奏報，暨福州等關現报征收數目，並現在情形據實恭摺具奏。伏乞皇上聖鑒。謹奏。

咸豐五年十二月十二日，奉硃批：知道了。欽此。

十月二十四日

## 026　粤海關監督恒祺奏報咸豐五年分粤海關關稅收支數目及福州廈門寧波上海四關徵收洋稅摺①

粤海關監督奴才恒祺跪奏，为恭报關稅收支实數，仰祈聖鑒事。窃照粤海關每年征收關稅銀兩，例將收支实數，分款造報。查咸豐五年分關稅自四年九月二十六日起，至五年九月二十五日止，前監督曾維管理任內，計八箇月零三日，共征大關稅銀一十萬九千八百五十三兩四分一厘。奴才接管任內三箇月零二十七日，共征大關稅銀二十三萬二千一百九十兩九錢一分，統計一年兩任，共征大關稅銀三十四萬二千四十三兩九錢五分二厘，至各口稅數因土匪滋事之後，道路間有阻滯，稅冊未能依限到齊。俟奏銷時，再行彙總奏報，以歸覈实。等因。前經奏明在案。現據各口繳到冊報实，共征銀六萬二千七百一十四兩七錢七分五厘，大關各口二共征銀四十萬四千七百五十八兩七錢二分七厘，覈实照

---

① 見前揭《清宮粤港澳商貿檔案全集》第1028號檔案，第5265~5272頁；前揭《明清宮藏中西商貿檔案》第790號檔案，第4080~4087頁。

例造报。查五年分征收税银，内除循例应支正额银四萬兩，銅斤水腳銀三千五百六十四兩，普濟院公用銀四萬兩。又支銷通關經費、養廉工食及鎔銷折耗等銀五萬九千三百五十四兩四錢一分六厘。又循例動支報解水腳銀七千一百八兩二錢九分。又部飯食銀五千六百七十四兩七錢九分八厘。又支解造辦處裁存備貢銀五萬五千兩。又正雜盈餘平餘水腳及造辦處備貢等款十五兩加平，共銀三千七百八十九兩三錢九分九厘。又造辦處備貢二十五兩加平銀一千三百七十五兩。实存應解戶部關稅銀一十八萬八千八百九十二兩八錢二分四厘。又另存平餘銀一千六百二十五兩四錢七分七厘。以上共应存解戶部關稅並平餘水腳、部飯食、造辦處備貢连十五兩加平，二十五兩加平，共銀二十六萬三千四百六十五兩七錢八分八厘。除撥歸四年分不敷撥解銀四萬三千八百四兩一錢七厘，又撥解至廣東藩庫，解辦本省土匪軍需銀二十八萬二千七百一十六兩三錢五分四厘外，尚不敷銀六萬三千五十四兩六錢七分三厘，请奏於咸豐六年分稅銀內湊足撥解。至遵旨酌留尾銀，解存藩庫一款，並廣儲司公用銀一款，本年均無項可撥，合併陈明。查撥解廣東藩庫銀兩應有節存，解員盤費一千六百三十五兩二錢，俟有便員携解赴部投納。再查五年分，福州關征銀二十二萬一百六兩八錢五分二厘。廈門關征銀四萬五千三百七十兩三錢四分五厘。寧波關征銀二百五十二兩。上海關征銀一百九十五萬四千六百四十一兩三錢四分九厘，均照通商章程歸入粵海關計筭。惟扵上年八月間承准戶部劄查，該年共征大關稅銀三十餘萬兩，較歷年虧短甚鉅，应俟各口稅冊到齊，即行專折奏報。等因。到關。窃查粵海關稅向以各國夷商進口棉花，出口茶葉二項為大宗，自咸豐四年六月以後，廣省土匪圍繞，盜賊蜂起，華夷各商難以貿易。詒關以南路途，節節梗塞，茶葉不能到省，各路茶客均運至江海、福州、廈門等關。貨物四散，廣東茶稅款頓行減少；加以鄰省軍興，夷貨滯銷，進口棉花甚少，稅自有限。計此二宗，歉收甚鉅；且各國夷船因無茶葉可買，夷貨進口無幾，更形虧絀。至各口岸內，如佛山、江門、黃埔等口自四年六月以後，陸續被賊佔踞，客商畏难，避處惠、潮、高、廉、雷、瓊等口。彼時或被賊拆毀佔踞，或因商賈遷移歇業，或因道阻貨物不能流通，以致征收稅數，難仍照常。經查道光二十三年間奉戶部劄行，粵海關应征外洋及内地正稅並額定盈餘，向來照數征解之外，尚有額外盈餘。現报分五口通商，前仍令粤海關照旧征解，勢有所难。此後粤海關征不足數，应请扵福州、廈門、宁波、上海各關所征西洋各國貨稅内拨補足數。等因。在案。茲五年分，福州、廈門、宁波、上海四關滙冊，共征收夷稅銀二百二十二萬三百七十兩五錢四分六厘，以之拨補不足外，仍屬有盈無絀。其以一口之貨物而分散为五口，彼四口各多一二□，所盈有限。較之□短扵一口，則所虧甚鉅。即咸豐五年分，彼優此絀，征收未能如旧之实在情形也。除循例造冊，送部覈銷外，謹將征收支銷各數，並歉收關稅情況，恭捊具奏。伏乞皇上聖鑒。謹奏。

咸豐七年九月二十六日，奉硃批：戶部知道。欽此。

八月初二日

## 027　粤海關監督毓清題咸豐六年分粤海關常稅數目事折①

大學士管理戶部事務臣倭仁等謹題爲奏銷事。戶科鈔出粤海關監督毓清題粤海關咸豐伍年玖月貳拾陸日至陸年玖月貳拾伍日止，一年徵收稅銀一案。咸豐拾壹年伍月貳拾日題拾月貳拾叁日奉旨：該部察敷具奏。欽此。欽遵。於本日鈔出到部，隨將該關該年收稅紅單底簿移會戶科，磨對去後，茲准戶科將該關該年收稅簿單磨對完訖，單冊相符移覆到部。該臣等查得粤海關監督毓清疏稱，竊照粤海關自咸豐伍年玖月貳拾陸日起，至陸年玖月貳拾伍日止，一年，共徵稅銀壹佰壹拾伍萬陸千捌百伍兩捌錢捌分，內除循例應支正額銀肆萬兩、銅斤水腳銀叁千伍佰陸拾肆兩，普濟院公用銀肆萬兩。又支銷通關經費等銀陸萬捌千柒百陸拾捌兩貳錢叁分陸釐。又循例動支報解水腳銀貳萬陸千柒百叁拾陸兩貳錢肆分捌釐。又部飯食銀貳萬陸千壹拾兩三錢肆分捌釐。又部飯食銀貳萬陸千壹拾叁兩叁錢四分捌釐。又解支造辦處備貢銀伍萬伍千兩。又支補解廣儲司肆年二、三、四季分公用銀貳拾貳萬伍千兩。又正雜盈

---

① 見中國第一歷史檔案館第02-01-04-21737-005號檔案。

餘、平餘水腳、造辦處備貢、廣儲司公用拾伍兩加平,共銀壹萬肆千叁百陸拾兩捌錢壹分壹釐。又造辦處備貢、廣儲司公用貳拾伍兩加平,共銀柒千兩,實存應解銀陸拾伍萬叁百陸拾叁兩貳錢叁分柒釐。又另存平餘銀貳百捌拾柒兩玖錢肆分叁釐。以上應存解戶部關稅,並平餘水腳、部飯食、造辦處備貢、廣儲司公用連加平,共銀壹百萬肆千柒百陸拾壹兩伍錢捌分柒釐。除撥歸伍年分不敷撥解藩庫銀陸萬叁千伍拾肆兩陸錢柒分叁釐。又撥解過藩庫銀貳萬陸千叁百玖拾兩陸錢貳分陸釐,藩庫撥交山東省委員造船經費銀叁萬柒千兩,軍需總局銀叁拾陸萬叁千肆百肆拾兩玖錢伍分柒釐,戶部銀陸萬叁千兩拾伍兩加平銀玖百肆拾兩。又滙解江西軍需銀壹萬壹千兩,軍需總局代解廣西軍需銀壹拾萬兩,藩庫代解廣西軍需銀貳萬兩,雲南兵餉銀伍萬兩,貴州兵餉銀伍萬兩,湖南軍需銀伍萬兩,江西軍需銀壹拾伍萬兩,金陵大營銀壹拾叁萬兩。補解過廣儲司肆年二、三季分公用加平,共銀壹拾萬玖千貳百兩。尚存未解廣儲司肆年三、四季分公用加平,共銀壹拾貳萬肆千捌百兩。以上通共撥解過銀壹百叁拾肆萬捌萬貳千肆百捌叁拾玖兩貳錢伍分陸釐,除將前數共存各款抵撥外,尚不敷銀叁拾肆萬肆千柒拾柒兩陸錢陸分玖釐。請在柒年分稅銀內湊足撥解。至酌留尾銀,解存藩庫一款並廣儲司公用銀一款,本年均無項可撥。查撥解藩庫並軍需總局銀兩,應有節存解員盤費銀叁千陸百肆拾陸兩捌錢伍分陸釐,俟有便員搭解投納。又肆年分廣儲司公用擡費用項銀壹千捌百兩,業已批解循例造冊,送部覆銷外,理合遵例恭疏題報。等因。前來。查粵海關每年額稅銀肆萬兩,銅斤水腳銀叁千伍百陸拾肆兩,共銀肆萬叁千伍百陸拾肆兩,例係解交本省藩庫陸留充兵餉。又嘉慶肆年叁月內,欽定盈餘銀捌拾伍萬伍千伍百兩,三共銀捌拾玖萬玖千陸拾肆兩。茲據粵海關監督毓清題報粵海關咸豐伍年玖月貳拾陸日起,至陸年玖月貳拾伍日止,一年,共徵稅銀壹百壹拾伍萬陸千捌百伍兩捌錢捌分,覆與該監督奏報數目相符。查前項徵收稅銀,內除額稅及銅斤水腳銀肆萬叁千伍百陸拾肆兩,例係解交本省藩庫留充兵餉,查與送到藩庫實收銀數相符。又除支給普濟院公用銀肆萬兩,覆與送到糧道庫收亦屬符合。又除支銷通關經費等銀陸萬捌千柒百陸拾捌兩貳錢叁分陸釐,應於該年經費案內,查覈銷結實存稅銀壹百萬肆千肆百柒拾叁兩陸錢四分肆釐。又另存平餘銀貳百捌拾柒兩玖錢肆分叁釐，內除撥歸伍年分不敷撥解藩庫湊動銀陸萬叁千伍拾肆兩陸錢柒分叁釐，臣部覆與上屆題銷案內湊撥銀數相符。又撥解廣東藩庫銀貳萬陸千叁百玖拾兩陸錢貳分陸釐，及撥解撥解廣東藩庫發交山東省委員造船經費銀叁萬柒千兩，以及撥解廣東省藩庫代借廣西軍需銀貳萬兩並撥解雲南兵餉銀銀伍萬兩，湖南省軍需銀五萬兩，均覆與奏撥各原案並送到實收銀數均屬相符。又撥解廣東軍需總局銀叁拾陸萬叁千肆百肆拾捌兩玖錢伍分柒釐，內已送到實收銀柒千伍百玖拾伍兩玖錢叁分柒釐，尚有叁拾伍萬伍千捌百伍拾叁兩貳分實收，尚未送部。又撥解廣東軍需總局代解廣西軍需銀拾萬兩內，已送到實收銀貳萬兩；其餘捌萬兩實收，亦未據送到。查前據該監督咨報，前項未送實收，屢催，未准移關，俟移到另文呈明等語。應令該監督一俟移關到日，即行送部查覈，毋得遲延。又撥解貴州兵餉銀伍萬兩，江西軍需銀壹拾伍萬，金陵大營銀壹拾叁萬兩，及滙解江西軍需銀壹萬壹千兩。以上四款，臣部覆與撥解各案銀數相符。惟前據該監督咨報，均無實收，仍令該監督迅即移取送部，以憑查覈。又撥解部庫銀陸萬叁千兩加平銀玖百肆拾伍兩，經臣部照數兌收在案，毋庸議。又補解廣儲司肆年二、三兩季公用加平，共銀壹拾萬玖千貳百兩。又尚存未解廣儲司肆年三、四兩季分公用加平，共銀壹拾貳萬肆千捌百兩及另款批解廣儲司公用、擡費銀壹千捌百兩，應移咨內務府查明是否收訖，即行咨覆臣部，以憑辦理。以上通共撥解過銀壹百叁拾肆萬捌千捌百叁拾玖兩貳錢伍分陸釐，除將實存各款抵撥外，尚不敷銀叁拾肆萬肆千柒拾柒兩陸錢陸分玖釐。據該監督疏稱：在於咸豐柒年徵收稅銀內湊足解等語。應令該監督入於下屆徵收稅銀考覆案內題報覈銷。至該年節存解員盤費銀叁千陸百肆拾陸兩捌錢伍分陸釐，併令該監督迅速解部交納，以清稅款。此案准科戶移覆到部。茲於同治貳年貳月初叁日辦理具題，合併聲明。臣等未敢擅便，謹題。請旨。

同治貳年貳月初叁日
大學士管理戶部事務臣倭仁
尚書臣寶鋆
尚書臣羅惇衍

左侍郎臣阜保
左侍郎臣沈桂芬
右侍郎臣榮綸
右侍郎臣董恂差
署右侍郎臣齊承彥
貴州清史司郎中臣嵩連
　　　郎中臣王熙震
　　　員外郎臣惠潤
　　　員外郎臣蔡兆槐
　　　主事臣延社
　　　主事臣董潤

## 028　粵海關監督恒祺奏報咸豐六年分粵東通商後粵海關關稅停徵相機籌辦開徵事宜折①

　　粵海關監督奴才恒祺跪奏，爲粵東通商以後關稅又復停征，現在相機籌辦，據實具奏，仰祈聖鑒事。竊奴才於本年二月初一日，曾將開港通商，照例納稅情形，會同廣州將軍穆克德訥，前函兩廣總督柏貴，恭摺奏明在案。查，自正月十一日開征起，截至五月十七日止，大關共征銀三十二萬兩有奇。奏撥西北兩江軍需各欵儘數撥解，尚屬不齦。因夷氛未退，接據前戶部左侍郎羅惇衍等來文咨稱，欽奉諭旨，已令谭廷襄等告知該夷，限四月內繳還廣東省城。等因。欽此欽遵，議立章程，斷絕夷人接濟。凡一切通事仔臣，諸色人等，概不准与之交易。其時近省河道壯勇，亦將火鼠拋擲夷船，夷酋防壯勇燒燬，当卽封河，不准船隻來往。華夷各商因之畏懼，搬徙一空，大關稅餉，不禁而自停。五月十八日，又復停止貿易，此關稅開征後復行停征之原委也。迄今一月有餘，夷兵与壯勇，互有殺傷，各商裹足不前。奴才正深焦灼，旋於咸豐

---

① 見前揭《清宮粵港澳商貿檔案全集》第1036號檔案，第5305~5308頁；前揭《明清宮藏中西商貿檔案》第796號檔案，第4112~4115頁。

八年六月二十六日承准軍機大臣密寄六月初六日奉上諭：昨因各夷和约已成。等因。欽此。遵旨傳諭前來，奴才捧誦之餘，知大局漸定，關務事宜，惟有隨時与督臣黃宗漢會商，相機妥辦。一俟中外商民，各安生業，仍當照舊開征，總期設法招徠，征收豐裕，以期仰报高厚生成扵萬一。所有關稅停征，現在相機籌辦緣由，謹會同兩廣總督臣黃宗漢合词恭報，據实具奏。伏乞皇上聖鑒。謹奏。

咸豐八年九月初七日，奉硃批：知道了。欽此。

七月十五日

## 029　粵海關監督恒祺奏報咸豐六年七年分粵海關關稅收支數目事折①

粵海關監奴才恒祺跪奏，爲恭报關稅收支实數，仰祈聖鑒事。窃照粵海關每年徵收關稅銀兩，例將收支实數，分欵造报。查，咸豐六年分，關稅自五年九月二十六日起，至六年九月二十五日止，一年期内，大關共徵銀一百八萬二百四十兩五分七厘。至各口稅數，因夷人滋事，路途梗阻，稅冊未能依限到齐。俟奏銷时再行彙捴奏报，以歸覈实。等因。前經奏明在案。現據各口繳到冊报实，共徵銀七萬六千五百六十五兩八錢二分三厘，大關各口，二共徵銀一百一十五萬六千八百五兩八錢八分，覈实，照例造报。查六年分徵收稅銀內，除循例應支正額銀四萬兩，銅觔水腳銀三千五百六十四兩，普濟院公用銀四萬兩。又支銷通關經費、養廉工食及鎔銷折耗等銀六萬八千七百六十八兩二錢三分六厘。又循例動支报解水腳銀二萬六千七百三十六兩二錢四分八厘。又部飯食銀二萬六千一十三兩三錢四分八厘。又支解造辦處裁存備貢銀五萬五千兩。又支補解廣儲司四年二、三、四季分公用銀二十二萬五千兩。又正雜盈餘、平餘水腳、造辦處備貢、廣儲司公用等十五兩加平，共銀一萬

---

① 見前揭《清宮粵港澳商貿檔案全集》第 1045 號檔案，第 5335～5343 頁；前揭《明清宮藏中西商貿檔案》第 805 號檔案，第 4142～4150 頁。

四千三百六十兩八錢一分一厘。又造辦處備貢、廣儲司公用等二十五兩加平，共銀七千兩，実存應解戶部關稅銀六十五萬三百六十三兩二錢三分七厘。又另存平餘銀二百八十七兩九錢四分三厘。以上應存解戶部關稅並平餘水腳、部飯食、造辦處備貢、廣儲司公用連十五兩加平、二十五兩加平，共銀一百萬四千七百六十一兩五錢八分七厘，除撥歸五年分不敷撥解藩庫銀六萬三千五十四兩六錢七分三厘。又撥解過廣東藩庫銀二萬六千三百九十兩六錢二分六厘，廣東藩庫發交山東省委員造船經費銀三萬七千兩，本省軍需捐局銀三十六萬三千四百四十八兩九錢五分七厘，戶部銀六萬三千兩、十五兩加平銀九萬四十五兩。又發交委員孫士廉滙解過江西軍需銀一萬一千兩，本省軍需捐局代解廣西軍需銀一十萬兩，廣東藩庫代解廣西軍需銀二萬兩，雲南兵餉銀五萬兩，貴州兵餉銀五萬兩，湖南軍需銀五萬兩，江西軍需銀一十五萬兩，金陵大營銀一十三萬兩，補解過廣儲司四年二、三季分公用銀一十萬五千兩，十五兩加平銀一千五百七十五兩，二十五兩加平銀二千六百二十五兩。尚存未解廣儲司四年三、四季分公用銀一十二萬兩，十五兩加平銀一千八百兩，二十五兩加平銀三千兩。以上通共撥解過銀一百三十四萬八千八百三十九兩二錢五分六厘。除將前數共存各欵抵撥外，尚不敷撥解，共銀三十四萬四千七十七兩六錢六分九厘，請在咸豐七年分稅銀內湊足撥解。查七年分關稅，因夷擾停徵，所有前項不敷撥解銀兩，籌欵湊解，請俟下年徵收關稅撥還。至遵旨酌留尾銀，解存藩庫一欵，並廣儲司公用銀一欵，本年均無項可撥，合併陳明。查，撥解廣東藩廣並軍需總局銀兩應有節存，解縣員盤費銀二千六百四十六兩八錢五分六厘。又四年分廣儲司公用、擡費布袋劈鞘用項銀一千八百兩，俟有便員搭解赴戶部廣儲司投納。至應補解廣儲司四年三四季分公用加平，共銀一十二萬四千八百兩。業於咸豐七年十二月二十九日，委員張裕甸管解公用加平，共銀六萬七千六百兩。適因夷擾，折回省城。該員面稟，前督臣葉名琛飭令寄存藩庫，亦經奏明在案。尚有應補解四年分公用加平銀兩，容俟路途通順，即行咨請委員解京交納。再查二年分福州、廈門二關，共徵銀三十八萬七千六百六十三兩四錢九分九厘，甯波關徵銀三千四百四十七兩九錢二分五厘，上海關徵銀一百六十九萬九千四百九十一兩五錢八分七厘，均准咨會到關，遵照通商章程歸入粵海關計籌。謹將徵收支銷各數，恭摺具奏。伏乞皇上聖鑒。謹奏。

咸豐九年七月初九日，奉硃批：戶部知道。欽此。

五月十一日

## 030　粵海關監督毓清奏報咸豐七年分粵海關關稅收支實數及福州等關徵銀數目事摺①

粵海關監督奴才毓清跪奏，爲恭報關稅收支實數，仰祈聖鑒事。竊照粵海關每年徵收關稅銀兩，例將收支實數，分款造報。查咸豐七年分關稅，前監督恒祺管理任內，自六年九月二十六日起，連閏至七年八月二十五日止，一年期內，惟九月二十六、七兩日共徵銀七千三百八十三兩三錢六分四釐。適因英夷滋事，礮火攻城，內地各商俱皆裹足不前，停止貿易，即於九月二十八日夷稅停徵。經前監督恒祺附片奏明在案。其咸豐六年分滿關時，尚有夷船未經完納鈔銀者，向歸下年續徵。現在夷稅雖經停徵，仍應責令經手通事等補繳。現已繳到夷船鈔銀四千八百一十三兩三錢五分，合計咸豐七年分大關徵收九月二十六、七兩日稅銀七千三百八十三兩三錢六分四釐，並補繳夷船鈔銀四千八百一十三兩三錢五分，共銀一萬二千一百九十六兩七錢一分四釐。至各口稅數，實因路途間有阻滯，稅冊未能依限到齊。俟奏銷時，再行彙總奏報，以歸覈實。等因。前經奏明在案。現據各口繳到冊報實，共徵銀八萬八千九百二十四兩九錢一分三釐，大關各口二共徵銀一十萬一千一百二十一兩六錢二分七釐。又借撥咸豐八年分稅項銀一十二萬兩，通共銀二十二萬一千一百二十一兩六錢二分七釐，覈實照例造報。查七年分徵收稅銀內，除循例應支正額銀四萬兩，銅觔水腳銀三千五百六十四萬兩，普濟院公

---

①　見前揭《清宮粵港澳商貿檔案全集》第1060號檔案，第5397~5402頁；前揭《明清宮藏中西商貿檔案》第818號檔案，第4198~4203頁。

用銀四萬兩。又支銷通關經費、養廉工食及鎔銷折耗等銀五萬九千九十三兩五錢八釐。又循例動支報解水腳銀一千八百一十七兩七錢九分四釐。又部飯食銀六百五十三兩二錢七分二釐。又支解造辦處裁存備貢銀五萬五千兩。又正雜盈餘、平餘水腳、造辦處備貢等十五兩加平，共銀一千一百五十二兩二錢五分八釐。又造辦處備貢二十五兩加平銀一千三百七十五兩，實存應解戶部關稅銀一萬八千四百六十五兩七錢九分五釐。又另存平餘銀一千五百三十三兩五錢八分一釐。以上應存解戶部關稅，並平餘水腳、部飯食、造辦處備貢連十五兩加平、二十五兩加平，共銀七萬九千九百九十七兩七錢。查六年分，原有不敷撥解共銀三十四萬四千七十七兩六錢六分九釐。前於該年奏銷摺內奏明，請在下年稅銀內湊撥。今七年分現存各款銀七萬九千九百九十七兩七錢，全數抵撥外，尚有不敷撥解銀二十六萬四千七十九兩九錢六分九釐，仍請再於下年分稅銀抵撥。至遵旨酌留尾銀，解存藩庫一款，並廣儲司公用銀一款，本年均無項可撥，合併陳明。再查七年分，福州、廈門二關共徵銀五十萬七千一百七十二兩四分二釐，寧波關徵銀四千一百四十九兩三錢七分五釐，上海關徵銀二百七萬一千五百八十二兩一錢一分九釐，均准咨會到關，遵照通商章程歸入粵海關計算，謹將徵收支銷各數，恭摺具奏。伏乞皇上聖鑒。謹奏。

戶部知道。

咸豐十年六月十七日

## 031　粵海關監督恒祺奏報咸豐八年分粵海關關稅收支數目事摺①

粵海關監督奴才恒祺跪奏，為關稅一年期滿，謹將大關稅徵收總數，先行循例具摺，仰祈聖鑒事。竊照粵海大關暨各口征收正雜銀兩，向例一年期滿，先將總數奏明。俟查核支銷確數，另行恭疏具題，分款造冊解部。恭查粵海關原定正額銀四萬兩，銅觔水腳銀三千五百六十四

---

① 見前揭《清宮粵港澳商貿檔案全集》第 1040 號檔案，第 5318～5323 頁；前揭《明清宮藏中西商貿檔案》第 800 號檔案，第 4125～4130 頁。

兩。又嘉慶四年五月奉戶部箚行，欽定粵海關盈餘銀八十五萬五千五百兩，欽遵辦理。嗣於道光二十三年閏七月奉戶部箚行，粵海關应征外洋及內地正稅並欽定盈餘，向來照數征解之外，尚有額外盈餘，現既分五口通商，若仍令粵海關照舊例徵解，勢有所難。此後粵海關征不足數，应请於廈門、福州、甯波、上海各關所征西洋各國貨稅內撥補足數。等因。承准各在案。茲屆咸豐八年分關稅，於七年八月二十六日起，至八年八月二十五日止，一年期內，因前嘆夷滋事，停止貿易，嗣於本年二月初一日曾將開港通商，照例納稅情形，会同奏明。查新季於八年正月十一日開征起，截至五月十七日止，大關共征銀三十二萬二千八百九十六兩六錢六分二釐，五月十八日至七月十七日無征；自七月十八日起，至八月二十五日，海關口共征銀銀［原文衍一字］一萬四千二百七十七兩五錢五分五釐。统计一年期內，大關共征銀二十三萬七千五百七十四兩二錢一分七釐。至各口稅數，实因各處賊迹竄扰，糜定路途，間有阻滯，稅冊未能依限到齐，業已分別飭催查办。所有各口征收總數，擬请俟奏銷時，再行彙總奏報，以歸覈实。再，道光二十三年更定通商稅務章程會奏案內聲稱，福州、廈門、甯波、上海四處海關所征夷稅统歸粵海關彙覆具奏。茲咸豐八年分，各關所征稅數尚未准咨會，应俟各關將一年徵收稅數，移会到日，另行彙總覆算。至前因夷酋封河之際，大關稅餉不禁而自停，省灣各處鋪戶紛紛將洋貨搬遷，其內地零星小販土貨，亦因大關停征，或有由海運徃閩、浙、雷、瓊各處銷售者，意圖乘機漏报。緣夷船不時出入，道路时通时塞。自無一定，均經奴才嚴飭江門应收鈔糧之口，实力巡查，照舊科稅，分晰登冊报納；另行密派查访，以防藉端隱匿。此外，更恐愚民趨利繞越影射，仍随时督飭嚴缉，有犯必懲。總期稅餉可收实效，關務庶不致廢弛。奴才受恩深重，殫竭愚忱，凡一切剔私除弊，惟有随时会同督臣相機妥办，力圖設法補苴，以裕征收而重餉课。現將大關征收稅鈔數目，遵例列冊，送部覆對。除停征之日並無船隻稅數可覆外，謹將粵海關一年鈔粮期滿，大關征收總［數，原文脫一字］及各口稅數未能一併奏报緣由，恭褶具奏。伏乞皇上聖鑒。謹奏。

　　咸豐九年正月二十三日，奉硃批：欽此。

　　八年十一月初十日

## 032　粤海關監督恆祺奏報咸豐八年分大局漸定粤海關恢復徵稅情形片[①]

再奴才於本年柒月拾伍日經將關稅不禁而自停，會同督臣黃相機籌辦緣由，恭摺奏明在案。查陸月貳拾陸日准軍機大臣密寄陸月初陸日奉上諭，昨因各夷和約已成，降旨令桂良等馳驛前往江蘇，會同何桂清妥議通商稅則事宜。等因。欽此。遵旨傳諭前來，奴才捧誦之餘，知大局漸定，自應量其時勢，權宜辦理。嗣經撫臣接篆後，與督臣分別曉示商民，各安生業；夷人封河船隻亦即退去。河道來往通行，商民漸復舊業。旋於柒月拾捌日，有英國商船駛進省河請驗，照例輸納。奴才體察情形，其勢未便拒絕。當即照舊驗征，該商遵例納餉，即經函致於督臣，面商於撫臣，並將所收稅數，伍日壹列報，陸續報知督臣查核。兩月以來，各國間有船隻報驗，而甫經進口，多屬零星粗貨。自柒月拾捌日起，至玖月貳拾日，僅征銀叁萬貳千玖百餘兩。緣貿易雖經漸通，各商資本較重者，仍不免尚有懷疑觀望。大宗茶葉尚未流通，嗣據茶商等，因買賣滯銷等情，赴督臣稟訴。經督臣剴切批示，務期中外乂安，商民樂利，以仰副聖主懷柔恤商之至意。自批示以來，商民不招而自至，茶葉頗覺暢行，稅課漸有起色。自玖月貳拾壹日起，至拾壹月初捌日，征銀貳拾貳萬肆千捌百餘兩，陸續撥觧軍需總局，以爲剿辦西匪之用。奴才受恩深重，具有天良，當此奠定綏安之時，正應殫精竭慮之日。現在上海所議稅則章程，粤省尚未奉到明文，報驗輸餉，仍照舊章辦理。此後一切事宜，惟有隨時相機，權宜妥辦，總期中外乂安，商民樂業，國課豐盈，稍報高厚生成於萬一。所有關稅照常征收辦理緣由，理合附片陳明。謹奏。

咸豐捌年拾壹月初拾日拜發，咸豐玖年正月貳拾肆日，奉硃批：知道了。欽此。

---

[①] 見前揭《清宮粤港澳商貿檔案全集》第1041號檔案，第5324~5328頁；前揭《明清宮藏中西商貿檔案》第801號檔案，第4131~4135頁。

## 033　廣東巡撫柏貴奉上諭著核實考咸豐九年分粵海關徵稅數目報部並嚴禁漏稅折①

軍機大臣字寄廣東巡撫柏，傳諭粵海關監督恒祺：咸豐九年正月二十四日奉上諭，恒祺奏關稅一年期滿，將徵收總數循例具報一摺。粵海關稅一年期滿，僅徵銀三十三萬七千五百餘兩，欠缺甚多，自係因各處土匪未平，夷務未定所致。惟該監督另片奏稱茶商等，因買賣滯銷，赴該督稟訴。經黃宗漢凱切批示，自九月至十一月已徵銀二十二萬四千八百餘兩，是該關稅課已漸有起色。從此商民相安自可，遂漸增加。現在稅銀祇可供剿辦西匪之用，俟關稅稍充，各處協撥款項亦應設法籌解。著柏貴隨時體察情形，妥爲辦理，並傳諭恒祺乘各國商船遵例納餉之際，竭盡疏通，嚴查偷漏。京協各餉，最關緊要，著隨時報解，以憑稽覈，不准全數截爲本省之用。至所徵數目并著覈實報部，以重稅課而便稽查。將次由五百里諭知柏貴，並傳諭粵海關監督恒祺知之。欽此。

遵旨寄信前來。

## 034　署兩廣總督勞崇光等奏報咸豐九年粵海關尚未開辦鴉片徵稅事宜折②

兼署兩廣捴督、廣東巡撫臣勞崇光，粵海關監督奴才恒祺跪奏，爲奉行洋藥征稅，粵海關現尚未及開辦緣由，会同恭捴具奏，仰祈聖鑒事。窃照粵海關前奉戶部文行王大臣等会奏，酌添稅課一折，內開查洋藥一項，現准入口貿易，即爲內地貨物。所有各省關口，均应酌定稅則，以免侵蝕、包攬、讹詐諸弊。今上海一口，現定每百斤稅銀三十兩。所有各海口及天津關，均係一水可通。再，內江河面，凡船隻能到

---

① 見前揭《清宮粵港澳商貿檔案全集》第 1044 號檔案，第 5333～5334 頁；見前揭《明清宮藏中西商貿檔案》第 804 號檔案，第 4140～4141 頁。

② 見前揭《清宮粵港澳商貿檔案全集》第 1046 號檔案，第 5344～5347 頁；前揭《明清宮藏中西商貿檔案》第 806 號檔案，第 4151～4154 頁。

之各稅關口，均請照上海一樣輸稅等語。臣恒祺遵即照知各國領事官議辦。據各該領事云，接上海來信，係互換條約後四箇月開辦，应聽上海之信，一律辦理等語。旋准上海欽差大臣文行咸豐九年二月二十六日奉上諭，桂良、花沙納奏遵查洋藥一扺□奏，均悉所所［疑衍"所"］稱。據各國領事照遵奚，向來中外收稅章程項，須俟议定後，再过四个月方可通行。今洋藥亦係稅课，所用一律。欽此。行知到關。臣恒祺曾將上海来文情由，呈明戶部在案。伏思粵海關征收洋藥係屬洋稅，其稅銀应遵諭旨，俟條约換後过四箇月，再行征收。至現在内江河面各關，先照新章通行征收，並厘捐各節，应由地方官一律經理。臣勞崇光抵任後，已飭各司道及地方官体察情形，妥籌辦法。除俟司道核议詳奚，另行具奏外，謹將洋藥征稅粵海關現尚未及開辦緣由，会同合词，恭抎具奏。伏乞皇上聖鑒。謹奏。

咸豐九年九月十一日，奉硃批：知道了。欽此。

七月一十六日

## 035　粵海關監督恒祺奏報咸豐九年分粵海關關稅收支數目事折①

粵海關監督奴才恒祺跪奏，为關稅一年期滿，謹將大關征收總數，先行循例具報，仰祈聖鑒事。窃照粵海大關暨各口征收正雜銀兩，向例一年期滿，先將總數奏明，俟查覈支銷確數，另行恭疏具題，分款造冊解部。恭查粵海關原定正額銀四萬兩，銅斤水腳銀三千五百六十四兩。又嘉慶四年五月奉戶部剳行，欽定粵海關盈餘銀八十五萬五千五百兩，欽遵办理。嗣於道光二十三年閏七月奉戶部剳行，粵海關应征外洋及内地正稅並額定盈餘，向來照數征解之外，尚有額外盈餘。現既五口通商，若仍令粵海關照旧例征解，势有所难。此後粵海關征不足數，应請

---

① 見前揭《清宮粵港澳商貿檔案全集》第 1047 號檔案，第 5348～5352 頁；前揭《明清宮藏中西商貿檔案》第 807 號檔案，第 4155～4159 頁。

於廈門、福州、甯波、上海各關所征西洋各国貨稅內，撥補足數。等因。承准各在案。茲咸豐九年分，自八年八月二十六日起，至九年八月二十五日止，一年期滿，大關共征銀八十一萬五千七百三十六兩二錢七分五厘。伏查粵海關稅向以茶葉為大宗，近因各處土匪竄擾，茶商來粵之路梗阻，多有返棹運赴別口；兼之自粵省滋事以來，大局未定，外洋來貨較少，以致大關所征未能如舊。至各口稅數实因路途間有阻滯，稅冊未能依限到齐，業已分別飭催查辦。所有各口征收總數，擬請俟奏銷時，再行彙總奏報，以歸覈实。除俟將到關船隻、貨物數目，遵例列冊，送部覈對外，再查道光二十三年更定通商稅務章程会奏案內聲稱，福州、廈門、甯波、上海四處海關所征夷稅，統歸粵海關彙覈具奏。茲咸豐九年分，上海、甯波二關征稅若干，均未准咨会到關；福州、廈門二關自八年八月二十六日起，至十一月二十五日止，據報征銀一十三萬四千六百一十三兩六錢一分七厘。以後續征之數，亦未准咨会。應俟各關將一年征收總數移会到日，另行彙總覈算。謹將粵海關一年鈔粮期滿，大關征收總數及各口稅數未能一併奏報，暨福州等關現报征收數目，恭摺具奏。伏乞皇上聖鑒。謹奏。

咸豐九年十一月十五日，奉硃批：戶部知道，片併發。欽此。

九月二十八日

## 036　恒祺片①

再，恭查道光二十六年八月二十日奉上諭，著該督撫等轉飭各海關，該督臣嗣後奏报徵收錢粮时，計一年稅數盈絀，將徵納尾銀酌留數萬或數千核定數目，奏交各在省藩庫，以資籌備。等因。欽此。欽遵在案。茲咸豐九年分粵海大關徵收稅銀八十一萬五千七百三十六兩二錢七分五厘，除米利堅國稅鈔，遵奉文行，准其扣抵五分之一銀一萬一千八

---

① 見前揭《清宮粵港澳商貿檔案全集》第 1047 號檔案，第 5353～5354 頁；前揭《明清宮藏中西商貿檔案》第 807 號檔案，第 4160～4161 頁。

百一十二兩五錢九分五厘，並陸續撥解廣東軍需總局外，照例尚有应交藩庫正額、銅觔水脚及粮道衙門、普濟堂公用等銀八萬三千五百六十四兩；又通關經費，約用銀七萬餘兩，均須循例開支，俟奏銷时彙叙。各口所徵數目，如有不敷，请在下年補支找解。所有九年分尾數銀兩，無款酌留。理合附片陈明。謹奏。

咸豐九年十一月十五日，奉硃批：覽。欽此。

## 037　粵海關監督毓清奏爲咸豐九年分粵海關關稅盈餘銀兩事折①

二品頂戴奉宸苑卿管理粵海關監督事務暫行革職留任臣毓清謹題，爲奏銷關稅盈餘銀兩事。竊照粵海關每年徵收關稅銀兩，例於滿關後叁個月將支銷各數，分晰陳奏。茲循例具題，歷皆遵照辦理。查咸豐玖年分關稅，係前監督恒祺管理，自捌年捌月貳拾陸日起，至玖年捌月貳拾伍日滿關止，統計壹年期內，大關共徵銀捌拾壹萬伍千柒百叁拾陸兩貳錢柒分伍釐，其各口稅數，前因路途阻滯，稅冊未能依限到齊，經前監督恒祺奏明在案。茲據各口造齊冊籍，繳報前來，臣查咸豐玖年分，各口實共徵銀陸萬陸千貳百捌拾壹兩肆錢柒釐，與大關合計共徵銀捌拾捌萬貳千壹拾柒兩陸錢捌分貳釐。內除循例撥支正雜銀肆萬兩，銅斤水脚銀叁千伍百陸拾肆兩，普濟院公用銀肆萬兩，又支銷通關經費、養廉工食及鎔銷折耗等銀陸萬肆千伍百柒拾陸兩伍錢柒分叁釐。以上四款，共撥支銀壹拾肆萬捌千壹百肆拾兩伍錢柒分叁釐外，尚存循例報解水脚銀貳萬陸百玖拾伍兩壹錢陸分捌釐，部飯食銀壹萬捌千伍百柒拾兩玖錢壹分貳釐，應解造辦處裁存備貢銀伍萬伍千兩，正雜盈餘、平餘水脚、造辦處備貢等拾兩加平，共銀壹萬伍百陸拾貳兩壹分陸釐，造辦處備貢貳拾伍兩加平銀壹千叁百柒拾伍兩，解部關稅銀陸拾貳萬柒千陸百柒拾肆兩壹分叁釐。以上六款，共存銀柒拾叁萬叁千捌百柒拾柒兩壹錢玖

---

① 見中國第一歷史檔案館第 02–01–04–21760–020 號檔案。

釐,另存平餘銀柒百陸拾伍兩貳錢叁分叁釐,統共應存銀柒拾叁萬肆千陸百肆拾貳兩叁錢肆分貳釐,查陸年分尚有不敷撥解銀玖萬貳千伍百陸拾兩伍錢陸分貳釐,捌年分不敷撥解本省軍需總局銀叁拾貳萬貳千貳百伍拾叁兩叁錢貳分貳釐,另玖年分解過本省軍需總局銀拾叁萬伍千伍百壹拾捌兩貳分捌釐,交過美國伍分之壹銀壹萬壹千捌百壹拾貳兩伍錢玖分伍釐,交過法國首次歸補銀貳萬兩,交過英法兩國修築沙面地基銀叁萬陸千柒百貳拾兩。以上六款,共應撥銀壹百萬捌千捌百陸拾肆兩伍錢柒釐。除將玖年分應存銀柒拾叁萬肆千陸百肆拾貳兩叁錢肆分貳釐,全數抵撥外,尚不敷銀貳拾柒萬肆千貳百貳拾貳兩壹錢陸分伍釐,已歸入拾年分稅銀內分別撥抵核辦。至遵旨酌留尾銀,解存藩庫一款,並廣儲司公用銀一款,該年無項可撥,並應另行辦理。再查玖年分,福州、廈門貳關共徵銀叁拾伍萬叁千壹百伍拾肆兩壹錢叁分柒釐,甯波關徵銀肆千陸百玖兩玖錢柒分伍釐,上海關徵銀貳百壹拾柒萬玖千叁百玖拾伍兩捌錢捌分陸釐,已准咨會到關,遵照道光貳拾叁年通商章程,歸入粵海關計算。除循例造冊,送部核銷外,理合遵例,恭疏題報。伏乞皇上聖鑒。

敕部核覆施行,謹具題聞。

同治叁年陸月貳拾貳日,二品頂戴奉宸苑卿管理粵海關監督事務暫行革職留任臣毓清

## 038　粵海關監督毓清奏爲補報咸豐九年分粵海關收支稅數事折[①]

粵海關監督奴才毓清跪奏,爲補報咸豐九年分粵海關收支稅數,仰祈聖鑒事。竊照粵海關每年徵收稅銀,例應將收支各數,分欵造報。咸豐九年分關稅,係前監督恒祺管理,自八年八月二十六日起,至九年八月二十五日滿關止,統計一年期內,大關共征銀八十一萬五千七百三十

---

[①] 見中國第一歷史檔案館第 03-4871-047 號檔案。

六兩二錢七分五厘，其各口稅數，茲因路途阻滯，稅冊未能依限到齊，經前監督恒祺奏明在案。茲據各口造齊冊籍，繳報前來，奴才查咸豐九年分，各口實共征銀六萬六千二百八十一兩四錢七厘，與大關合計，共征銀八十八萬二千一十七兩六錢八分二厘。內除循例撥支正額銀四萬兩、銅斤水腳銀三千五百六十四兩，普濟院公用銀四萬兩。又支銷通關經費、養廉工食及鎔銷折耗等銀六萬四千五百七十六兩五錢七分三厘。以上四欵，共撥支銀一十四萬八千一百四十兩五錢七分三厘外，尚存循例報解水腳銀二萬六百九十五兩一錢六分八厘，部飯食銀一萬八千五百七十兩九錢一分二厘，應解造辦處裁存備貢銀五萬五千兩，正雜盈餘、平餘水腳、造辦處備貢等十五兩加平，共銀一萬五百六十二兩一分六厘，造辦處備貢二十五兩加平銀一千三百七十五兩，解部關稅銀六十二萬七千六百七十四兩一分三厘。以上六欵，共存銀七十三萬三千八百七十兩一錢九厘，另存平餘銀七百六十五兩二錢三分三厘，統共應存銀七十三萬四千六百四十二兩三錢四分二厘。查六年分尚有不敷撥解銀九萬二千五百六十兩五錢六分二厘，八年分不敷撥解本省軍需總局銀三十二萬二千二百五十三兩三錢二分二厘。另九年分解過本省軍需總局銀五十二萬五千五百一十八兩二分八厘，交過美國五分之一銀一萬一千八百一十二兩五錢九分五厘，交過法國首項歸補銀二萬兩，交過英法兩國修築沙面地基銀三萬六千七百二十一兩。以上六欵，共應撥銀一百萬八千八百六十四兩五錢七厘。除將九年分應存銀七十三萬四千六百四十兩三錢四分三厘全數抵撥外，尚不敷銀二十七萬四千二百二十二兩一錢六分五厘，已歸入十年分稅銀內，分別撥抵核辦。至遵旨酌留尾銀，解存藩庫一欵，並廣儲司公用銀一欵，該年無項可撥，並應另行辦理。再查九年分福州、廈門二關共征銀三十五萬三千一百五十四兩一錢三分七厘，寧波關征收銀四千六百九兩九錢七分五厘，上海關征銀二百一十七萬九千三百九十五兩八錢八分六厘，正准咨會到關，遵照道光二十三年通商章程，歸入粵海關統計彙報，以符成例。奴才謹將咸豐九年分關稅征收支銷各數，恭摺具奏。伏乞皇上聖鑒。謹奏。

同治二年二月初九日，議政王軍機大臣奉旨：該衙門知道。欽此。

元年十二月□□

## 039　廣東巡撫耆齡奏報咸豐十年分粵海關收支數目並籌辦省城夷務折①

　　廣東巡撫奴才耆齡跪奏，爲訪查粵海關稅銀數目，並省城夷務，現擬籌辦情形，恭摺密奏，仰祈聖鑒事。竊奴才前於南雄州途次，承准軍機大臣字寄：咸豐十年閏三月初五日奉上諭，戶部奏籌擬廣東軍餉，请飭新任巡撫妥为收放一摺。等因。欽此。查奴才前在江西省城，传聞粵海關海關稅務，係仿照江海關辦法，用夷人代收。奴才窃以为，利權輕畀於人，以为異日之患。随經密为訪查，因道途遙遠，既有所聞，未能详悉。欽奉前因改派妥員前往省城，向各銀号確切密訪，緣粵海關自夷人入城後，各國商人走私甚多，稅銀短绌，經督臣勞崇光与前任監督恒祺会商，由上海雇喋咭唎夷人李泰國來粵代收稅銀，於咸豐九年九月底開辦，赴各洋船並洋行查貨，均係夷人前往。本關官吏僅憑夷人口报稅銀數目登簿，有無以多报少情事，無從稽考。現在李泰國仍往上海，交给夷人赫德接办。計自九年八月二十六日起，至本年閏三月二十五日止，共徵銀六十三萬六千五百餘兩。內啡嚁西夷人陸續提去銀三十三萬三千三百三十餘兩，咪唎堅夷人提去銀四萬兩，均稱係作抵六百萬撥夷經費。又喋咭唎、佛蘭西二國共提去填築地基銀八萬八千三百兩，即係填築太平門外沙面地方，將來擬盖洋樓之處。又提去洋銀一萬八千元为夷兵防城經費，共被夷人提去銀四十七萬四千餘兩。餘銀支銷通關經費，並撥解軍餉等項。存庫銀兩無多，其各屬完解藩庫地丁等銀，均存儲佛山鎮。应解糧道庫道欵等銀，運庫鹽课銀兩仍在省城，俱随時撥入軍需項下動用，並未被夷攫取。奴才伏查廣東省現值軍務未竣，每月需餉銀二十五、六萬兩，欠發西北江勇粮銀七十餘萬，此外各营尚不在內。軍需緊急，係屬实在情形。捐輸已至再至三，民力漸疲，且多有數年尚欠请獎者，以致捐戶觀望。此时劝办，想難如前踴躍。惟厘金現办

---

①　見前揭《清宮粤港澳商貿檔案全集》第1055號檔案，第5372~5381頁；前揭《明清宮藏中西商貿檔案》第814號檔案，第4176~4185頁。

掛漏甚多，尚可设法擴充。如鹽茶厘稅，最爲大宗，办理未能核实。奴才惟有不避嫌，照次第舉行，固不敢跡近操切，亦不敢踵事因循。揆期不拂輿情，設法裕餉。萬一必須動撥關稅以資接濟之處，自當奏奉俞旨，再行動用。至粤海關稅銀，雇令夷人代收，實有太阿倒持之勢。盖粤東与上海不同，上海夷人均在城外，且係該夷重資所在。既不敢遽動干戈，即不敢強取稅項，而粤东則夷人現踞城內，關稅官征官用，尚恐該夷垂涎。一令該夷代征，愈啟慢藏之患。盖知我庫銀已有本數，逐日索取，必盡其所有而後已。現在以補還六百萬經費为名，他日足數，又將別設名目，以遂其攫取之計。若明欲收回利權，該夷必起而力爭，特滋他衅。奴才正籌办间，適蕃司周起濱，因公來韶，已屬令回省与監督毓清密商，嗣後關庫收到稅銀，無論多寡，酌提十之五六解往佛山，以就近支發軍需及接濟口粮爲名，另款存儲，以備撥解餘銀，照前補還該夷經費，使其不致生疑。如能照此辦理，雖不能即清其源，亦可稍節其流，糧道庫欵及鹽课銀兩，亦令逐存佛山，乃照慎重。省城地方，從前原为商賈聚集之所。自該夷踞城後，多有遷往佛山鎮者。近來商賈貿易，佛山居十之六，省城僅十之四，畏夷人之逼也。但佛山處西北江下游，商賈輻湊，人烟稠密，而形勢散漫，並無城郭。时虞慶西匪艇下竄，居民鋪戶，常有戒心。奴才擬藉防禦西匪为名，扵該鎮建築城垣礮臺，置造礮械軍火，守備既固，人心日安。在省商賈將不捐而自至，庶利权操之自我矣。所需經費，擬卽就該鎮抽釐济用。以本地之財为本地保固之资，应亦人情所樂從。現在密访绅士、委員。一俟得人，即行舉辦。又現駐省城觀音山將軍衙署等處夷兵，雖祇六百餘人，香港尚有二千餘人。省中旗綠各營軍火器械概被收去，城上大礮或釘塞火門，或擊斷兩耳，礮臺拆毀無遺。沙面地基，尚在填築，已高出水面六七尺。探聞須俟築高一丈，再行盖造洋楼。沙面河道为外郡晉省必由之路，該夷意在以沙面駐兵，扼省城之吭，以观音山駐兵扸省城之背。是使我守備全無，得遂其挾制把持之計。去年冬，间又向督臣勞崇光以銀五萬兩租九龍之尖沙嘴地方，現亦修盖居屋。查九龍与香港对岸，香港乃懸海之區，往來必須舟楫。九龍則新安縣屬境，陸路四處可通。其意圖蠶食，內設奸谋甚毒。奴才愚昧之見，此时戰守兩無可恃，谁當认真整頓營伍，先清內寇，以壯軍威。力行團練，以固眾志。修築佛山城垣，以收利權，使該夷徒據省会空城，無所施其伎俩，然後相機收復。該夷因奴才駐紮韶州，不進省城，聞欲來韶相見。如果前來，奴才當不動声色，妥为撫諭，仍令回省貿易。再該夷在粤省以萬餘金購買稻草，访闻欲載往天津，紮草人扴馬上，用衝頭陣，以當礮火，而以精銳継進；又云填塞天津溝坎爛泥，免致蹈足；復以千餘金收買寸許厚木板，將載赴上海打造小船，以備天津同時併進之用；又有馬隊三、四千，內一千匹係向日本國借得；亦均載往天津。应请勅下僧格林沁，預为準備。所有访查粤海關稅銀數目，并省城夷務，現擬籌辦緣由，謹恭摺密奏。伏乞皇上聖鑒训示。謹奏。

咸豐十年四月十二日，奉硃批：欽此。

四月廿五日

## 040 粤海關監督毓清奏報咸豐十年分粤海大關徵收總數並福州廈門現報徵收數目事摺①

粤海關監督奴才毓清跪奏，爲關稅一年期滿，謹將大關徵收總數，先行循例具報，仰祈聖鑒事。竊照粤海大關暨各口徵收正雜銀兩，向例一年期滿，先將總數奏明。俟查覈支銷確數，另行恭疏具題，分款造冊解部。恭查粤海關原定正額銀四萬兩，銅觔水腳銀三千五百六十四兩。又嘉慶四年五月奉戶部剳行，欽定粤海關盈餘銀八十五萬五千五百兩，欽遵辦理各在案。茲查咸豐十年分自九年八月二十六日起，連閏至十年七月二十五日關期報滿止，一年期內，大關共徵銀九十九萬一千八百八十八兩五錢三分三釐。按照從前正額銅觔水腳暨欽定盈餘銀兩徵足外，計多收銀九萬二千餘兩。至各口稅數，實因路途間有阻滯，稅冊未能依限到齊，業已分別飭催查辦。所有各口徵收總數，擬請俟奏銷時，再行彙總奏報，以歸覈實。除將到關船隻、貨物數目，遵例列冊，送部覈對

① 見前揭《清宮粤港澳商貿檔案全集》第1061號檔案，第5403~5406頁；前揭《明清宮藏中西商貿檔案》第819號檔案，第4204~4207頁。

外，再查道光二十三年更定通商稅務章程會奏案內聲稱，福州、廈門、甯波、上海四處海關所徵夷稅，統歸粵海關，彙齎具奏。茲咸豐十年分，上海、甯波二關徵稅若干，均未准咨會到關；福州、廈門二關自九年八月二十六日起，至十年二月二十五日止，據報徵銀四十五萬五千四百五十三兩八錢七分四釐，以後續徵之數，亦未准咨會。應俟各關將一年徵收總數移會到日，另行彙總覈算。謹將粵海關一年期滿，大關徵收總數及各口稅數，未能一併奏報，暨福州等關現報徵收數目，恭摺具奏。伏乞皇上聖鑒。謹奏。

戶部知道。

咸豐十年八月二十六日

## 041　粵海關監督毓清奏報咸豐十年分粵海大關關稅撥解數目事片①

再，恭查道光二十六年八月二十日奉上諭，著該督撫等特飭各海關，該管官嗣後奏報，征收錢粮時，計一年稅數盈絀。等因。欽此。又咸豐十年六月二十五日，承准戶部札行五月十二日奉上諭，耆齡奏訪查粵海關收稅數目，現擬籌辦情形等語。等因。欽此，欽遵。各在案。茲咸豐十年分，粵海大關征收稅銀九十九萬一千八百八十八兩五錢三分三釐。除遵奉文行，交還米法等國商虧銀兩，並補前撥解本省軍需，暨奉撥浙省軍需以及例解廣儲司公用銀兩外，照例尚有應交藩庫正額銅斤水腳及粮道衙門、普濟堂公用等銀八萬三千五百六十四兩。又通關經費，約核用銀七萬餘兩，均須循例開支，俟奏銷時彙核。各口所征數目，如有不敷，請在下年補支撥解。所有十年分酌留尾數并酌提關稅十之五六銀兩，現実無款可提，理合附片。謹奏。

咸豐十年十一月初六日，奉硃批：戶部知道。欽此。

---

① 見前揭《清宮粵港澳商貿檔案全集》第1062號檔案，第5407~5408頁；見前揭《明清宮藏中西商貿檔案》第820號檔案，第4208~4209頁。

## 042　粤海關監督毓清奏爲補報咸豐十年分粤海關潮州新關收支稅數事折①

　　粤海關監督奴才毓清跪奏，爲補報咸豐十年分並距第一結期餘剩二十一日收支稅數，仰祈聖鑒事。竊照粤海關每年徵收稅銀，例應將收支各數，分款造報。查咸豐十年分關稅，自九年八月二十六日起，連閏至十年七月二十五日止，前監督恒祺管理任內，計兩箇月零二十九日，共徵大關稅銀三十二萬六千四百三十八兩八錢三釐。奴才接管任內九箇月零一日，共徵大關稅銀六十六萬五千四百四十九兩七錢三分。統計一年兩任，共徵大關稅銀九十九萬一千八百八十八兩五錢三分三釐。又潮州新關於咸豐九年十二月初九日開辦，是月二十七日徵稅起，連閏至十年七月二十五日止，共徵洋稅銀四萬七千三百四十二兩三錢六分九釐。其各口稅數，前因路途阻滯，稅冊未能依限到齊，業經奏明在案。茲據各口造齊冊籍，繳報前來，奴才查咸豐十年分，各口實共徵銀五萬四千二百七十六兩六錢七分，以上大關潮州新關及各口，通共徵銀一百九萬三千五百七兩五錢七分二釐。內除循例撥支正額銀四萬兩，銅觔水腳銀三千五百六十四兩，普濟院公用銀四萬兩。又支銷通關經費、養廉工食及鎔銷折耗等銀六萬六千一百七十八兩六錢二分四釐，大關稅務司經費銀九萬三千六百四十九兩二錢三分六釐，潮州新關稅務司經費銀一萬八千二百三十六兩二錢七釐，補解過廣儲司咸豐五年首、二、三季分公用連加平，共銀二十三萬四千兩，留存備解造處米艇連加平，共銀三萬一千二百兩。以上八款，共撥支銀五十二萬六千八百二十八兩六分七釐外，尚存循例報解水腳銀二萬九百兩六錢六分四釐，部飯食銀二萬四百七十四兩四錢四分五釐，應解造辦處裁存備貢銀五萬五千兩，正雜盈餘、平餘水腳、造辦處備貢等十五兩加平，共銀八千五十九兩二錢二分七釐，造辦處備貢二十五兩加平銀一千三百七十五兩，解部關稅銀四十六萬八百七十兩一錢六分九釐。以上六款，共存銀五十六萬六千六百七十九兩

---

①　見前揭《清宮粤港澳商貿檔案全集》第1095號檔案，第5536~5544頁；前揭《明清宮藏中西商貿檔案》第848號檔案，第4320~4328頁。

五錢五釐。另，存平餘銀五百一十兩九錢十分五釐，統共應存銀五十六萬七千一百九十兩四錢五分。查九年分，尚有不敷撥解銀二十七萬四千二百二十二兩一錢六分五釐。另十年分，解過浙江軍需銀一十萬兩，撥解廣東軍需總局關稅，原撥江南餉銀項下劃還贛關絲稅銀八萬四千五百九十兩三錢六分二釐，撥解廣東軍需總局代解江西軍需銀一萬九千兩，解廣東軍需總局剿辦西匪銀一十二萬二千六百七十二兩七錢一分三釐，交過美國五分之一銀七萬六百六兩七錢七分四釐，交過法國首次歸補銀三十一萬三千三百三十三兩三錢，交過英法兩國修築沙面地基新路工程銀一十五萬五千七十七兩五錢。以上八款，共撥解銀一百一十三萬九千五百二兩八錢一分四釐。除將十年分應存銀五十六萬七千一百九十兩四錢五分全數抵撥外，尚不敷銀五十七萬二千三百一十二兩三錢六分四釐。又咸豐十一年分關期，自十年七月二十六日起，至八月十六日第一結前一日止，計二十一日，共徵大關稅銀一萬八千六十七兩二錢九分五釐；潮州新關稅銀一千八百二十二兩二錢三分九釐，二共徵銀一萬九千八百八十九兩五錢三分四釐。內除循例撥支正額銀二千三百三十三兩三錢三分三釐，銅觔水腳銀二百七兩九錢，普濟院公用銀二千三百三十三兩三錢三分三釐。又支銷大關經費、養廉工食等銀二千三十九兩五錢五釐，留存備解造辦處米艇連加平，共銀一千八百二十兩。以上五款，共撥支銀八千七百三十四兩七分一釐，尚存循例報解水腳銀二百九十五兩一錢七分二釐，部飯食銀二百一十七兩六錢二分五釐，應解造辦處裁存備貢銀三千二百八兩三錢三分三釐，正雜盈餘、水腳備貢等十五兩加平，共銀一百六十兩四錢五分八釐，造辦處備貢二十五兩加平銀八十兩二錢八釐，解部關稅銀七千一百九十三兩六錢六分七釐。以上六款，共存銀一萬一千一百五十五兩四錢六分三釐，內除交過美國五分之一銀二千四百六十八兩三錢三分一釐，應存銀八千六百八十七兩一錢三分二釐，歸併十年分抵撥外，實不敷銀五十六萬三千六百二十五兩二錢三分二釐，已歸入下年分稅銀內，分別撥抵籌辦。至遵旨酌留尾銀，解存藩庫一款，該年無項可撥，合併陳明。謹將咸豐十年分並距第一結期餘剩二十一日關稅徵收支銷各數目，恭摺具奏。伏乞皇上聖鑒。謹奏。

議政王軍機大臣奉旨：該衙門知道。欽此。

同治三年十二月初八日

## 043　海關總稅務司赫德關於廣東徵收洋藥稅之諭[①]

照錄赫德原禀

洋藥

廣東省城設有洋藥抽釐總局，立於河南，有分局一處。此局抽釐計銀每箱五十兩，即如有洋藥在關上完納正稅三十兩之後，即由分局有役往該貨主，令其多納五十兩。但該局另有章程一條，如有人先到該局輸納抽銀五十兩，即無庸在關上完納正稅，並保其關上如將該貨查拏充公，即由該局賠補。此事自係私行，從何而知？因十年下半年有海關拏獲洋藥三、四箱充公，該貨主未至海關求還，倒抵局，而該局即照所保，發給賠補之銀二千餘兩。查粵海關征洋藥稅餉，本來有許多難處，又加以地方官如此辦理，不但於所應行之事不相符，而另於國課並地方情形有碍。

## 044　海關總稅務司赫德關於粵海關茶葉稅餉之諭[②]

照錄赫德原禀

粵海關茶葉稅餉

粵海關出口稅餉以茶葉爲重，而廣東土茶每年應納稅銀六萬餘兩。此茶係鶴山縣出產，咸豐六年以後均係漏稅而出澳門。十年六月間已派令火輪巡船在該處巡查緝私，拏獲裝私茶船三隻，其茶價值約一萬五千兩，應賞該線人四千餘兩。過數日未曾販賣該茶，鶴山知縣即到省城報

---

① 見前揭《清宮粵港澳商貿檔案全集》第 1079 號檔案，第 5482~5483 頁；前揭《明清宮藏中西商貿檔案》第 836 號檔案，第 4282~4283 頁。

② 見前揭《清宮粵港澳商貿檔案全集》第 1080 號檔案，第 5484~5486 頁；前揭《明清宮藏中西商貿檔案》第 837 號檔案，第 4284~4286 頁。

言，本縣人將抽釐局委員拏去，並將縣署圍住，聲言如不將茶葉還回，即將該委員殺死並燒燬縣署等語。查問此事始知，由廣東總釐局在鶴山縣設有抽茶釐之局。該抽法章程，係每百斤銀五錢，即發給執照，准其出澳門。據勞制軍云，現在百姓因失去茶葉，其情甚急，不如將茶葉發還而將此事了結等語。即問以如此辦理，則線人之賞銀從何而出？辯論數日，即由總釐局自將銀四千餘百兩交南海、鶴山二縣，送呈粵海關，海關即將茶葉發還，而留該走私船三隻充公。見此情形，即想因地方官如此可行，欽命粵海關監督無庸立法，緝私保護國課。旋於七、八、九等月私到澳門漏稅之茶葉日見其多，而海關稅銀較少六萬兩。再，茶葉每百斤在關上應納稅銀二兩五錢，由該抽釐局徵其五錢，則客人即有二兩之利，無一肯到關納稅，而且有官員保其走私。該釐局係因欲平地方起見而設，而所行之法，令人違背律例，滋生事端，實在可笑。

## 045　兩廣總督勞崇光奏報咸豐十一年粵海關及潮州新關徵收洋藥稅收支報解數目事折①

勞崇光片

再，洋藥一項，前准部行，每百斤征收稅銀三十兩，按三箇月造冊報解。等因。遵照辦理在案。茲查自咸豐十年十一月初八日開征起，至十一年七月二十五日止，粵海大關及潮州新關共征洋藥稅銀七萬四百七十九兩三錢五分，內除扣給英法二國各二成銀一萬四千九十五兩八錢七分外，尚存六成銀四萬二千二百八十七兩六錢一分。先已委員賫賜解京銀二萬三千五百九十八兩五錢七分，其餘銀兩即当按限接續起解，以清款項，合併附片陈明。伏乞聖鑒。謹奏。

咸豐十一年十二月十八日，議政王軍機大臣奉旨：知道了。欽此。

---

① 見中國第一歷史檔案館第 03-4400-081 號檔案。

## 046　粵海關監督師曾奏爲補報咸豐十一年粵海關收支常稅數目事折①

粵海關監督奴才師曾跪奏，爲補報咸豐十一年分粵海關收支常稅數目，仰祈聖鑒事。竊照粵海關每年徵收稅銀，向係按照關期，將收支各數，分款造報。前扵同治二年十一月間奉部剳行，奏准將各海關洋稅收支數目，均以咸豐十年八月十七日为始，仍按三箇月奏报一次。扣足四結，专摺奏銷一次。仍從第一結起造具，每結四柱清冊，送部查核，毋庸按照關期題銷，以清界劃而免稽延。其各關应征常稅，仍令各按關期，照常題銷，以符舊制。等因。業經按照四結为一年，將收支洋稅數目，具奏在案。茲查咸豐十一年分常稅，自十年七月二十六日起，至十一年七月二十五日止，前監督毓清管理任內，計十一箇月零二十六日，前兩廣捴督劳崇光兼管任內，計四日。统計一年兩任，大關共征銀一萬五千六百五十九兩七錢七分，各口共征銀四萬二千五百六十六兩四錢二分二厘，潮州新關共征銀二千二百一十四兩六錢二分八厘，通共征銀六萬四百四十兩八錢二分。除支銷通關經費及鎔銷折耗銀二萬四千四百五十二兩八錢九分六厘，動支报解水脚銀一千三百一十八兩九錢二分五厘，部飯食銀九百九十三兩四錢七分五厘，正雜盈餘、水脚平餘等十五兩加平，共銀五百二十五兩七錢六分四厘。以上四款，共支銷銀二萬七千二百九十一兩六分外，尚存正雜盈餘銀三萬三千一百四十九兩七錢六分。循例报解水脚銀一千三百一十八兩九錢二分五厘，部飯食銀九百九十三兩四錢七分五厘，正雜盈餘、水脚平餘等十五兩加平，共銀五百二十五兩七錢六分四厘。以上四款，共存銀三萬五千九百八十七兩九錢二分四厘，另存平餘銀五百八十二兩二錢二分一厘，統共应存銀三萬六千五百七十一兩一錢八分五厘。業已俟數撥歸同治五年分洋稅項下，彙數报解。至遵旨酌留尾銀，解存藩庫一款，該年無項可撥，合併陈明。謹將咸豐十一年分常稅收支各數，恭摺具奏。伏乞皇太后、皇上聖鑒。謹奏。

同治九年八月初五日，軍機大臣奉旨：戶部知道。欽此。

六月十二日

---

① 見中國第一歷史檔案館第03－4873－064號檔案。

## 047　粵海關監督毓清奏爲補報咸豐十一年分粵海大關並潮州新關收支總數事折①

粵海關監督奴才毓清跪奏，爲咸豐十一年分洋稅第一結至第四結，一年期內，大關並潮州新關收支總數具報，仰祈聖鑒事。竊照粵海關每年徵收稅銀，向係按照關期，將收支各數，分款造報。前於同治二年十一月間奉部箚行，奏准將各海關洋稅收支數目，均以咸豐十年八月十七日爲始，仍按三箇月奏報一次。扣足四結，專摺奏銷一次。仍從第一結起造具，每結四柱清冊，送部查覈，毋庸按照關期題銷，以清界劃而免稽延。其各關應徵常稅，仍令各按關期，照常題銷，以符舊制。等因。業將咸豐十年分並距第一結期餘剩二十一日收支數目，具奏在案。茲查咸豐十一年分，自十年八月十七日第一結起，至十一年八月二十六日第四結止，大關共徵銀一百四十二萬四千九百七兩九錢七分二釐，潮州新關共徵銀一十二萬八千四百二兩七錢九釐，二共徵銀一百五十五萬三千三百一十兩六錢八分一釐。內除循例撥支正額銀四萬兩，銅觔水腳銀三千五百六十四兩，普濟院公用銀四萬兩。又支銷大關經費、養廉工食等銀三萬八千三百五十九兩七錢五分三釐，大關稅務司經費銀九萬六百九十兩二錢四分四釐，大關津貼經費銀二萬三千七百三十六兩，潮州新關稅務司經費銀二萬三千八百二十七兩，潮州新關津貼經費銀一萬八千二百八十兩八錢，大關火耗銀一萬一千八百九十六兩七錢五分二釐，潮州新關火耗銀一千一百六十七兩九錢六分六釐。以上十款，共撥支銀二十九萬一千五百二十二兩五錢一分五釐外，尚存循例報解水腳銀三萬九千八百六十八兩九分八釐，部飯食銀三萬四千四百三十七兩九釐，正雜盈餘、水腳公用等十五兩加平銀一萬八千二十七兩三錢五分七釐。又公用二十五兩加平銀七千五百兩，解部關稅銀一百一十六萬一千九百五十五兩七錢二釐。以上五款，共應存銀一百二十六萬一千七百八十八兩一錢六分六釐。查十一年分，解過廣儲司公用連加平，共銀三十一萬二千

---

①　見前揭《清宮粵港澳商貿檔案全集》第 1096 號檔案，第 5545~5550 頁；前揭《明清宮藏中西商貿檔案》第 849 號檔案，第 4329~4334 頁。

兩，江南糧臺銀五萬兩，江北糧臺銀五萬兩，滬商在滬完稅劃抵江北糧臺銀五萬兩，撥解廣東藩庫代解貴州兵餉銀一萬五千兩，交過美國商虧銀七萬一千六百七十二兩七分三釐，英法兩國修築沙面地基銀四萬五千九十六兩八分三釐，賠償英國銀一十七萬五千四百六十三兩九錢四分，英國二成銀二十五萬六千七十兩二錢九分六釐，法國二成銀二十四萬八千一百二十八兩五錢二分四釐。以上十款，共撥解銀一百二十七萬三千四百三十兩九錢一分六釐。除將前共應存銀一百二十六萬一千七百八十八兩一錢六分六釐全數抵撥外，尚不敷銀一萬一千六百四十二兩七錢五分，連上年不敷撥款五十六萬三千六百二十五兩二錢三分二釐，合計共不敷銀五十七萬五千二百六十七兩九錢八分二釐，已歸入下年分徵收稅銀內撥抵覈辦。除遵照扣足四結爲一年，造具四柱清冊，送部查覈外，謹將咸豐十一年分洋稅自第一結起至第四結止，所有大關及潮州新關徵收支銷各數目，恭摺具奏。伏乞皇上聖鑒。謹奏。

議政王軍機大臣奉旨：該衙門知道。欽此。

同治三年十二月十八日

# 同治朝

## 048　粵海關監督毓清奏報同治元年分粵海大關並潮州新關洋稅收支總數事摺①

粵海關監督奴才毓清跪奏，爲同治元年分洋稅第五結至第八結，一年期內，大關並潮州新關收支總數具報，仰祈聖鑒事。竊照粵海關每年徵收稅銀，向係按照關期，將收支各數分款造報。前於同治二年十一月間奉部剳行，奏准將各海關洋稅收支數目，均以咸豐十年八月十七日爲始，仍按三箇月奏報一次。扣足四結，專摺奏銷一次。仍從第一結起造具，每結四柱清冊，送部查覈，毋庸按照關期題銷，以清界劃而免稽延。其各關應徵常稅，仍令各按關期，照常題銷，以符舊制。等因。業將咸豐十一年分第一結至第四結，一年期內，收支總數，具奏在案。茲查同治元年分，自咸豐十一年八月二十七日第五結起，至同治元年閏八月初七日第八結止，大關共徵銀元九十萬三千九百二十二兩二錢五分五釐，潮州新關共徵銀一十二萬五千二百四十四兩一分八釐，二共徵銀一百二萬九千一百六十六兩二錢七分三釐。內除循例撥支正額銀四萬兩，銅觔水腳銀三千五百六十四兩，普濟院公用銀四萬兩。又支銷大關經費、養廉工食等銀三萬四千七百五十三兩四錢五分一釐，大關稅務司經費銀一十萬五千一百四十四兩六錢三分三釐，大關津貼經費銀二萬三千七百三十六兩，潮州新關稅務司經費銀一萬九千二百三十九兩二分，潮州新關津貼經費銀一萬八千二百八十兩八錢，大關火耗銀一萬八百四十七兩六分七釐，潮州新關火耗銀一千五百二兩九錢二分八釐。以上十款，共撥支銀二十九萬七千六十七兩八錢九分九釐，尚存循例報解水腳銀二萬二千五百二十一兩四錢四分七釐，部飯食銀一萬九千九百九十七兩七錢九分五釐，正雜盈餘、水腳、公用米艇等十五兩加平銀一萬四百六十二兩六錢九分三釐。又公用米艇等二十五兩加平銀四千一百二十五兩，解部關稅銀六十七萬四千九百九十一兩四錢三分九釐。以上五款，

---

① 見前揭《清宮粵港澳商貿檔案全集》第 1097 號檔案，第 5551～5557 頁；前揭《明清宮藏中西商貿檔案》第 850 號檔案，第 4335～4341 頁。

共應存銀七十三萬二千九十八兩三錢七分四釐。查元年分，解過部庫連加平飯銀共一十五萬六千六百兩，總理各國事務衙門酌提三成船鈔銀一千九百七十九兩九錢一分，廣儲司公用連加平共銀一十五萬六千兩，造辦處米艇連加平共銀一萬五千六百兩，閩省截留商稅劃抵銀一十二萬兩，撥解廣東藩庫代解浙江軍餉銀二萬兩，前廣東巡撫耆齡赴閩軍餉銀二千三百二十七兩九錢五分三釐，浙江藩司蔣益澧赴浙軍餉銀一萬兩，購買外洋船礟銀一十七萬五千兩，英法兩國修築沙面地基銀一萬七千八百一十五兩二錢七分七釐，美國商虧銀五萬八千九百三兩四錢七分四釐，英國二成銀一十九萬五千五百八十七兩四錢八分六釐，法國二成銀一十九萬八千四百八十五兩五錢一分四釐。以上十三款，共撥解一百一十二萬八千二百九十九兩六錢一分四釐。除將前共應存銀七十三萬二千九十八兩三錢七分四釐，全數抵撥外，尚不敷銀三十九萬六千二百一兩二錢四分，連上年不敷撥解銀五十七萬五千二百六十七兩九錢八分二釐，合計共不敷銀九十七萬一千四百六十九兩二錢二分二釐，已歸入下年分徵收稅銀內，撥抵覈辦。除遵照扣足四結爲一年，造具四柱清冊，送部查覈外，謹將同治元年分洋稅自第五結起至第八結止，所有大關及潮州新關徵收支銷各數目，恭摺具奏。伏乞皇上聖鑒。謹奏。

軍機大臣奉旨：該衙門知道。欽此。

同治四年正月二十日

## 049　粵海關監督毓清奏報同治元年分粵海大關及潮州新關徵收稅銀數目事折①

　　粵海關監督奴才毓清跪奏，爲關稅一年期滿，謹將大關徵收總數，先行循例具報，仰祈聖鑒事。竊照粵海大關暨各口徵收正雜銀兩，向例一年期滿，先將總數奏明。俟查覈支銷確數，另行恭疏具題，分款造冊解部。查粵海關原定正額銀四萬兩，銅觔水腳銀三千五百六十四兩。又

---

① 見前揭《清宮粵港澳商貿檔案全集》第 1086 號檔案，第 5505～5507 頁；前揭《明清宮藏中西商貿檔案》第 842 號檔案，第 4300～4302 頁。

嘉慶四年五月奉戶部劄行，欽定粵海關盈餘銀八十五萬五千五百兩，欽遵辦理各在案。茲查同治元年分，自咸豐十一年七月二十六日起，至同治元年七月二十五日關期報滿止，一年期內，大關共徵銀八十六萬九千四百六十九兩六錢九分五釐，潮州新關共徵銀十一萬三百六十五兩三錢六分一釐。按照從前正額銅觔水腳曁欽定盈餘銀兩徵足外，計多收銀八萬餘兩。至各口稅數，因路途間有阻滯，稅冊未能依限到齊，已經飭催查辦。其徵收總數，請俟奏銷時，再行彙總奏報，以歸覈實。又道光二十三年更定通商稅務章程案內聲明，福州、廈門、甯波、上海四處海關所徵洋稅，統歸粵海關彙覈具奏。茲同治元年分，福州、廈門、甯波、上海四關均未准咨會到粵，應俟各關將一年徵收總數移會到日，再行彙總覈算。除將粵海關及潮州新關船隻、貨物數目，遵例造冊，送部覈對外，奴才謹恭摺具奏。伏乞皇上聖鑒。謹奏。

議政王軍機大臣奉旨：該衙門覆覈具奏，片併發。欽此。

同治元年閏八月二十八日

## 050　粵海關監督毓清奏報同治元年粵海關及潮州關徵收洋藥稅銀數目事摺①

再，洋藥一項，前准部行，每百觔徵收稅銀三十兩，按三箇月造冊報解。等因。遵照辦理在案。茲查自咸豐十一年七月二十六日起，至同治元年七月二十五日止，粵海關大關及潮州新關共徵洋藥稅銀十九萬二百一十兩二錢九分七釐，內除扣給英法二國各二成銀七萬六千八十四兩一錢一分八釐外，尚存六成銀十一萬四千一百二十六兩一錢七分九釐。此項銀兩即當陸續起解，以清款項，合併附片陳明。伏乞聖鑒。謹奏。

議政王軍機大臣奉旨：覽。欽此。

同治元年閏八月二十八日

粵海关監督奴才毓清

---

① 見第一歷史檔案館檔案號 04－01－35－0560－069。

## 051　粤海關監督師曾奏爲補報同治元年分粤海關潮州新關收支常税數目事摺①

粤海關監督奴才師曾跪奏，爲補報同治元年分粤海關收支常税數目恭摺，仰祈聖鑒事。竊照粤海關每年徵收税銀，向係按照關期將收支各數，分款造報。前於同治二年十一月間奉部剳行，奏准將各海關洋税收支數目均以咸豐十年八月十七日爲始，仍按三箇月奏報一次。扣足四結，專摺奏銷一次。仍從第一結起造具，每結四柱清册，送部查覈，毋庸按照關期題銷，以清界劃而免稽延。其各關應徵常税仍令各按關期，照常題銷，以符舊制。等因。業經按照四結爲一年，將收支洋税數目，具奏在案。茲查同治元年分常税，自咸豐十一年七月二十六日起，至同治元年七月二十五日止，前兩廣總督勞崇光兼署任内，計十箇月零七日；前監督毓清回任管理，計一箇月零二十三日，統計一年兩任，大關共徵銀一萬四千六百九十八兩四錢八分三釐，各口共徵銀四萬五千五百六十一兩二錢九分一釐。潮州新關共徵銀一千九百九十三兩四錢七分七釐，通共徵銀六萬二千二百五十三兩二錢五分一釐。除支銷通關經費及鎔銷折耗等銀二萬四千六百三十九兩二錢四分四釐，動支報解水腳銀一千三百六十七兩三錢四分六釐，部飯食銀一千二十九兩九錢四分九釐，正雜盈餘、水腳平餘等十五兩加平，共銀五百四十五兩六分六釐。以上四款，共支銷銀二萬七千五百八十一兩六錢五釐，尚存正雜盈餘銀三萬四千六百七十一兩六錢四分六釐。循例報解水腳銀一千三百六十七兩三錢四分六釐，部飯食銀一千二十九兩九錢四分九釐，正雜盈餘、水腳平餘等十五兩加平，共銀五百十五兩六分六釐。以上四款，共存銀三萬七千六百一十四兩七釐。另存平餘銀二百九十八兩七錢六分八釐，統共應存銀三萬七千九百一十二兩七錢七分五釐。業已儘數撥歸同治六年分洋

---

① 見前揭《清宫粤港澳商貿檔案全集》第1107號檔案，第5604~5608頁；前揭《明清宫藏中西商貿檔案》第859號檔案，第4383~4387頁。

稅項下彙數報解。至遵旨酌留尾銀，解存藩庫一款，該年無項可撥，合併陳明。謹將同治元年分常稅收支各數，恭摺具奏。伏乞皇太后、皇上聖鑒。謹奏。

軍機大臣奉旨：戶部知道。欽此。

同治六年三月二十二日

## 052 粵海關監督毓清奏報同治二年分粵海大關及潮州新關徵收關稅總數事摺[①]

粵海關監督奴才毓清跪奏，為關稅一年期滿，謹將大關徵收總數先行循例具報，仰祈聖鑒事。竊照粵海大關暨各口徵收正雜銀兩，向例一年期滿，先將總數奏明，俟查覆支銷確數，另行恭疏具題，分款造冊解部。查粵海關原定正額銀四萬兩，銅觔水腳銀三千五百六十四兩。又嘉慶四年五月奉戶部劄行，欽定粵海關盈餘銀八十五萬五千五百兩，欽遵辦理各在案。茲查同治二年分，自同治元年七月二十六日起，連閏至二年六月二十五日關期報滿止，一年期內，大關共徵銀九十一萬五千九百三十五兩二錢二分二釐，潮州新關共徵銀一十六萬九千七百四十五兩二錢四分九釐。按照從前正額、銅觔水腳暨欽定盈餘銀兩徵足外，計多收銀十八萬六千餘兩。至各口稅數，路途間有阻滯，稅冊未能依限到齊，已催查辦。其徵收總數，請俟奏銷時，再行彙總奏報，以歸覈實。除將粵海關及潮州新關船隻、貨物數目，遵例造冊，送部覈對外，奴才謹恭摺具奏。伏乞皇上聖鑒。謹奏。

議政王軍機大臣奉旨：該衙門知道。欽此。

同治二年九月十六日

---

[①] 見前揭《清宮粵港澳商貿檔案全集》第 1090 號檔案，第 5521～5523 頁；前揭《明清宮藏中西商貿檔案》第 844 號檔案，第 4309～4311 頁。

## 053　粵海關監督毓清奏報同治二年分粵海大關及潮州新關徵收洋藥稅銀及英法扣款折①

再，洋藥一項，前准部行每百觔徵收稅銀三十兩，按三箇月造冊報解。等因。遵照辦理在案。茲查自同治元年七月二十六日起，連閏至二年六月二十五日止，粵海大關及潮州新關，共徵洋藥稅銀二十六萬五千六百二十五兩八錢八分。內除扣給英法二國各二成銀一十萬六千二百五十兩三錢五分二釐外，尚存六成銀一十五萬九千三百七十五兩五錢二分八釐。此項銀兩，即當陸續起解，以清款項，合併附片陳明。謹奏。

議政王軍機大臣奉旨：該衙門知道。欽此。

## 054　粵海關監督師曾奏為補報同治二年分粵海大關並潮州新關洋稅收支總數事折②

粵海關監督奴才師曾跪奏，為補報同治二年分洋稅第九結至第十二結，一年期內，大關並潮州新關收支總數，仰祈聖鑒事。竊照粵海關每年徵收稅銀，向係按照關期，將收支各數，分款造報。前於同治二年十一月間奉部剳行，奏准將各海關洋稅收支數目，均以咸豐十年八月十七日為始，仍按三箇月奏報一次。扣足四結，專摺奏銷一次。仍從第一結起造具，每結四柱清冊，送部查覈，毋庸按照關期題銷，以清界劃而免稽延。其各關應徵常稅，仍令各按關期，照常題銷，以符舊制。等因。業將同治元年分第五結至第八結，一年期內，收支總數，具奏在案。茲查同治二年分，前監督毓清管任內，自元年閏八月初八日第九結起，至二年八月十八日第十二結止，大關共徵銀九十三萬一千九百八十九兩

---

① 見前揭《清宮粵港澳商貿檔案全集》第 1091 號檔案，第 5524~5525 頁；前揭《明清宮藏中西商貿檔案》第 845 號檔案，第 4312~4313 頁。
② 見前揭《清宮粵港澳商貿檔案全集》第 1098 號檔案，第 5558~5564 頁；前揭《明清宮藏中西商貿檔案》第 851 號檔案，第 4342~4348 頁。

一錢七分六釐，潮州新關共徵銀一十六萬九千七百二十一兩六錢五分三釐，二共徵銀一百一十萬一千七百一十兩八錢二分九釐。內除傳辦綾絹工價銀三萬二千七百六十八兩四錢七分九釐，循例撥支正額銀四萬兩，銅觔水腳銀三千五百六十四兩，普濟院公用銀四萬兩。又支銷大關經費、養廉工食等銀三萬五千五百五十六兩六錢九分八釐，解員匯解京餉匯費銀八千七百六十八兩二錢一分一釐，大關稅務司經費銀一十萬八千七百九十七兩九錢三釐，大關津貼經費銀二萬三千七百三十六兩，潮州新關稅務司經費銀二萬三千四百一十六兩，潮州新關津貼經費銀一萬八千二百八十兩八錢，大關火耗銀一萬一千一百八十三兩八錢七分，潮州新關火耗銀二千三十六兩六錢六分。以上十二款，共撥支銀三十四萬八千一百八兩六錢二分一釐。尚存循例報解水腳銀二萬四千三百二兩五錢五分一釐，部飯食銀二萬五百五十三兩六錢三分五釐，正雜盈餘、水腳等十五款加平銀一萬八百三十三兩二錢三分，解部關稅銀六十九萬七千九百一十二兩七錢九分二釐。以上四款，共應存銀七十五萬三千六百二兩二錢八釐。查同治二年分，解過定陵工程銀三萬兩，部庫連加平飯銀，共三十一萬三千二百兩，總理各國事務衙門酌提三成船鈔銀九千六百二十八兩三錢二分，撥解廣東藩庫轉解浙江軍餉銀一千兩，藩庫轉解江南糧臺銀五千兩，閩省截留商稅劃抵銀八萬兩，清淮撥餉內劃解部庫銀四千兩，清淮餉銀五千兩，購辦外洋船礮銀七萬五千兩，提撥大關輪船經費銀二萬兩，潮州新關輪船經費銀一萬兩，添撥大關另辦輪船經費銀三萬兩，潮州新關另辦輪船經費銀二萬兩，美國商虧銀五萬五千八百八十四兩三錢六分九釐，英國二成銀二十一萬三千九百二十三兩二錢八分五釐，法國二成銀二十一萬三千九百二十三兩二錢八分五釐。以上十六款，共撥解銀一百八萬六千五百五十九兩二錢五分九釐。除將應存銀七十五萬三千六百二兩二錢八釐全數抵撥外，尚不敷銀三十三萬二千九百五十七兩五分一釐，連上年不敷撥解銀九十七萬一千四百六十九兩二錢二分二釐，合計共不敷銀一百三十萬四千四百二十六兩二錢七分三釐，已歸入下年分徵收稅銀內撥抵覈辦。除遵照扣足四結為一年，造具四柱清冊，送部查覈外，謹將同治二年分洋稅自第九結起至第十二結止，所有大關及潮州新關徵收支銷各數目，恭摺具奏。伏乞皇太后、皇上聖鑒。謹奏。

軍機大臣奉旨：該衙門知道。欽此。

同治四年四月二十八日

## 055 粵海關監督師曾奏爲補報同治二年分粵海關潮州新關收支常稅數目事摺①

二品頂戴粵海關監督奴才師曾跪奏，爲補報同治二年分粵海關收支常稅數目，恭摺具奏，仰祈聖鑒事。竊照粵海關每年徵收稅銀，向係按照關期，將收支各數，分款造報。前於同治二年十一月間奉部箚行，奏准將咨海關洋稅收支數目，均以咸豐十年八月十七日爲始，仍按三箇月奏報一次。扣足四結，專摺奏銷一次。仍從第一結起造具，每結四柱清冊，送部查覈，毋庸按照關期題銷，以清界劃而免稽延。其各關應徵常稅，仍令各按關期，照常題銷，以符舊制。等因。業經按照四結爲一年，將收支洋稅數目，具奏在案。茲查同治二年分常稅，係前監督毓清管理，自同治元年七月二十六日起，連閏至二年六月二十五日止，計一年期內，大關共徵銀九千三百四兩九錢六分六釐。各口共徵銀三萬四千六百一十一兩二錢八分二釐，潮州新關共徵銀三千四十五兩六錢一分五釐，通共徵收銀四萬六千九百六十一兩八錢六分三釐。除支銷通關經費及鎔銷折耗等銀二萬四千二百兩八錢九分一釐，動支報解水腳銀八百二十一兩三錢三分六釐，部飯食銀六百一十八兩六錢六分九釐，正雜盈餘、水腳平餘等十五兩加平，共銀三百二十七兩四錢一分。以上四款，共支銷銀二萬五千九百六十八兩三錢六釐，尚存正雜盈餘銀二萬九百九十三兩五錢五分七釐。循例報解水腳銀八百二十一兩三錢三分六釐，部飯食銀六百一十八兩六錢六分九釐，正雜盈餘、水腳平餘等十五兩加平，共銀三百二十七兩四錢一分。以上四款，共存銀二萬二千七百六十

---

① 見中國第一歷史檔案館第 04-01-35-0388-010 號檔案。

兩九錢七分二釐，另存平餘銀一十二兩四錢四分八釐，統共應存銀二萬二千七百七十三兩四錢二分。業已儘數撥歸同治七年分洋稅項下，彙數報解。至遵旨留尾銀，解存藩庫一款，該年無項可撥，合併陳明。謹將同治二年分常稅收支各數，恭摺具奏。伏乞皇太后、皇上聖鑒。謹奏。

軍機大臣奉旨：戶部知道。欽此。

同治七年七月十三日

## 056　粵海關監督師曾奏為補報同治三年分粵海關潮州新關收支常稅數目事摺①

二品頂戴粵海關監督奴才師曾跪奏，為補報同治三年分粵海關收支常稅數目恭摺，仰祈聖鑒事。竊照粵海關每年徵收稅銀，向係按照關期，將收支各數，分款造報。前於同治二年十一月間奉部箚行，奏准將各海關洋稅收支數目，均以咸豐十年八月十七日為始，仍按三箇月奏報一次。扣足四結，專摺奏銷一次。仍從第一結起造具，每結四柱清冊，送部查覈，毋庸按照關期題銷，以清界劃而免稽延。其各關應徵常稅，仍令各按關期，照常題銷，以符舊制。等因。業經按照四結為一年，將收支洋稅數目，具奏在案。茲查同治三年分常稅，係前監督毓清管理，自同治二年六月二十六日起，至三年六月二十五日止，計一年期內，大關共徵銀一萬四千三百三十五兩八錢四分九釐，各口共徵銀三萬八百八十九兩二錢三分三釐，潮州新關共徵銀二千六百三十二兩五錢四分四釐，通共徵銀四萬七千八百五十七兩六錢二分六釐。除支銷通關經費及鎔銷折耗等銀二萬四千一百七兩一錢一分九釐，動支報解水腳銀八百八十四兩八錢五分六釐，部飯食銀六百六十六兩五錢一分五釐，正雜盈餘、水腳平餘等十五兩加平，共銀三百五十二兩七錢三分一釐。以上四款，共支銷銀二萬六千一十一兩二錢二分一釐，尚存正雜盈餘銀二萬一千八百四十六兩四錢五釐，循例報解水腳銀八百八十四兩八錢五分六

---

① 見中國第一歷史檔案館第 04-01-35-0388-011 號檔案。

釐,部飯食銀六百六十六兩五錢一分五釐,正雜盈餘、水腳平餘等十五兩加平,共銀三百五十二兩七錢三分一釐。以上四款,共存銀二萬三千七百五十兩五錢七釐。另存平餘銀七百八十四兩一錢二分九釐,統共應存銀二萬四千五百三十四兩六錢三分六釐。業已儘數撥歸同治七年分洋稅項下,彙數報解。至遵旨酌留尾銀,解存藩庫一款,該年無項可撥,合併陳明。謹將同治三年分常稅收支各數,恭摺具奏。伏乞皇太后、皇上聖鑒。謹奏。

軍機大臣奉旨:戶部知道。欽此。

同治七年七月十三日

## 057　粵海關監督師曾奏爲補報同治三年分粵海大關並潮州新關洋稅收支總數事摺①

粵海關監督奴才師曾跪奏,爲補報同治三年分洋稅第十三結至第十六結,一年期內,大關並潮州新關收支總數,仰祈聖鑒事。竊照粵海關每年徵收稅銀,向係按照關期,將收支各數,分款造報。前於同治二年十一月間奉部劄行,奏准將各海關洋稅收支數目,均以咸豐十年八月十七日爲始,仍按三箇月奏報一次。扣足四結,專摺奏銷一次。仍從第一結起造具,每結四柱清冊,送部查覈,毋庸按照關期題銷,以清界劃而免稽延。其各關應徵常稅,仍令各按關期,照常題銷,以符舊制。等因。業將同治二年分第九結至第十二結,一年期內,收支總數,具奏在案。茲查同治三年分,前監督毓清管理任內,自二年八月十九日第十三結起至三年八月三十日第十六結止,大關共徵銀六十四萬三千五百二十九兩三錢八分三釐,潮州新關共徵銀一十八萬七千六百七十六兩九錢三分三釐,二共徵銀八十三萬一千二百六兩三千一分六釐。內除傳辦絤勳工價銀九千八百兩,循例撥支普濟院公用銀四萬兩。又支銷大關經費、

---

① 見前揭《清宮粵港澳商貿檔案全集》第1099號檔案,第5565～5571頁;前揭《明清宮藏中西商貿檔案》第852號檔案,第4349～4355頁。

養廉工食等銀三萬三千三百四十八兩七分八釐，解員匯解京餉匯費銀四千六十七兩三錢五分七釐，大關稅務司經費銀一十二萬兩，大關津貼經費銀二萬三千七百三十六兩，潮州新關稅務司經費銀三萬一千二百兩，潮州新關津貼經費銀一萬八千二百八十兩八錢，大關火耗銀七千七百二十二兩三錢五分三釐，潮州新關火耗銀二千二百五十二兩一錢二分三釐。以上十款，共撥支銀二十九萬四百六兩七錢一分一釐，尚存循例報解水腳銀一萬八千七百三十二兩一錢三分三釐，部飯食銀一萬四千七百一十三兩二錢七分二釐，正雜盈餘、水腳等十五兩加平銀七千七百七十四兩六錢七分五釐，解部關稅銀四十九萬九千五百七十九兩五錢二分五釐。以上四款、共應存銀五十四萬七百九十九兩六錢五釐。查同治三年分，解過部庫連加平飯銀共五萬二千二百兩。總理各國事務衙門酌提三成船鈔銀九千兩三錢七分，刊印外國通行律例銀五百兩，清淮餉銀二千兩，廣東省同文館經費銀三千兩，提撥大關輪船經費銀六萬兩，潮州新關輪船經費銀三萬兩，美國商虧銀二萬八千六百五十二兩三錢八分四釐，英國二成銀一十五萬九千九百七兩六錢八分三釐，法國二成銀一十五萬九千九百七兩六錢八分三釐。以上十款、共撥解銀五十萬五千一百六十八兩一錢二分。連上年不敷撥解銀一百三十萬四千四百二十六兩二錢七分三釐，共銀一百八十萬九千五百九十四兩三錢九分三釐，業將應存銀五十四萬七百九十九兩六錢五釐抵撥，計不敷銀一百二十六萬八千七百九十四兩七錢八分八釐，亦經前監督毓清將各年分應存加平節盤費、米艇連加平、洋藥半稅，共銀八十三萬四百三十六兩八分五釐。又怡和等行代繳萬源等行欠久項銀一十萬七百三十九兩四錢四分，統共銀九十三萬一千一百七十五兩五錢二分五釐，全數借撥，合計尚不敷銀三十三萬七千六百一十九兩二錢六分三釐，已歸入下年分徵收稅銀內，撥抵覈辦。除遵照扣足四結為一年，造具四柱清冊，並將各年分應存加平等銀按年逐一併列冊，送部查覈外，謹將同治三年分洋稅自第十三結起至第十六結止，所有大關及潮州新關徵收支銷各數目，恭摺具奏。伏乞皇太后、皇上聖鑒。謹奏。

軍機大臣奉旨：該衙門知道。欽此。

同治四年五月初九日

## 058　粵海關監督師曾奏報同治四年分粵海大關並潮州新關洋稅收支總數事折①

粵海關監督奴才師曾跪奏，爲常稅一年期滿，謹將徵收總數具報，仰祈聖鑒事。竊照粵海大關暨各口徵收正雜銀兩，向係常洋不分，例於一年期滿，先將總數奏明，俟查覈支銷確數，另行恭疏具題，分款造冊解部。嗣於同治二年十一月間奉部劄行，奏准將各海關洋稅收支數目，均以咸豐十年八月十七日爲始，仍按三箇月奏報一次。扣足四結，專摺奏銷一次。仍從第一結起造具，每結四柱清冊，送部查覈，毋庸按照關期題銷，以清界劃而免稽延。其各關應徵常稅，仍令各按關期，照常題銷，以符舊制。等因。業將徵收洋稅數目，按照結期，以四結爲一年，分別按年具奏。其常稅數目，遵照仍按關期辦理。茲於同治四年五月間奉部劄行，奏准粵海關常稅，既查明每年所徵不過數萬，則例定正額銀四萬三千五百六十四兩，應卽作爲常稅正額。如有虧短，著落賠繳，按照定例處分。盈餘一項，既據奏稱，現在豐嗇無常，應准其俟二三年後，由兩廣總督會同粵海關監督體察情形，再行定額；并請飭下粵海關監督，將該關所管各口常稅，實力稽徵。自同治三年六月二十六日新季開徵起，按年將所收常稅，一面專摺奏報，一面將收支細數，照例具題。等因。查同治四年分常稅，前監督毓清管理任內，自三年六月二十六日起，至四年正月二十一日止，計六箇月零二十六日，大關徵銀七千四百三十兩二分二釐，潮州新關徵銀一千五百四十四兩一錢八分八釐。各口徵銀一萬六千二百兩六錢九分四釐。奴才接管任內，自四年正月二十二日起，至閏五月二十五日止，計五箇月零四日，大關徵銀八千九百六十九兩八錢四分二釐，潮州新關徵銀一千七百一十八兩七錢八釐，各口徵銀一萬八千二百七十五兩六錢三分八釐。統計一年兩任，大關，潮州

---

① 見前揭《清宮粵港澳商貿檔案全集》第 1101 號檔案，第 5576~5580 頁；前揭《明清宮藏中西商貿檔案》第 853 號檔案，第 4356~4360 頁。

新關及各口，通共徵銀五萬三千九百四十一兩九分二釐。除徵足正額、銅觔水腳銀兩外，計盈餘銀一萬三百七十七兩九分二釐，仍俟查覈支銷確數，另行恭疏具題，遵例造冊送部查覈。謹將徵收同治四年分常稅總數，恭摺具奏。伏乞皇太后、皇上聖鑒。謹奏。

軍機大臣奉旨：戶部知道。欽此。

同治四年八月初一日

## 059　廣州將軍兼署兩廣總督瑞麟、粵海關監督師曾奏爲咸豐十年至同治四年分粵海關及潮州新關徵稅銀數目事摺①

廣州將軍兼署兩廣總督奴才瑞麟、粵海關監督奴才師曾跪奏，為粵海關及潮州新關征收各國商稅和交英法兩國第二十結銀數目日期並征收不扣二成船鈔及土貨半稅各銀數恭摺，恭祈聖鑒事。竊照英法兩國續約所當賠補銀八百萬兩，限在天津先交銀五十萬兩，並在粵省先分交銀三十三萬三千五百三十三兩外，其餘銀兩，奏行在於通商各關所納總數內分結扣交二成，以三箇月為一結，於結期五日內，監督与外國領事別具憑單，交領事手收。嗣承准總理各國事務衙門文行通商口岸，每屆結期，即在奏報正稅扣二成摺內，收不扣二成之船鈔、子稅及土貨半稅，詳細声明，以重稅課。又粵海關並潮州新關稅項，於第八結起各歸各關，分別奏報，毋庸兩關並行。等因。均經转行遵照。奴才等查粵海關及潮州新關，自咸豐十年八月十七日起，至同治四年閏五月初八日止，歷過第一至第十九結，在征收正稅內，共扣交英法兩國二成銀二百三十一萬四千八百四十三兩六錢，業經恭摺奏報。至征收第一至第十九結之船鈔及土貨半稅銀數，亦經分聯聲明各在案。茲查自同治四年閏五月初九日起，至八月十一日止，为第二十結，粵海大關征收各國進出口貨正稅，共銀十九萬二千五百五十四兩八錢二分六厘，按照條約扣交二成，

---

① 見中國第一歷史檔案館第 03-4872-093 號檔案。

应交英法兩國各銀三萬八千五百十兩九錢六分五厘。又征收洋药税銀一萬二千七百二十七兩三錢六分八厘，应扣交英法兩國各二成銀二千五百四十五兩四錢七分四厘。潮州新關征收貨税銀三萬二千五十四兩二錢三分五厘。应扣交英法两国各二成銀七千二百十兩八錢九分七厘。又征收洋药税銀三萬二千二百二十一兩二錢，应扣交英法两国各二成銀二千四百九十九兩二錢四分。合計第二十結共应交英法两国銀十萬九千四百二十三兩五分二厘。業經照數先交，是於同治四年十月初三日及十月二十四日秋分交結英法兩国領事親收，以清第二十結之款，取具兩国領事收單備奏。统計粵东自第一結至第二十結，共扣交遇英法兩国二成銀二百四十三萬四千二百六十六兩六錢五分二厘。嗣後仍當按結清算，以符條約。至本届自同治四年閏五月初九日起，至八月十一日止，三箇月第二十結期内，粵海大關征收不扣二成之船鈔銀七千二百二十九兩八錢，土貨半税銀三千七百三十一兩二錢一分一厘。潮州新關征收船鈔銀七千二百三十八兩九錢，土貨半税銀一萬二千六百十二兩九錢三分。又子口總卡，前已由關擇地開設。惟現無洋商自運洋貨前入内地，其置買土貨或照舊例逢關納税，或照新例納子口税，原雖該商自便。其子口税，現在尚無征收，应俟續为征存。再新開報陳造冊，送部查核，並咨明總理各国事務衙門外，奴才等謹会同欽差大臣署兩江總督臣李鴻章，恭摺具陳。伏乞皇太后、皇上聖鑒。謹奏。

同治四年十一月二十六日，军機大臣奉旨：該衙門知道。欽此。

十一月初七日

## 060　粵海關監督崇禮奏爲補報同治四年分粵海關收支常税數目事折[①]

粵海關監督奴才崇禮跪奏，为補報同治四年分粵海關收支常税數目恭摺，仰祈聖鑒事。竊照粵海關每年徵收税銀，向係按照關期，將收支各數，分款造報。前於同治二年十一月間奉部剳行，奏准將各海關洋税收支數目，均以咸豐十年八月十七日为始，仍按三箇月奏報一次。扣足

---

① 見中國第一歷史檔案館第 03-4880-010 號檔案。

四結，专摺奏銷一次。仍從第一結起造具，每結四柱清冊，送部查覈，毋庸按照關期題銷，以清界劃而免稽延。其各關应徵常稅，仍令各按關期，照常題銷，以符舊制。等因。業經按照四結为一年，將支收洋稅數目，具奏在案。茲查同治四年分常稅，自三年六月二十六日起，至四年閏五月二十五日止，前監督毓清管理任內，計六箇月零二十六日；前監督師曾管理任內，計五箇月零四日。統計一年兩任，大關共徵銀一萬六千三百九十九兩八錢六分四厘。各口共徵銀三萬四千二百七十八兩三錢三分二厘，潮州新關共徵銀三千二百六十二兩八錢九分六厘，共徵銀五萬三千九百四十一兩八錢九分二釐。除支銷通關經費及鎔銷折耗等銀二萬四千三十一兩三錢八分四厘，動支報解水腳銀一千八十兩六分，部飯食銀八百一十三兩五錢五分一厘，正雜盈餘、水腳平餘等十五兩加平，共銀四百三十兩五錢四分五厘。以上四欵，共支銷銀二萬六千五百五十五兩五錢四分，尚存正雜盈餘銀二萬七千三百八十五兩五錢五分二厘。循例報解水腳銀一千八十兩六分，部飯食銀八百一十三兩五錢五分一厘，正雜盈餘、水腳平餘等十五兩加平，共銀四百三十兩五錢四分五厘。以上四欵，共存銀二萬九千七百九兩七錢八厘，另存平餘銀二百三十七兩三錢九分九厘，統共应存銀二萬九千九百四十七兩一錢七厘。業已盡數撥归同治八年分洋稅項下，彙數報解。至遵旨酌留尾銀，解存藩庫一欵，該年無項可撥，合併陳明。謹將同治四年分常稅收支各數，恭摺具奏。伏乞皇太后、皇上聖鑒。謹奏。

同治九年二月二十日，軍機大臣奉旨：戶部知道。欽此。

八年十一月二十日

## 061　粵海關監督師曾奏報同治四年分粵海大關並潮州新關洋稅收支總數事摺[①]

粵海關監督奴才師曾跪奏，爲具報同治四年分洋稅第十七結至第二十結，一年期內，大關並潮州新關收支總數，仰祈聖鑒事。竊照粵海關

---

① 見前揭《清宮粵港澳商貿檔案全集》第1102號檔案，第5581~5588頁；前揭《明清宮藏中西商貿檔案》第854號檔案，第4361~4368頁。

每年徵收稅銀，向係按照關期，將收支各數，分款造報。於同治二年十一月間奉部劄行，奏准將各海關洋稅收支數目，均以咸豐十年八月十七日為始，仍按三箇月奏報一次。扣足四結，專摺奏銷一次。仍從第一結造具，每結四柱清冊，送部查覈，毋庸按照關期題銷，以清界劃而免稽延。其各關應徵常稅，仍令各按關期，照常題銷，以符舊制。等因。業將同治三年分，第十三結至第十六結，一年期內，收支總數，具奏在案。茲查同治四年分，自三年九月初一日第十七結起至四年八月十一日第二十結止，大關共徵銀六十三萬三千四百八十一兩三分九釐，潮州新關共徵銀一十六萬四千六百九十三兩二錢六分九釐，二共徵銀七十九萬八千一百七十四兩三錢八釐。內除實錄館續行傳辦綾絹，共工價銀一萬五百二十七兩八錢二分五釐，國史館傳辦綾疋，共工價銀三百一兩七錢，循例撥支普濟院公用銀四萬兩。又支銷大關經費、養廉工食等銀三萬九千二百一十九兩四錢四分三釐，解員匯解京餉匯費銀二萬一千五百二十二兩四錢四分八釐，大關稅務司經費銀一十二萬兩，大關津貼經費銀二萬三千七百三十六兩，潮州新關稅務司經費銀三萬一千二百兩，潮州新關稅務司經費銀三萬一千二百兩，潮州新關津貼經費銀一萬八千二百八十兩八錢，大關火耗銀七千六百一兩七錢七分二釐，潮州新關火耗銀一千九百七十六兩三錢一分九釐。以上十一款，共撥支銀三十一萬四千三百六十六兩三錢七釐，尚存循例報解水腳銀一萬一千一十二兩五分九釐，部飯食銀一萬三千三百二十四兩六錢六分七釐，正雜盈餘、水腳、公用米艇等十五兩加平銀六千八百五十八兩七錢四分四釐，公用米艇等二十五兩加平銀六千三百七十五兩，解部關稅銀四十四萬六千二百三十七兩五錢三分一釐。以上五款，共應存銀四十八萬三千八百八兩一釐。查同治四年分，解過定陵工程銀一十二萬兩，部庫連加平飯食銀，共二十萬八千八百兩，廣儲司公用連加平，共銀二十三萬四千兩，造辦處米艇連加平，共銀三萬一千二百兩，總理各國事務衙門第十七、十八、十九結三成船鈔銀八千九百四十四兩七錢四分。又交協成乾號匯解第二十結三成船鈔銀四千三百四十兩六錢一分，廣東省同文館經費銀五千兩，潮州新關撥過潮州防剿軍餉銀六萬兩，英國二成銀一十五萬七百七十七兩九錢六分二釐，法國二成銀一十五萬七百七十七兩九錢六分二釐，稅務司第十八、十九、二十結一成船鈔銀三千四百四十四兩二錢一分，藩司李福泰借撥潮州新關稅銀一萬二千兩。以上十二款，共撥解銀九十八萬九千二百八十五兩四錢八分四釐。連上年不敷撥解銀三十三萬七千六百一十九兩二錢六分三釐，共銀一百三十二萬六千九百四兩七錢四分七釐。業將應存銀四十八萬三千八百八兩一釐抵撥，計不敷銀八十四萬三千九十六兩七錢四分六釐，除將各年分應存二成經費並同治四年分洋藥稅半稅，共銀二十三萬八千五百九十一兩二錢三分六釐。又怡和等行代繳萬源等行欠項銀二萬七千一兩三分七釐，統共銀二十六萬五千五百九十二兩二錢七分三釐，全數借撥，合計尚不敷銀五十七萬七千五百四兩四錢七分三釐。伏查，奉撥京餉及例解廣儲司公用銀兩，係屬支放要需；定陵工程餉項尤關緊迫，均應陸續籌解，而關稅近日仍無起色，庫乏徵存。奴才竭力設法通融措辦，並向銀號籌議墊借，歸入下年分徵收稅銀內撥抵覈辦。除遵照扣足四結爲一年，造具四柱清冊，並將各年分應存二成經費等銀，按年逐款一併列冊，送部查覈外，謹將同治四年分洋稅自第十七結起至第二十結止，所有大關及潮州新關徵收支銷各數目，恭摺具奏。伏乞皇太后、皇上聖鑒。謹奏。

軍機大臣奉旨：該衙門知道。欽此。

同治四年十二月十九日

## 062　粵海關監督崇禮奏爲補報同治五年分粵海關收支常稅數目事摺①

粵海關監督奴才崇禮跪奏，為補報同治五年分粵海關收支常稅數目恭摺，仰祈聖鑒事。竊照粵海關每年徵收稅銀，向係按照關期，將收支各數分款造報。前於同治二年十一月間奉部劄行，奏准將各海關洋稅收支數目，均以咸豐十年八月十七日為始，仍按三箇月奏報一次。扣足四結，專摺奏銷一次。仍從第一結起造具，每結四柱清冊，送部查覈，毋庸按照關期題銷，以清界劃而免稽延。其各關應繳常稅，仍令各按關期，照常題銷，以符舊制。等因。業經按照四結為一年，將收支洋稅數

---

① 見中國第一歷史檔案館第 03-4880-013 號檔案。

目，具奏在案。茲查同治五年分常稅，係前監督師曾管理，自同治四年閏五月二十六日起，至五年五月二十五日止，計一年期內，大關共徵銀一萬七千九百六十七兩九錢九分二厘，各口共徵銀三萬四千五百五十三兩二錢二分二厘，潮州新關共徵銀三千九百九十兩七錢二分七厘，通共徵銀五萬六千五百一十一兩九錢四分一厘。除支銷通關經費及鎔銷折耗等銀二萬四千二百三十兩九錢一分八厘，動支報解水腳一千一百七十二兩八錢一分一厘，部飯食銀八百八十三兩四錢一分六厘，正雜盈餘、水腳平餘等十五兩加平，共銀四百六十七兩五錢一分八厘。以上四欵，共支銷銀二萬六千七百五十四兩六錢六分三厘，尚存正雜盈餘銀二萬九千七百五十七兩二錢七分八厘。循例報解水腳銀一千一百七十二兩八錢一分一厘，部飯食銀八百八十三兩四錢一分六厘，正雜盈餘、水腳平餘等十五兩加平，共銀四百六十七兩五錢一分八厘。以上四欵，共存銀三萬二千二百八十一兩二分三厘，另存平餘銀三百三十七兩八錢二分四厘，統共應存銀三萬二千五百一十八兩八錢四分七厘。業已侭數撥歸同治八年分洋稅項下彙數報解外，至遵旨酌留尾銀，解存藩庫一欵，該年無項可撥，合併陳明。謹將同治五年分常稅收支各數，恭摺具奏。伏乞皇太后、皇上聖鑒。謹奏。

同治九年二月二十九日，軍機大臣奉旨：戶部知道。欽此。

八年十一月二十日

## 063　粵海關監督師曾奏報同治五年分粵海關潮州新關徵收常稅總數事摺①

粵海關監督奴才師曾跪奏，為常稅一年期滿，謹將徵收總數具報，仰祈聖鑒事。竊照粵海大關暨各口徵收正雜銀兩，向係常洋不分，例於一年期滿，先將總數奏明。俟查覈支銷確數，另行恭疏具題，分款造冊解部。嗣於同治二年十一月間奉部劄行，奏准將各海關洋稅收支數目，

---

① 見前揭《清宮粵港澳商貿檔案全集》第1106號檔案，第5599~5603頁；前揭《明清宮藏中西商貿檔案》第858號檔案，第4379~4382頁。

均以咸豐十年八月十七日爲始，仍按三箇月奏報一次。扣足四結，專摺奏銷一次。仍從第一結起造具，每結四柱清冊，送部查覈，毋庸按照關期題銷，以清界劃而免稽延。其各關應徵常稅，仍令各按關期，照常題銷，以符舊制。等因。業將徵收洋稅數目，按照結期以四結爲一年，分別按年具奏。其常稅數目，遵照仍按關期辦理。又於同治四年五月間奉部劄行，奏准粵海關常稅，既查明每年所徵不過數萬，則例定正額銀四萬三千五百六十四兩，應即作爲常稅正額。如有虧短，著落賠繳，按照定例處分。盈餘一項，既據奏稱，現在豐嗇無常，應准其俟二、三年後由兩廣總督會同粵海關監督體察情形，再行定額，并飭下粵海關監督，將該關所管各口常稅，實力稽徵。自同治三年六月二十六日新季開徵起，按年將所收常稅，一面專摺奏報，一面將收支細數，照例具題。等因。業將徵收同治四年分常稅總數，具奏在案。茲查同治五年分常稅，自四年閏五月二十六日起，至五年五月二十五日止，一年期內，大關徵銀一萬七千九百六十七兩九錢九分二釐，潮州新關徵銀三千九百九十兩七錢二分七釐，各口徵銀三萬四千五百五十三兩二錢二分二釐，通共徵銀五萬六千五百一十一兩九錢四分一釐。除徵足正額、銅觔水腳銀兩外，計盈餘銀一萬二千九百四十七兩九錢四分一釐。仍俟查覈支銷確數，另行恭疏具題，遵例造冊，送部查覈。謹將徵收同治五年分常稅總數，恭摺具奏。伏乞皇太后、皇上聖鑒。謹奏。

軍機大臣奉旨：戶部知道。欽此。

同治五年七月初二日

## 064　粵海關監督師曾奏爲同治六年分粵海關徵收常稅總數事折①

二品頂戴粵海關監督奴才師曾跪奏，爲常稅一年期滿，謹將徵收總數具報，仰祈聖鑒事。竊照粵海大關暨各口徵收正雜銀兩，向係常洋不分，例於一年期滿，先將總數奏明。俟查覆覈支銷確數，另行恭疏具

---

①　見中國第一歷史檔案館第03-4876-010號檔案。

題，分款造冊解部。嗣於同治二年十一月間奉部劄行，奏准將各海關洋稅收支數目，均以咸豐十年八月十七日爲始，仍按三箇月奏報一次。扣足四結，專摺奏銷一次。仍從第一結起造具，每結四柱清冊，送部查覈，毋庸按照關期題銷，以清界劃而免稽延。其各關応徵常稅，仍令各按關期，照常題銷，以符舊制。等因。業將徵收洋稅數目，按照結期，以四結爲一年，分別按年具奏。其常稅數目，遵照仍按關期辦理。又於同治四年五月間奉部劄行，奏准粤海關常稅，旣查明每年所徵不過數萬，則例定正額銀四萬三千五百六十四兩，應即作爲常稅正額。如有虧短，著落賠繳，按照定例處分。盈餘一項，旣據奏稱，現在豐嗇無常，応准其俟二、三年後，由兩廣總督会同粤海關監督，体察刑［注：衍字］情形，再行定額，并請飭下粤海關監督，將該關所管各口常稅，实力稽徵。自同治三年六月二十六日新季開徵起，按年將所收常稅，一面專摺奏報，一面將收支細數，照例具題。等因。業將徵收同治五年分常稅總數，具奏在案。茲查同治六年分常稅，自五年五月二十六日起，至六年五月二十五日止，一年期內，大關徵銀二萬八千二百一十七兩一錢七分八釐，潮州新關徵銀五千七百七十五兩四錢四分三釐，各口徵銀三萬四千六百五十三兩六錢七分五釐，共徵銀六萬八千六百四十六兩二錢九分六釐。除徵足正額銅斤水腳銀兩外，計盈餘銀二萬五千八十二兩二錢九分六釐。比較上年，亦多徵銀一萬二千一百三十四兩三錢五分五厘，仍俟查覈支銷确數，另行恭疏具題，遵例造冊，送部查覈。再本年五月十一日奉到部劄议復，粤海關常稅正額銀五萬六千五百一十一兩九錢四分一厘，盈餘銀十萬兩一摺，扵同治六年三月初一日具奏，本日奉旨依议。欽此。劄行，应令奉旨之日起，務須按額徵足。等因。前來。查與同治六年分常稅關期屆滿，相距奉到劄行僅十餘日，覆計比較上年，亦已多收盈餘銀一萬二千餘兩。応俟同治七年分常稅，奴才自当督率家丁書役，竭力稽徵，以期足額，不敢稍事怠玩，致有虧短。謹將同治六年分常稅總數，恭摺具奏。伏乞皇太后、皇上聖鑒。謹奏。

同治六年十月二十六日，军機大臣奉旨：戶部知道。欽此。
八月十八日

## 065　粤海關監督師曾奏報同治七年分粤海關徵收常稅總數事折①

　　二品頂戴粤海關監督奴才師曾跪奏，為常稅一年期滿，謹將徵收總數具報，仰祈聖鑒事。竊照粤海關大關暨各口徵收正雜銀兩，向係常洋不分，例於一年期滿，先將揔數奏明。俟查核支稍確數，另行恭疏具題，分款造冊解部。嗣於同治二年十一月間奉部劄行，奏准將各海關洋稅收支數目，均以咸豐十年八月十七日為始，仍按三箇月奏報一次。扣足四結，專摺奏銷一次。仍從第一結起造具，每結四柱清冊，送部查核，毋庸按照關期題銷，以清界劃而免稽延。其各關應徵常稅，仍令各按關期，照常題銷，以符舊制。等因。業將徵收洋稅數目按照結期，以四結為一年，分別按年具奏。其常稅數目，遵照仍按關期辦理。又於同治四年五月間奉部劄行，奏准粤海關常稅既查明每年所徵不過數萬，則例定正額銀四萬三千五百六十四兩，應即作為常稅正額，如有虧短，著落賠繳，按照定例處分。盈餘一項，既據奏稱，現在豐嗇無常，應准其俟二、三年後，由兩廣揔督會同粤海關監督，體察情形，再行定額，併請飭下粤海關監督，將該關所管各口常稅，实力稽徵。自同治三年六月二十六日新季開徵起，按年將所收常稅，一面專摺奏報，一面將收支細數，照例具題。又同治六年五月間奉部劄行議覆，奏准粤海關常稅正額銀五萬六千五百一十一兩九錢四分一釐，盈餘十萬兩。等因。業將徵收同治六年分常稅揔數各緣由，具奏在案。茲查同治七年分常稅，自六年五月二十六日起，至七年閏四月二十五日止，一年期滿，大關徵銀六萬三百二十八兩五錢五分七釐，潮州新關徵銀一萬六千七百七十七兩五錢三分八釐，各口徵銀三萬四千六百六十四兩七錢七分二釐，通共徵銀一十一萬一千七百七十兩八錢六分七釐。除徵足正額銀五萬六千五百一十一兩九錢四分一釐，并盈餘銀五萬五千二百五十八兩九錢二分六釐，計短徵盈餘銀四萬四千七百四十一兩七分四釐。一俟查核支銷確數，另行

---

①　見中國第一歷史檔案館第 03-4877-077 號檔案。

恭疏具題，遵例造冊，送部查核。謹將同治七年分徵收常稅捴數，理合恭摺具奏。伏乞皇太后、皇上聖鑒。謹奏。

同治七年八月二十二日，軍機大臣奉旨：戶部知道，片二件併發。欽此。

六月二十六日

## 066　粵海關監督師曾奏報同治七年分粵海大關並潮州新關收支總數洋稅第二十九結至第三十二結收支洋稅數目事摺①

二品頂戴粵海關監督奴才師曾跪奏，為具報同治七年分洋稅第二十九結至第三十二結，一年期內，大關並潮州新關收支總數，仰祈聖鑒事。竊照粵海關每年徵收稅銀，向係按照關期，將收支各數，分款造報。前於同治二年十一月間奉部劄行，奏准將各海關洋稅收支數目，均以咸豐十年八月十七日為始，仍按三箇月奏報一次。扣足四結，專摺奏銷一次。仍從第一結起造具，每結四柱清冊，送部查覈，毋庸按照關期題銷，以清界劃而免稽延。其各關應徵常稅，仍令各按關期，照常題銷，以符舊制。等因。業將同治六年分第二十五結至二十八結，一年期內，收支總數奏報在案。茲查同治七年分，自六年九月初四日第二十九結起，至七年八月十五日第三十二結止，大關共徵銀八十三萬二百五十八兩六錢五分三釐。潮州新關共徵銀二十二萬二千六百九十二兩四錢七分九釐。二共徵銀一百五萬二千九百五十一兩一錢三分二釐，內除傳辦鳳鈿珠寶、燈隻活計等項銀一萬五千三百九十兩七錢三分，內務府行取洋金銀線共工價銀二千四百三十兩三錢。又行取各色紈斤共工價銀九千九百八十二兩，造辦處行取紅白扣珠共工價銀一千五百四十四兩八錢，循例撥支普濟院公用銀四萬兩，支銷大關經費、養廉工食等銀四萬四百一十二兩八錢一分一釐，解員匯解京餉匯費銀二萬七千八百六十八兩二錢八分七釐。大關稅務司經費銀一十二萬兩，大關津貼經費銀二萬三

---

① 見中國第一歷史檔案館第號 04-01-35-0388-041 檔案。

千七百三十六兩。潮州新關稅務司經費銀三萬一千二百兩，潮州新關津貼經費銀一萬八千二百八十兩八錢。大關火耗銀九千九百六十三兩一錢四釐，潮州新關火耗銀二千六百七十二兩三錢一分。以上十三款，共撥支銀三十萬三千四百八十一兩一錢四分二釐，尚存循例報解水腳銀一萬八千五十四兩一錢三釐，部飯食銀一萬九千四百八十五兩九錢六分八釐，正雜盈餘、水腳、公用米艇等十五兩加平銀一萬七十四兩八錢八分七釐。公用米艇等二十五兩加平銀八千二百五十兩，解部關稅銀六十五萬三千六百五兩三分二釐。又另存廣東藩庫解洋藥帖餉銀七萬兩。又存同治二年分常稅、正雜盈餘並水腳、部飯食及正雜盈餘、水腳平餘等十五兩加平暨另存平餘等款，共銀二萬二千七百七十三兩四錢二分。又存同治三年分常規、正雜盈餘並水腳、部飯食及正雜盈餘、水腳平餘等十五兩加平暨另存平餘等款；共銀二萬四千五百三十四兩六錢三分六釐。以上八款，共應存銀八十二萬六千七百七十八兩四分六釐。查同治七年分，解過部庫連加平飯銀，共一十五萬六千六百兩，廣儲司公用連加平，共銀三十一萬二千兩，造辦處米艇連加平，共銀三萬一千二百兩，解過廣東藩庫轉解雲南兵餉銀一萬兩，直隸防費銀二萬兩，本省兵餉銀一十四萬兩。又部庫四成銀一十五萬四千二百二十六兩五錢七分三釐。支過傳辦鳳鈿珠寶、燈隻活計等項銀八萬兩，內務府行取金一千兩價等銀一萬八千五百兩，解過陝西協餉銀六萬兩，劃還美國旗昌洋行本九萬六千兩。匯解總理各國事務衙門三成船鈔銀九千三百四十兩四錢一分。又廣東省同文館經費銀一千九百六十兩。還新會縣紳民借款銀七千兩，交稅務司第二十九、三十兩結一成船鈔銀一千二百三十五兩一錢二分，三十一、二兩結七成船鈔銀一萬三千一百四十八兩四錢五分。以上十六款，共撥解銀一百一十一萬一千二百一十兩五錢五分三釐，連上年不敷撥解銀七十萬二千八十五兩三錢四分五釐，共銀一百八十一萬三千二百九十五兩八錢九分八釐。業將應存銀八十二萬六千七百七十八兩四分六釐抵撥，計不敷銀九十八萬六千五百一十七兩八錢五分二釐。除將同治二、三兩年分常稅及六年分洋稅應存二成經費並七年分洋藥稅半稅、子口稅，共銀一十七萬四千三十兩四錢三分八釐。又怡和等行代繳萬源等行欠項銀一萬九千二百兩，統共銀一十九萬三千二百三十兩四錢三分八釐，全數借撥，合計尚不敷銀七十九萬三千二百八十七兩四錢一分四鳌。伏查奉撥京餉及例解廣儲司公用銀兩，均屬支放要需，亟應依限籌解，若俟庫有徵存，誠恐遲誤，奴才設法通融，先向銀號籌解墊解，仍歸入下年分徵稅內撥抵核辦。除遵照扣足四結爲一年，造具四柱清冊，並將同治二、三兩年分應存常稅二成經費，六年分應存洋稅二成經費及七年分洋藥稅半稅、子口稅，暨怡和行代繳行欠等銀逐款一併列冊，送部查核外，謹將同治七年分洋稅大關及潮州新關收支各數目，恭摺具奏。伏乞皇太后、皇上聖鑒。謹奏。

軍機大臣奉旨：該衙門知道。欽此。

同治八年正月二十二日

## 067　粵海關監督崇禮奏爲同治八年分粵海關常稅徵收數目事摺①

粵海關監督奴才崇禮跪奏，为常稅一年期滿，謹將征收□□奏報，仰祈聖鑒事。窃照粵海大關暨各口征收正雜銀兩，向係常洋不分，例於一年期滿，先將搉數奏明。俟查核支銷確數，另行恭疏具題，分欵造冊解部。嗣於同治二年十一月間奉部劄行，奏准各海關洋稅收支數目，均以咸豐十年八月十七日为始，仍按三箇月奏報一次。扣足四結，專摺奏銷一次。仍從第一結起造具，每結四柱清冊，送部查核，毋庸按照關期題銷，以清界劃而免稽延。其各關應□常稅，仍□各按關期，照常題銷，以符舊制。等因。業將征收洋稅數目，按照結期，以四結为一年，分別按年具奏。其常稅數目，遵照仍按關期辦理，各於同治四年五月間奉部劄行，奏准粵海關常稅，既查明每年所征不過數萬，則例定正額銀四萬三千五百六十四兩，应而征为常稅正額。如有虧短，著落賠繳，按照定例處分。盈餘一項，既據奏稱，現在豐嗇無常，应准其俟二、三年後，由兩廣總督会同粵海監督体察情形，再行定額，并請飭下粵海關監督，將該關所管各口常稅，实力稽征。自同治三年六月二十五日新季開征起，按年及將所征常稅，一面專摺奏□□，將收支□□，照例具題。

---

① 見中國第一歷史檔案館第 03-4879-006 號檔案。

又同治六年五月間奉部劄行，臣覆奏准粵海關常稅正額銀五萬六千五百一十一兩九錢四分一厘，盈餘銀十萬兩。又於同治七年十二月間奉部劄行，会臣奏准粵海關各口內地征收洋藥稅餉歸入常稅奏報。等因。業經前監督師曾，將征收同治七年分常稅捴數各緣由，具奏在案。茲查同治八年分常稅，前監督師曾管理任內，自七年閏四月二十六日起，至八年四月十八日止，計十一箇月零二十三日，大關徵銀九萬九百七十四兩七錢九分五厘。潮州新關徵銀一萬一千一百二十三兩八錢二分九厘，□□徵銀三萬三千三十兩五錢。又各口洋药稅徵銀二萬二千三百三十五兩六錢。奴才接管任內，自八年四月十九日起，至二十五日止，計七日，大關徵銀八百九十四兩二錢四分二厘。潮州新關徵銀四百兩一錢五分八厘。各口徵銀一千二百八十二兩二錢一分四厘。計一年兩任，大關、潮州新關並各口常稅以及各口洋药稅，通共徵銀一十六萬四十一兩三錢三分八厘。除俟查覈支銷確數，另行恭疏具題，遵例分晰造冊，送部查覈外，謹將同治八年分徵收常稅捴數，恭摺具奏。伏乞皇太后、皇上聖鑒。謹奏。

同治八年九月初九日，軍機大臣奉旨：戶部知道。欽此。

七月初四日

## 068　粵海關監督崇禮奏爲同治八年分粵海關並潮州新關洋稅第三十三結至三十六結收支數目事折①

粵海關監督奴才崇礼跪奏，为具報同治八年分洋稅第三十三結至第三十六結，一年期內，大關並潮州新關收支總數，仰祈聖鑒事。窃照粵海關每年徵收稅銀，向係按照關期，將發支各數，分款造報。前于同治二年十一月間奉部劄行，奏准將各海關洋稅收支數目，均以咸豐十年八月十七日为始，仍按三个月奏報一次。扣足四結，專摺奏銷一次。仍從第一結起造具，每結四柱清冊，送部查核，毋庸按照關期題銷，以清界劃而免稽延。其各關应徵常稅，仍令各按關期，照常題銷，以符舊制。

---

① 見中國第一歷史檔案館第 03-4880-016 號檔案。

等因。業將同治七年分第二十九結至第三十二結，一年期內，收支總數，奏报在案。茲查同治八年分，自七年八月十六日第三十三結起，至八年八月二十五日第三十六結止，大關共徵銀八十萬四千七百六十六兩七錢四分，潮州新關共徵銀一十八萬六千九百五十二兩一錢二分二厘，二共徵銀九十九萬一千七百六十兩八錢六分二厘。內除內務府行取洋金銀線，共工價銀二千四百三十兩三錢，造辦處行取洋灰鼠皮價等銀六千二百八十六兩七錢；又行取洋法條、洋鈝等銀六百三十兩八錢，循例撥支普濟院公用銀四萬兩，支銷大關經費、養廉工食等銀三萬九千四百四十一兩六錢九分四厘，解員匯解京餉匯費銀二萬四百四十四兩二錢八分一厘，大關稅務司經費銀一十二萬兩，大關津貼經費銀二萬三千七百三十六兩。潮州新關稅務司經費銀三萬一千二百兩；潮州新關津貼經費銀一萬八千二百八十兩八錢。大關火耗銀九千六百五十七兩二錢二分五厘，潮州新關火耗銀二千二百四十三兩四錢二分五厘。以上十二欵，共撥支銀三十一萬四千三百二十一兩二錢二分五厘，尚存循例報解水腳銀一萬七千七百八十三兩九錢五厘，部飯食銀壹萬八千五百八十九兩七錢五分三厘，正雜盈餘、水腳、公用米艇等十五兩加平銀九千六百十四兩一錢八分六厘，公用米艇等二十五兩加平銀八千二百五十兩，解部關稅銀六十二萬三千一百六十一兩七錢九分三厘。又另存部庫四成洋藥稅銀六萬四千五百四十二兩三錢二十二分三厘。又存同治四年分常稅正雜盈餘並水腳、部飯食及正雜盈餘、水腳平餘等十五兩加平暨另存平餘等款，共銀二萬九千九百四十七兩一分七厘。又存同治五年分常稅正雜盈並水腳、部飯食及正雜盈餘、水腳平餘等十五厘兩加平暨另存平餘等款，共銀三萬二千五百一十八兩八錢四分七厘。以上八款，共応存銀八十萬四千四百七兩九錢一分四厘。查同治八年分解過部庫連加平、飯銀，共一十五萬六千六百兩；廣儲司公用連加平，共銀三十一萬二千兩；造辦處米艇連加平，共銀三萬一千二百兩；解過廣東藩庫本省兵餉銀一十四萬兩，陝甘軍餉銀一十萬兩，雲南兵兵餉銀一萬兩，匯總理各國事務衙門三成船鈔銀八千一百五十七兩三分，交稅務司七成船鈔銀一萬九千三十三兩七分，存解部庫第三十六結內四成銀五萬一千六百一十二兩六錢二分七厘，支過傳辦繡緯綢緞等件共工價銀一十萬八千七百四十二兩，內務府行取金三千兩價等銀五萬六千五百兩，造辦處行取金一千兩價等銀一萬八千五百兩,解过陝西協餉銀一十二萬兩,副还美國旗昌行本銀九萬六千兩。以上十四款,共撥解銀一百二十二萬七千三百四十四兩七錢二分七厘,連上年不敷撥解銀七十九萬三千二百八十七兩四錢一分四厘,共銀二百二萬六百三十二兩一十四分一厘。業將应存銀八十萬四千七百七兩九錢一分四厘抵撥,計不敷銀一百二十一萬六千二百二十四兩二錢二分七厘。除將同治七年分洋稅二成經費及八年分洋藥稅半稅,共銀一十五萬一千二百九十九兩一錢二分六厘;又怡和等行繳萬源等行欠項銀一萬五千四百兩,统共銀一十六萬六千六百九十九兩一錢二分六厘。全數解撥,合計尚不敷銀一百四萬九千五百二十五兩一錢一厘。伏查奏撥京餉及例解廣儲司公用銀兩,均屬支放要需,亟応依限籌解。若俟庫有徵存,誠恐遲誤。奴才設法騰挪,先向西商通融墊解,仍归入下年分徵稅內,撥抵核办。除遵照扣足四結為一年,造具四柱清冊;並將同治七年分应存洋稅二成經費,八年分应存洋药稅半稅暨怡和等行代繳行欠等銀,逐欵一併列冊,送部查核外,謹將同治八年分洋稅大關及潮州新關收支各數目,恭摺具奏。伏乞皇太后、皇上聖鑒。謹奏。

同治九年三月初十日,軍機大臣奉旨:該衙門知道。欽此。

正月二十日

## 069　粵海關監督崇禮奏爲補報同治八年分粵海關收支常稅數目事折①

　　二品頂戴粵海關監督奴才崇禮跪奏,为補报同治六年分粵海關收支常稅數目恭摺,仰祈聖鑒事。窃照粵海關每年征收稅銀,向係按照關期,將收支各數,分款造报。前前[衍一字]于同治二年十一月間奉部剳行,奏准为將海關洋稅收支數目,均以咸豐十年八月十七日为始,仍按三個月奏报一次。扣足四結,專摺奏銷一次。仍從第一結起造具,每結四柱清[冊,原脫],送部查覈,毋庸按照關期題銷,以清界劃而

---

① 見中國第一歷史檔案館第03-4880-122號檔案。

免稽延。其各關應征常稅，仍令各按關期，照常題銷，以符舊制。等因。業經按照四結爲一年，將收支洋稅數目，具奏在案。茲查同治八年分常稅，自七年閏四月二十六日起，至八年四月二十五日止，前監督師曾管理任内，計十一箇月零二十三日；奴才接管任内，計七日。統計一年兩任，大關共征銀九萬一千八百六十九兩三分七厘，各口共征銀三萬四千三百一十二兩七錢一分四厘，潮州新關共征銀一萬一千五百二十三兩九錢八分七厘，通共征銀一十三萬七千七百五兩七錢三分八厘。除支銷通關經費及镕銷折耗等銀二萬四千二百三十五兩一錢六分五厘，動支報解水腳銀四千一百二兩七錢七分一厘，部飯食銀三千九十兩三錢九分九厘，正雜盈餘、水腳平餘等十五兩加平，共銀一千六百三十五兩四錢九分二厘。以上四款，共支銷銀三萬三千六十三兩八錢二分七厘，尚存正雜盈餘銀一十萬四千六百四十一兩九錢一分一厘。循例報解水腳銀四千一百二兩七錢七分一厘，部飯食銀三千九十兩三錢九分九厘，正雜盈餘、水腳平餘等十五兩加平，共銀一千六百三十五兩四錢九分二厘。以上四款，共存銀一十一萬三千四百七十兩五錢七分三厘，另存平餘銀二百八十八兩九分，統共應存銀一十一萬三千七百五十八兩六錢六分三厘，另各口共收洋藥稅銀二萬二千三百三十五兩六錢。以上兩項，已撥歸同治十年分洋稅項下，湊併不敷撥解。至遵旨酌留尾銀，解存藩庫一項，該年無項可撥，合併陳明。謹將同治八年分常稅收支各數，恭摺具奏。伏乞皇上聖鑒。謹奏。

同治十一年正月十九日，軍機大臣奉旨：戶部知道。欽此。

十年十一月初六日

## 070　粵海關監督崇禮奏爲補報同治九年分粵海關收支常稅銀兩數目事摺①

總管內務府大臣銜粵海關監督奴才崇禮跪奏，爲補報同治九年分粵

---

① 見中國第一歷史檔案館第 03-4880-068 號檔案。

海關收支常稅數目恭摺，仰祈聖鑒事。窃照粵海關每年征收稅銀，向係按照關期，將收支各數，分款造報。前於同治二年十一月間奉部劄行，奏准將海關洋稅收支數目，均以咸豐十年八月十七日为始，仍按三箇月奏报一次。扣足四結，专摺奏銷一次。仍從第一結起造具，每結四柱清冊，送部查核，毋庸按照關期題銷，以清［界］劃而免稽延。其各關应徵常稅，仍令各按關期照常題銷，以符舊制。等因。業經按照四結为一年，將收支洋稅數目，具奏在案。茲查同治九年分常稅，自八年四月二十六日起，至九年四月二十五日止，計一年期內，大關共徵銀一十萬四千一百一十六兩三錢五分八釐，各口共徵銀三萬四千六百二十四兩四錢七分五釐，潮州新關共徵銀一萬八千一百九十三兩八分，通共徵銀一十五萬六千九百三十三兩九錢一分三釐。除支銷通關經費及鎔銷折耗等銀二萬四千二百二十八兩六錢九分二釐，動支报解水腳銀四千七百九十六兩六钱二分三釐，部飯食銀三千六百一十三兩四分一釐，正雜盈餘、水腳平餘等十五兩加平，共銀一千九百一十二兩八分二釐。以上四款，共支銷銀三萬四千五百五十兩四錢三分八釐，尚存正雜盈餘銀一十二萬二千三百八十三兩四錢七分五釐。循例报解水腳銀四千七百九十六兩六錢二分三釐，部飯食銀三千六百一十三兩四分一釐，正雜盈餘、水腳平餘等十五兩加平，共銀一千九百一十二兩八分二釐。以上四款，共存銀一十三萬二千七百五兩三錢二分一釐，另存平餘銀二百九十二兩六分二釐，统共应存銀一十三萬二千九百九十七兩二錢八分三釐。內除解部新增盈餘銀二萬兩、十五兩加平銀三百兩，部飯食銀五百八十兩，解員盤費銀一百五十六兩六錢，四共支銀二萬一千三十六兩六錢，尚应存銀一十一萬一千九百六十兩六錢八分三釐；另收各口洋藥稅銀二萬一千一百三十七兩七錢。以上兩項，已撥歸十一年分洋稅項下，湊併不敷撥解。至遵旨酌留尾銀，解存藩庫一款，該年無項可撥，合併陈明。謹將同治九年分常稅收支各數，恭折具奏。伏乞皇上聖鑒。謹奏。

同治十二年三月三十日，奉硃批：戶部知道。欽此。

正月二十

# 071　粵海關監督崇禮奏爲補報同治十年分粵海關收支常稅數目等事折①

　　總管內務府大臣銜粵海關監督奴才崇禮跪奏，为補报同治十年分粵海關收支常稅數目恭摺，仰祈聖鑒事。竊照粵海關每年征收稅銀，向係按照關期，將收支各數，分款造報。前於同治二年十一月間奉部劄行，奏准將各海關洋稅收支數目，以咸豐十年八月十七日为始，仍按三箇月奏报一次。扣足四結，專摺奏銷一次。仍從第一結起造具，每結四柱清冊，送部查覈，毋庸按照關期題銷，以清界劃而免稽延。其各關應徵常稅，仍令各按關期，照常題銷，以符舊制。等因。業經按照四結为一年，將收支洋稅數目，具奏在案。茲查同治十年分常稅，自同治九年四月二十六日起，連閏至十年三月二十五日止，計一年期內，大關共徵銀一十萬三千九百六十四兩七錢，各口共徵銀三萬四千六百三十兩四錢四分六釐，潮州新關共征銀一萬八千二百八十八兩九錢八分二釐，通共徵銀一十五萬六千八百八十四兩一錢二分八釐。除支銷通關經費及鎔銷折耗等銀二萬四千二百二十八兩六錢八分三釐，動支报解水脚銀四千七百九十五兩三錢七分九釐，部飯食銀三千六百一十二兩一錢三釐，正雜盈餘、水脚平餘等十五兩加平，共銀一千九百一十一兩五錢八分七釐。以上四款，共支銷銀三萬四千五百四十七兩七錢五分二釐，尚存正雜盈餘銀一十二萬二千三百三十六兩三錢七分六釐。循例报解水脚四千七百九十五兩三錢七分九釐，部飯食銀三千六百一十二兩一錢三釐，正雜盈餘、水脚平餘等十五兩加平，共銀一千九百一十一五錢八分七釐。以上四款，共存銀一十三萬二千六百五十五兩四錢四分五釐，另存平餘銀三百七兩三錢二分九釐，統共应存銀一十三萬二千九百六十二兩七錢七分四釐。內除解部新增盈餘銀二萬兩，十五兩加平銀三百兩，部飯食銀五百八十兩，解員盤費銀一百五十六兩六錢，四共支銀二萬一千三十六兩六錢，尚应存銀一十一萬一千九百二十六兩一錢七分四釐。另收各口洋

---

① 見中國第一歷史檔案館第 03-4880-070 號檔案。

药税银二万一千五百四十八两一钱。以上两项，已拨归十一年分洋税项下，凑併不敷拨解。至遵旨酌留尾银，解存藩库一款，该年无项可拨，合併陈明。谨将同治十年分常税收支各数，恭折具奏。伏乞皇上圣鉴。谨奏。

同治十二年三月三十日，奉硃批：户部知道。钦此。

正月二十七日

## 072　粤海关监督崇礼奏报同治十一年分粤海关徵收常税总数及汲水门等处洋药税数等事折[①]

总管内务府大臣衔粤海关监督奴才崇礼跪奏，为常税一年期满，谨将征收总数并汲水门等处徵收洋药正税及廉州北海关口稽徵货税，恭折具报，仰祈圣鉴事。窃照粤海大关暨各口徵收正杂银两，向系常洋不分，例于一年期满，先将总数奏明。俟查核支销确数，另行恭疏具题，分款造册解部。同治二年十一月间奉部劄行，奏准将各海关洋税收支数目，均以咸丰十年八月十七日为始，按三箇月奏报一次，扣足四结，专折奏销一次。仍从第一结起造具，每结四柱清册，送部查核，毋庸按照关期题销，以清界划而免稽延。其各关应徵常税，仍令各按关期，照常题销，以符旧制。又同治六年五月内奉部议覆，粤海关常税正额银五万六千五百一十一两九钱四分一厘，盈余银十万两；又同治十一年十月间具报新安、香山二县所属汲水门等处开徵洋药正税，试办一年期满，收支数目声明，嗣后所徵洋药正税收支数目，拟仍于常税关期报满折内，分别具报。又本年二月内奴才会同两广督臣瑞麟具奏廉州府属北海关口，稽徵货税，试办一年期满，收支数内陈明，此项银应归併下年分常税内开报。各等因。业将同治十一年分徵收常税总数，分别具报在案。兹查同治十二年分常税，自十一年三月二十六日起，至十二年三月二十五日止，一年期满，大关徵银十万三千二百七十九两三钱八分三厘，潮州新关徵银一万九千六百九十六两一钱八分七厘，各口徵银三万四千六

---

[①] 见中国第一历史档案馆第 03-4880-098 号档案。

百六十四兩五錢一分二厘，通共徵銀一十五萬七千六百四十兩八分二厘。除徵足正額盈餘銀十五萬六千五百一十一兩九錢四分一厘外，計多徵銀一千一百二十八兩一錢四分一厘。伏查汲水門等處，自十年五月初十日開辦起，至十一年五月初九日止，徵收洋藥稅正稅及支銷各數，已具報。其自十一年五月初十日起，至十二年三月二十五日止，計十箇月零十六日，徵收洋藥稅銀二十四萬六千三百五十兩七錢。又查廉州府北海關口，自十年九月十二日開辦起，至十一年九月十一日止，試辦期滿，收支數目，經奴才會同兩廣督臣瑞麟恭摺陳奏。茲將廉州北海關口及分設卡所，自十一年九月二十日起，至十二年三月二十五日止，計六箇月零十四日，共徵收稅銀一萬二千五百八十八兩七錢六分二厘。除俟查核支銷確數，另行恭疏具題，遵例分晰造冊，送部查覈外，所有同治十二分徵收常稅總數並徵汲水門等處洋藥正稅及廉州北海關口稽徵貨稅各數目，理合恭摺具陳。伏乞皇上聖鑒。謹奏。

同治十二年閏六月十七日，奉硃批：戶部知道。欽此。

五月十六日

## 073　粵海關監督文銛題報同治十二年分粵海關常稅數目事折①

　　二品頂戴管理粵海關監督事務臣文銛謹題，爲奏銷同治拾貳年分收支常稅數目，仰祈聖鑒事。竊照粵海關每年徵收關稅銀兩，向係按照關期，例於滿關后叁個月，將支銷各數，分晰陳奏；竝循例具題，歷皆遵照辦理。前於同治貳年拾壹月間奉部劄行，奏准將各海關洋稅收支數目，均以咸豐拾年捌月拾柒日爲始，仍按照叁個月奏報一次。扣足肆結，專摺奏銷一次。仍從第壹結起造具，每結四柱清冊，送部查核，毋庸按照關期題銷，以清界劃而免稽延。其各關應徵常稅，仍令各按關期，照常題銷，以符舊制。等因。業經按照肆結爲壹年，將收支洋稅數目，具奏在案。查同治拾貳年分常稅，係前監督崇禮管理，自同治拾壹

---

① 見中國第一歷史檔案館第 02－01－04－22014－030 號檔案。

年叁月貳拾陸日起，至拾貳年叁月貳拾伍日止，計壹年期內，大關各口、潮州新關，統共徵銀壹拾伍萬柒千陸百肆拾兩捌分貳釐。除支銷通關經費及鎔銷折耗等銀，又動支報解水腳，又部飯食，又正雜盈餘、水腳平餘等拾伍兩加平。以上肆款，共支銷銀叁萬肆千伍百玖拾伍兩玖錢伍分肆釐，尚存正雜盈餘銀壹拾貳萬叁仟肆拾肆兩壹錢貳分捌釐。循例報解水腳銀肆千捌百壹拾伍兩玖錢叁釐，部飯食銀叁千陸百貳拾柒兩伍錢陸分叁釐，正雜盈餘、水腳平餘等拾伍兩加平，共銀壹千玖百壹拾玖兩柒錢陸分捌釐。以上肆款，共存銀壹拾叁萬叁千肆百柒兩叁錢陸分貳釐，另存平餘銀壹百貳拾肆兩肆錢玖分伍釐，統共應存銀壹拾叁萬叁千伍百叁拾壹兩捌錢伍分柒釐。內除解部新增盈餘又拾伍兩加平，又部飯食，又解員盤費，肆共支銀貳萬壹千叁拾陸兩陸錢，尚應存銀壹拾壹萬貳千肆百玖拾伍兩貳錢伍分柒釐。伏查汲水門等處，自同治拾年伍月初拾日開辦起，至拾壹年伍月初玖日止，計壹年，共徵洋藥正稅銀叁拾貳萬壹千叁百貳拾叁兩肆錢。除支銷經費等銀，又解部庫銀，又解員盤經費，又匯費，肆共支銀叁拾貳萬壹千叁百貳拾叁兩肆錢，竝無存款。又自拾壹年伍月初拾日起，至拾貳年叁月貳拾伍日止，計拾個月零拾陸日，共徵洋藥正稅銀貳拾肆萬陸千叁百伍拾兩柒錢。除支銷經費等銀貳拾肆萬陸千叁百伍拾兩柒錢，竝無存款。又查廉州府屬北海關口，自同治拾年玖月拾貳日開辦起，至拾壹年玖月拾壹日止，計壹年，共徵貨稅銀貳萬壹千肆百捌拾貳兩陸錢伍分叁釐。除支銷經費等銀玖千玖百叁拾壹兩壹錢玖分柒釐，尚應存銀壹萬壹千伍百伍拾壹兩肆錢伍分陸釐。又自拾壹年玖月拾貳日起，至拾貳年叁月貳拾伍日止，計陸個月零拾肆日，共徵貨稅銀壹萬貳千伍百捌拾捌兩柒錢陸分貳釐。除支銷經費等銀伍千叁百伍拾壹兩捌錢壹分貳釐，尚應存銀柒千貳百叁拾陸兩玖錢伍分。以上應存銀兩，已撥歸光緒元年分洋稅項下，湊併不敷撥解。至遵旨酌留尾銀，解存藩庫一款，該年無項可撥，合併陳明。除循例造冊，送部核銷外，理合遵例恭疏題報。伏乞皇上聖鑒。

敕部核覆施行，謹具題聞。

光緒元年拾□月□□□日，二品頂戴管理粵海關監督事務臣文銛
[後爲滿文本，略]

## 074　粵海關監督文銛奏爲補報同治十二年分粵海關收支常稅數目事折①

二品頂戴粵海關監督奴才文銛跪奏，为補报同治十二年分粵海關收支常稅數目恭折，仰祈聖鑒事。窃照粵海關每年征收稅銀，向係按關期，將收支各數，分款造報。前於同治二年十一月間奉部劄行，奏准將各海關洋稅收支數目，均以咸豐十年八月十七日爲始，仍按三箇月奏報一次。扣足四結，專折奏銷一次。仍從第一結起造具，每結四柱清冊，送部查覈，毋庸按照關期題銷，以清界劃而免稽延。其各關应征常稅，仍令各按關期，照常題銷，以符舊制。等因。業經按照四結为一年，將收支洋稅數目，具奏在案。兹查同治十二年分常稅，係前監督崇礼管理，自同治十一年三月二十六日起，至十二年三月二十五日止，計一年期内，大關共征銀一十萬三千二百七十九兩三錢八分三厘，各口共征銀三萬四千六百六十四兩五錢一分二厘，潮州新關共征銀一萬九千六百九十六兩一錢八分七厘，通共征銀一十五萬七千六百四十兩八分二厘。除支銷通關經費及镕銷折耗等銀二萬四千二百三十二兩七錢二分，動支報解水腳銀四千八百一十五兩九錢三厘，部飯食銀三千六百二十七兩五錢六分三厘，正雜盈餘、水腳平餘等十五兩加平，共銀一千九百一十九兩七錢六分八厘。以上四款，共支銷銀三萬四千五百九十五兩九錢五分四厘，尚存正雜盈餘銀一十二萬三千四十四兩一錢二分八厘。循例報解水腳銀四千八百一十五兩九錢三厘，部飯食銀三千六百二十七兩五錢六分三厘，正雜盈餘、水腳平餘等十五兩加平，共銀一千九百一十九兩七錢六分八厘。以上四款，共存銀一十三萬三千四百七兩三錢六分二厘，另存平餘銀一百二十四兩四錢九分五厘，統共應存銀一十三萬三千五百三十一兩八錢五分七厘。内除解部新增盈餘銀二萬兩、十五兩加平銀三百兩，部飯食銀五百八十兩，解員盤費銀一百五十六兩六錢。四共支銀二萬一千三十六兩六錢，尚应存銀一十一萬二千四百九十五兩二钱五分七

---

① 見中國第一歷史檔案館第 03–6329–066 號檔案。

厘。伏查汲水門等處，自同治十年五月初十日辦開起，至十一年五月初九日止，計一年，共征洋药正稅銀三十二萬一千三百二十三兩四錢。除支銷經費等銀二十四萬九千六百六十九兩一錢五分七厘，解部庫銀六萬八千五百三兩一錢，解員盤費銀四百一十一兩一分九厘，匯費銀二千七百四十兩一錢二分四厘。四共支銀三十二萬一千三百二十三兩四錢，並無存欠。又自十一年五月初十日起，至十二年三月二十五日止，計十个月零十六日，共征洋藥正稅銀二十四萬六千三百五十兩七錢。除支銷經費等銀二十四萬六千三百五十兩七錢，並無存欠。又查廉州府屬北海關口，自同治十年九月十二日開辦起，至十一年九月十一日止，計一年，共征貨稅銀二萬一千四百八十二兩六錢五分三厘。除支銷經費等銀九千九百三十一兩一錢九分七厘，尚应存銀一萬一千五百五十一兩四錢五分六厘。又自十一年九月十二日起，至十二年三月二十五日止，計六个月零十四日，共征貨稅銀一萬二千五百八十八兩七錢六分二厘。除支銷經費等銀五千三百五十一兩八錢一分二厘，尚应存銀七千二百三十六兩九錢五分。以上应存銀兩，已撥歸光緒元年分洋稅項下，湊併不敷撥解。至遵旨酌留尾銀，解存藩庫一歟，該年無項可撥，合併陈明。謹將同治十二年分常稅收支各數，恭摺具奏。伏乞皇太后、皇上聖鑒。謹奏。

光緒元年十一月初三日，軍機大臣奉旨：戶部知道。欽此。

九月二十二日

## 075　粵海關監督文銛奏爲補報同治十三年分粵海關收支常稅數目事折①

二品頂戴粵海關監督奴才文銛跪奏，爲補报同治十三年分粵海關收支常稅數目恭摺，仰祈聖鑒事。竊照粵海關每年征收稅銀，向係按關期，將收支各數，分款造報。前於同治二年十一月間奉部劄行，奏准將各海關洋稅收支數目，均以咸豐十年八月十七日爲始，仍按三個月奏報一次。扣足四結，專摺奏銷一次。仍從第一節造具，每結四柱清冊，送

---

① 見中國第一歷史檔案館第03-6331-036號檔案。

部查覈，毋庸按照關期題銷，以清界劃而免稽延。其各關應征常稅，仍令各按關期，照常題銷，以符舊制。等因。業經按照四結爲一年，將收支洋稅數目，具奏在案。茲查同治十三年分常稅，前監督崇礼管理任內，自同治十二年三月二十六日起，至六月初八日止，計兩箇月零十三日，大關共征銀二萬二千四百三十四兩二厘，各口共征銀五千七百七兩三錢一分五厘，潮州新關共征銀四千九十五兩四錢八分八厘，三共征銀三萬二千二百三十六兩八錢五厘。又奴才接管任內，自十二年六月初九日起，連閏至十三年二月二十五日止，計九個月零十七日，大關共征銀八萬一千五百四十六兩七錢三分八厘，各口共征銀二萬八千九百二十八兩三錢六分，潮州新關共征銀一萬五千八百九十九兩六錢九分九厘，三共征銀一十二萬六千三百七十四兩七錢九分七厘。统計一年兩任，大關各口、潮州新關，通共征銀一十五萬八千二百一十一兩六錢二厘。除支銷通關經費及镕銷折耗等銀二萬四千二百二十九兩三錢一分一厘，動支報解水腳銀四千八百五十六兩五錢九厘，部飯食銀三千六百五十八兩一錢五分，正雜盈餘、水腳平餘等十五兩加平，共銀一千九百三十五兩九錢五分五厘。以上四款，共支銷銀三萬四千六百七十九兩九錢二分五厘，尚存正雜盈餘銀一十二萬三千九百三十一兩六錢七分七厘。循例報解水腳銀四千八百五十六兩五錢九厘，部飯食銀三千六百五十八兩一錢五分，正雜盈餘、水腳平餘等十五兩加平，共銀一千九百三十五兩九錢五分五厘。以上四款，共存銀一十三萬四千三百八十二兩二錢九分一厘，另存平餘銀二百七十五兩四錢六分九厘，统共应存銀一十三萬四千六百五十七兩七錢六分。內除解部新增盈餘銀二萬兩，十五兩加平銀三百兩，部飯食銀五百八十兩，解員盤費銀一百五十六兩六錢，又解還部庫垫發塔爾巴哈臺餉銀五萬兩，解員盤費銀三百七十五兩。六共支銀七萬一千四百一十一兩六錢，尚应存銀六萬三千二百四十六兩一錢六分。伏查廉州府屬北海關口，自同治十二年三月二十六日起，連閏至十三年二月二十五日止，計一年，共征貨稅銀二萬三千六十三兩九錢九分九厘。除支銷經費等銀九千八百七十四兩三錢六分四厘，尚应存銀一萬三千一百八十九兩六錢三分五厘。以上应存銀兩，已撥归光緒二年分洋稅項下，湊併不敷撥解。又查汲水门等處，自同治十二年三月二十六日起，連閏至十三年二月二十五日止，計一年，共征洋药正稅銀三十一萬九千五百二十五兩五錢。除支銷經費等銀二十九萬六千一百二十八兩三錢二分五厘，尚应存銀二萬三千三百九十七兩一錢七分五厘。以上应存銀兩，已撥归光緒元年分洋药稅餉項下，湊併不敷撥解。至遵旨酌留尾銀，解存藩庫一款，該年無項可撥，合併陈明。謹將同治十三年分常稅收支各數，恭折具奏。伏乞皇太后、皇上聖鑒。謹奏。

光緒二年七月二十三日，軍機大臣奉旨：戶部知道。欽此。

六月二十四日

# 光緒朝

## 076　兩廣總督英翰粵海關監督文銛等奏粵海關撥款日增六成洋稅不敷折①

太子少保、兩廣總督奴才英翰，二品頂戴粵海關監督奴才文銛跪奏，为粵海關撥款日增六成，洋稅不敷撥解，謹將收支數目，據实开列，会同恭摺，瀝陈请旨，勅部籌議事。窃照海粵〔粵海〕大關及潮州新關徵收稅銀，统計最豐之年，均共征銀一百二、三十萬兩，六成約銀八十餘萬兩。每年奉撥戶部京餉、廣儲司公用、造辦處米艇、神機營月餉、荣全军營月餉、廣儲司造辦處金價、協陝月餉、本省藩庫兵餉、道庫、普濟堂公用、粵海大關、潮州新關稅務月經費，及通關經費、水腳津貼，並加平等項，共实支解銀一百二十餘萬兩，內除廣儲司造辦處金價、協陝月餉。奏准動用四成洋稅外，其餘各款均由六成洋稅動撥，共需銀九十餘萬兩。惟六成項下，久已不敷支解，歷向西商通融借垫，移後趕前，積欠日重。遇有有奉旨借撥及由部指撥之項，無款可籌，向係支用四成洋稅，以濟急需而免遲誤，均經陈明在案。上年扵例撥各案款外，經部陸續捝撥西征糧台銀二十萬兩，金順军營月餉每月銀二萬兩，添撥荣全军營月餉每月銀二千五百兩，景廉军營月餉每年銀五萬兩，滇省銅本銀十三萬兩。又奏撥都與阿練餉銀二萬兩，以上共撥銀六十七萬兩，均係指撥六成洋稅，除竭力籌画撥解辽西征粮臺銀十五萬兩，金順军營月餉銀六萬兩，荣全军營月餉銀一萬二千五百兩，都與阿練餉一萬兩，滇省銅本銀二萬兩，共尚欠解銀四十一萬餘兩。又分撥已解日本撫卹銀六萬兩，續撥西征粮臺的餉銀十萬兩。通盤合計，無論四成、六成洋稅，侭數動撥，尚多不敷。即俟征收豐盈，亦不能抵此鉅欵。此外，尚有奉旨传办各件工料銀兩，亦皆無欵動支，六廠洋茱稅銀，現撥剿办伏莽經費，亦恐不敷。從前如遇撥欵緊急，尚可扵四成項下通融。現奉部劄四成洋稅，無論何項，均不准動用。似此撥欵日增，

---

① 見中國第一歷史檔案館第 03-6328-044 號檔案。

無法籌酌。奴才等目擊情形，萬分焦灼。在部臣非不知關庫短絀，歷年奏銷摺內，均有实數可稽，特以各路需餉甚切，请撥孔殷，不得不统議分籌，顧全大局。奴才等受恩弥重，具有天良，尤當於籌难設法之中，艰难共济，断不敢稍存一毫诿却之私，無如稅收止有。此數而撥欸日益增多，杯水車薪，殊难接济。雖殫精竭慮，總不能化绌爲贏。兹因春季京餉屆限，正在商借张羅，而各路撥欸追呼，羽檄紛馳，急扵星火，顧彼失此，慮後跋前。若能兼顧统籌，实属力有未逮。設有贻误，负咎深弥。不得已據实瀝陈，可否敕部通盤籌議，將奉撥西路等欸，量爲改緩折；或援案准扵四成洋税項下借支。俟後撥欸稍鬆，再經補还归欸，以求实济，免誤要需之虛。出目逾格仁慈，奴才等無任悚惶戰慄之至。謹將粵海關征不敷解实情，會同恭抈具奏。伏乞皇太后、皇上聖鑒訓示。謹奏。

光緒元年四月二十九日，軍機大臣奉旨：戶部议奏。欽此。

四月初七日

## 077　粵海關監督文銛奏爲光緒元年分粵海關常稅數目事折①

　　二品頂戴粵海關監督奴才文銛跪奏，爲常稅一年期滿，謹將征收總數並汲水門等處徵收洋药正稅及廉州北海關口稽征貨稅，恭摺具報，仰祈聖鑒事。窃照粵海大關暨各口徵收正雜銀兩，向係常洋不分，例扵一年期滿，先將總數奏明。俟查核支銷確數，另行恭疏具題，分款造冊解部。同治二年十一月間奉部扎行，奏准將各海關洋稅收支數目，均以咸豐十年八月十七日爲始，按三箇月奏报一次。扣足四结，专摺奏銷一次。仍從第一結起造具，每結四柱清冊，送部查核，毋庸按照關期題銷，以清界劃而免稽延。其各關应徵常稅，仍令各按關期，照常題銷，以符舊制。又同治六年五月內奉部議覆，粵海關常稅正額銀五萬六

① 見中國第一歷史檔案館第 03-6328-050 號檔案。

千五百一十一兩九錢四分一厘，盈餘銀十萬兩。又新安、香山二縣所屬汲水門等處，開徵洋药正稅並廉州府屬北海關口稽徵貨稅，均經奏明，归入常稅關期報滿摺內，分別具報。各等因。業將同治十三年分征收常稅總數，分別具報在案。茲查光緒元年分常稅，自同治十三年二月二十六日起，至光緒元年二月二十五日止，一年期滿，大關徵銀十萬四千一兩三錢二分二厘，潮州新關徵銀二萬三百六十七兩一錢一分，各口征銀三萬四千六百二十兩三錢六分一厘，通共征銀十五萬八千九百八十八兩七錢九分三厘。除征足正額盈餘銀十五萬六千五百一十一兩九錢四分一厘外，計多征銀二千四百七十六兩八錢五分二厘。又新安、香山所屬汲水門等處各洋药稅廠分卡，共征洋药稅銀三十二萬三千二百五十兩三錢。廉州所屬北海關口暨各卡，共征貨稅銀二萬二千八百七十二兩三錢一分七厘。伏查上年八月間，新安、香山一帶猝遭颶風，海水泛溢，洋藥稅廠盡行冲塌，商販船隻多被擊沈，鋪戶半皆淹沒。經奴才會同前兼署兩廣督臣張兆棟，奏明在案。自經颶風之後，商船稀少，稅餉大虧。奴才目擊情形，萬分焦灼，设法多方招徠，添設巡船，四處稽查，嚴防偷漏，以資彌補。所幸本年稅項較之上年，尚無短絀。除俟查覈支銷確數，另行恭疏具題，遵例分晰造冊，送部查覆外，所有光緒元年分征收常稅總數，並征汲水門等處洋药正稅及廉州北海關口稽征貨稅各數目，理合恭摺具陳。伏乞皇太后、皇上聖鑒。謹奏。

光緒元年五月初八日，軍機大臣奉旨：戶部知道。欽此。

四月初八日

## 078　粵海關監督文銛奏報光緒元年分粵海大關並潮州新關收支洋稅總數事摺[①]

二品頂戴粵海關監督奴才文銛跪奏，爲具報光緒元年分洋稅第五十

---

[①] 見前揭《清宮粵港澳商貿檔案全集》第1114號檔案，第5630～5640頁；前揭《明清宮藏中西商貿檔案》第865號檔案，第4408～4418頁。

七結至第六十結，一年期內，大關並潮州新關收支總數恭摺，仰祈聖鑒事。竊照粵海關每年徵收稅銀，向係按照關期，將收支各數，分款造報。前於同治二年十一月間奉部箚行，奏准將各海關洋稅收支數目，均以咸豐十年八月十七日為始，仍按三箇月奏報一次。扣足四結，專摺奏銷一次。仍從第一結起造具，每結四柱清冊，送部查覈，毋庸按照關期題銷，以清界劃而免稽延。其各關應徵常稅，仍令各按關期，照常題銷，以符舊制。等因。業將同治十三年分第五十三結至五十六結，一年期內，收支總數，奏報在案。茲查光緒元年分，自同治十三年八月二十一日第五十七結起，至光緒元年九月初二日第六十結止，大關共徵銀八十七萬五千五百四十八兩三錢五分八釐。又招商局輪船共徵銀一萬三千五百五兩四錢九分三釐，潮州新關共徵銀三十三萬四千六百八十三兩八錢七分四釐。又招商局輪船共徵銀一萬四千八百三十一兩三錢三分七釐，四共徵銀一百二十三萬八千五百六十九兩六分二釐。內除內務府行取緞紗綢綾、布匹洋氊，共工價銀一千二十九兩一分八釐，造辦處行取洋玻璃塊價等銀三萬五千五百五十七兩；又行取紫榆木價等銀一萬六千九百九十二兩五錢六分；又行取伽楠香珊瑚價等銀七千三百六十二兩；又行取緞地繡五彩屏風工價等銀三千四百八十五兩三錢；又行取各色縧子工價等銀八萬三百四十九兩；又行取琺瑯香盒鑪瓶銀花及脩理琺瑯杯盤，共工價等銀三千六百六十七兩二錢；又傳辦玉器衣料等件，共銀六萬三千八十二兩三錢四分，循例撥支普濟院公用銀四萬兩，支銷大關經費、養廉工食等銀四萬二千九百三十兩一錢二分六釐，解員匯解京餉匯費銀三萬四千二十兩五錢三分八釐，大關稅務司經費銀一十二萬兩，大關津貼經費銀二萬三千七百三十六兩，潮州新關稅務司經費銀三萬一千二百兩，潮州新關津貼經費銀一萬八千二百八十兩八錢，大關火耗銀一萬五百六兩五錢八分，招商局輪船火耗銀一百六十二兩六分六釐，潮州新關火耗銀四千一十六兩二錢六釐，招商局輪船火耗銀一百七十七兩九錢七分六釐。以上十九款，共撥支銀五十三萬六千五百五十四兩七錢一分，尚存循例報解水腳銀一萬六千六百五十九兩三錢二分六釐，部飯食銀一萬九千三百一十五兩一錢五分六釐，正雜盈餘、水腳、公用米艇等十五兩加平銀九千九百六十七兩二錢三分，公用米艇等二十五兩加平銀八千二百五十兩，解部關稅銀六十四萬七千八百二十二兩六錢四分。又另存北海新關，自同治十年九月十二日起，至十二年三月二十五日止，貨稅銀一萬八千七百八十八兩四錢六釐。又存同治十二年分常稅正雜盈餘並水腳、部飯食及正雜盈餘、水腳平餘等十五兩加平暨另存平餘等款，共銀一十一萬二千四百九十五兩二錢五分七釐。以上七款，共應存銀八十三萬三千二百九十八兩一分五釐。查光緒元年分，解過部庫連加平飯銀一十一萬四千四百兩，廣儲司公用連加平共銀三十一萬二千兩，造辦處米艇連加平，共銀三萬一千二百兩，解過廣東藩庫本省兵餉銀七萬兩，菩陀峪萬年吉地工程銀五萬兩，惠陵工程銀五萬兩，部庫墊發神機營月餉銀四萬五千兩，榮營月餉銀一萬四千四百兩，添撥榮營月餉銀三萬兩，景營月餉銀七萬兩，金營月餉銀三萬兩。又解過金營月餉銀四萬兩，奉天府尹練餉銀二萬兩，西征糧臺協餉銀五萬兩，雲南銅本銀六萬兩，日本國撫卹銀六萬兩，匯解總理各國事務衙門三成船鈔銀九千四百二十一兩二錢九分，交稅務司七成船鈔銀二萬一千九百八十三兩一分，應解總理各國事務衙門、大關、招商局輪船船鈔銀三百六十八兩，交稅務司購買船礟銀十萬兩，解北洋大臣海防經費四成洋稅銀六萬八千四十八兩四釐六毫，匯費銀二千七百二十一兩九錢二分二毫，存解部庫四成銀九萬二千七百六十一兩二錢四分八釐，內務府行取金三千五百兩價等銀六萬四千七百五十兩，造辦處行取金四千五百兩價等銀八萬三千二百五十兩，解過陝西協餉銀一十二萬兩。以上二十六款，共撥解銀一百六十萬三百三兩四錢七分二釐八毫，連上年不敷撥解銀九十二萬八千一百二十一兩三錢五分五釐六毫，共銀二百五十二萬八千四百二十四兩八錢二分八釐四毫。業將應存銀八十三萬三千二百九十八兩一分五釐抵撥，計不敷銀一百六十九萬五千一百二十六兩八錢一分三釐四毫。除將同治十二年分常稅二成經費，十三年分洋稅二成經費，光緒元年分洋藥稅半稅，招商局輪船洋藥稅半稅，共銀三十四萬三千二百一十一兩一錢九分一釐八毫。又怡和等行代繳萬源等行欠項銀二萬二千兩，統共銀三十六萬五千二百一十一兩一錢九分一釐八毫，全數借撥，合計尚不敷銀一百三十三萬一百五兩六錢二分一釐六毫。伏查奉撥京餉及例解廣儲司公用銀兩，均屬支放要需，亟應依限籌解。若俟庫有徵存，誠恐遲誤。奴才設法騰挪，先向西商通融墊解，仍歸入下年分徵稅內撥抵覈辦。除遵照扣足四結爲一年，造具四柱清冊，並將同治十二年分應存常稅二成經費，十三年分洋稅二成經費及光緒元年分洋藥稅半稅，招商局輪船洋藥稅半稅暨怡和等行代繳行欠等銀，逐款一併列冊，送部查覈外，謹將光緒元年分洋稅、大關及潮州新關收支各數目，恭摺具奏。伏乞皇太后、皇上聖鑒。謹奏。

軍機大臣奉旨：該衙門知道。欽此。

光緒二年六月初六日

## 079　粵海關監督文銛奏報光緒二年分粵海大關洋稅等及交卸印務日期摺①

再，查洋稅按照結期，自光緒元年九月初三日起，截至二年六月二十三日止，計十箇月零十二日，大關共徵洋稅銀七十二萬四千二百二十兩五錢三分二釐，洋藥稅銀一萬四千四百五十三兩八錢四分五釐，土貨半稅銀三萬六千一百四十六兩四錢二分五釐，招商局輪船洋稅銀二萬七千七百五十四兩七錢五分二釐，土貨半稅銀五千六百六十八兩四錢二分五釐，潮州新關共徵洋稅銀三十三萬七千六百六十三兩六錢九分二釐，洋藥稅銀二十八萬四千四兩七錢五分，土貨半稅銀四萬九百八十九兩七錢八分六釐，招商局輪船洋稅銀一萬五千三百七兩六錢五分八釐，洋藥稅銀十一兩一錢五分，土貨半稅銀五千八百五十二兩九錢一分一釐。常稅按照關期，自光緒二年二月二十六日起，連閏截至六月二十三日止，計四箇月零二十八日，大關共徵常稅銀四萬七千五百三兩一錢四分四釐，各口徵銀一萬二千三十五兩三錢四分三釐，潮州新關共徵常稅銀八

---

①　見前揭《清宮粵港澳商貿檔案全集》第 1116 號檔案，第 5643～5645 頁；前揭《明清宮藏中西商貿檔案》第 867 號檔案，第 4421～4423 頁。

千七百五十一兩三錢六分一釐。又新安、香山等屬各洋藥稅廠，共徵洋藥稅銀十一萬九千三百五十五兩三錢。除支銷經費銀八萬八千二百六十九兩八錢四分三釐，存銀三萬一千八十五兩四錢五分七釐。又北海關口共徵貨稅銀一萬九十六兩三錢九分五釐。除支銷經費銀四千四十二兩七分五釐，存銀六千五十四兩三錢二分。以上各款，覈明一併移交新任監督俊啟接管，謹附片陳明。伏乞聖鑒。謹奏。

軍機大臣奉旨：知道了。欽此。

光緒二年六月二十三日

## 080　粵海關監督俊啟奏報光緒二年分粵海關徵收常稅並汲水門洋藥及廉州北海關貨稅各數事折①

記名副都統粵海關監督奴才俊啟跪奏，為常稅一年期滿，謹將征收總數目並汲水門等處征收洋藥正稅及廉州北海關口稽征貨稅，恭摺具報，仰祈聖鑒事。竊照粵海大關暨各口征收正雜銀兩，向係常洋不分，例於一年期滿，先將總數奏明。俟查核支銷確數，另行恭疏具題，分款造冊解部。同治二年十一月間奉部劄行，奏准將各海［關，原脫一字］洋稅收支數目，均以咸豐十年八月十七日為始，按三箇月奏報一次。扣足四結，專摺奏銷毀一次。仍從第一結起造具，每結四柱清冊，送部查核，毋庸按照關期題銷，以清界劃而免稽延。其各關應征常稅，仍令各按關期，照常題銷，以符舊制。又同治六年五月內奉部議覆，粵海關常稅正額銀五萬六千五百一十一兩九錢四分一厘，盈餘銀十萬兩；又新安、香山二縣所屬汲水門等處開征洋藥正稅並廉州府屬北海關口稽征貨稅，均經奏明，歸入常稅關期報滿摺內，分別具報。各等因。業將光緒二年分征收常稅總數，分別具報在案。茲查光緒三年分常稅，自光緒二年二月二十六日起，連閏至光緒三年正月二十五日止，一年期滿，大關征銀十一萬四千九百八十兩五錢四分九厘，潮州新關征銀二萬一千四十

---

① 見中國第一歷史檔案館第 03-6333-086 檔案。

四兩九錢六分九厘，各口徵銀三萬四千五百八十九兩九錢六厘，通共徵銀十七萬五百五十三兩四錢二分四厘。除徵足正額盈餘銀十五萬六千五百十一兩九錢四分一厘外，計多徵銀一萬四千四十一兩四錢八分三厘；又新安、香山所屬汲水門等處各洋药稅廠分卡，共徵洋药稅銀二十八萬四百六十六兩七錢，廉州府屬北海關口暨各卡，共徵貨稅銀二萬二千九百七兩七錢八分八厘。除俟查核支銷確數，另行恭疏具題，遵例分晰造冊，送部查核外，所有光緒三年分徵收常稅總數並徵汲水門等處洋药正稅及廉州北海關口暨徵貨稅各數目，謹恭摺具陳。伏乞皇太后、皇上聖鑒。謹奏。

光緒三年六月二十日，軍機大臣奉旨：戶部知道。欽此。

五月二十四日

## 081　粵海關監督俊啟奏為補報光緒三年分粵海關收支常稅數目事摺①

頭品頂戴記名副都統粵海關監督奴才俊啟跪奏，為補報光緒三年分粵海關收支常稅數目恭摺，仰祈聖鑒事。竊照粵海關每年征收稅銀，向係按照關期，將收支各數，分款造報。前於同治二年十一月間奉部劄行，奏准將各海關洋稅收支數目，均以咸豐十年八月十七日為始，仍按三箇月奏報一次。扣足四結，專摺奏報一次。仍從第一結起造具，每結四柱清冊，送部查覈，毋庸按照關期題銷，以清界劃而免稽延。其各關應征常稅，仍令各按關期，照常題銷，以符舊制。等因。業經按照四結為一年，將收支洋稅數目，具奏在案。茲查光緒三年分常稅，前監督文銛署理任內，自光緒二年二月二十六日起，連閏至六月二十三日止，計四箇月零二十八日，大關共征銀四萬七千五百三兩一錢四分四厘，各口共征銀一萬二千三十五兩三錢四分三厘，潮州新關共征銀八千七百五十一兩三錢六分一厘，三共征銀六萬八千二百八十九兩八錢四分八厘。又

---

① 見中國第一歷史檔案館第 03－6344－006 號檔案。

奴才接管任內，自二年六月二十四日起，至八月二十九日止，計兩箇月零七日，大關共征銀一萬九千三十一兩二錢八分七厘，各口共征銀五千六百一十一兩三錢四分八厘，潮州新關共征銀一千一百三十六兩三錢九分六厘，三共征銀二萬五千七百七十九兩三分一厘；前兩廣督臣劉坤一兼署任內，自二年九月初一日起，至三年正月二十五日止，計四箇月零二十五日，大關共征銀四萬八千三百八十四兩一錢一分八厘，各口共征銀一萬六千九百四十三兩二錢一分五厘，潮州新關共征銀一萬一千一百五十七兩二錢一分二厘，三共征銀七萬六千四百八十四兩五錢四分五厘。統計一年三任，大關各口、潮州新關，通共征銀一十七萬五百五十三兩四錢二分四厘。除支銷通關經費及鎔銷折耗等銀二萬四千二百二十二兩九錢六分五厘，動支報解水腳銀五千二百九十九兩三錢六分六厘，部飯食銀三千九百九十一兩七錢三分，正雜盈餘、水腳平解等十五兩加平，共銀二千一百一十二兩四錢九分。以上四款，共支銷銀三萬五千六百二十六兩五錢五分一厘，尚存正雜盈餘銀一十三萬四千九百二十六兩八錢七分三厘。循例報解水腳銀五千二百九十九兩三錢六分六厘，部飯食銀三千九百九十一兩七錢三分，正雜盈餘、水腳平餘等銀十五兩加平，共銀二千一百一十二兩四錢九分。以上四款，共存銀一十四萬六千三百三十兩四錢五分九厘，另存平餘銀六百六兩四錢九分九厘，統共應存銀一十四萬六千九百三十六兩九錢五分八厘。內除解部新增盈餘銀六萬兩、十五兩加平銀九百兩，部飯食銀一千九百四十兩，解員盤費銀四百六十九兩八錢，四共支銀六萬三千一百九兩八錢，尚應存銀八萬三千八百二十七兩一錢五分八厘。又廉州府屬北海關口通年共征貨稅銀二萬二千九百七兩七錢八分。除支銷經費等銀九千八百二十八兩一錢五分八厘，尚應存銀一萬三千七十九兩六錢三分。以上應存銀兩，已撥歸光緒五年分洋稅項下，湊併不敷撥解。又汲水門等處通年共征洋藥正稅銀二十八萬四百六十六兩七錢，除撥解海防經費及支銷等項銀二十六萬四千四百一十一兩九分，尚應存銀一萬六千五十五兩六錢一分，以上應存銀兩一萬六千五十五兩六錢一分。以上應存銀兩，亦撥歸光緒元年分洋藥稅項下，湊併不敷撥解。至遵旨酌留尾銀，解存藩庫一款，該年無項可撥，合併陳明。謹將光緒三年分常稅收支各數，恭摺具奏。伏乞皇太后、皇上聖鑒。謹奏。

光緒六年十月十六日，軍機大臣奉旨：戶部知道。欽此。

八月初九日

## 082 粵海關監督俊啟奏報光緒四年分粵海關徵收常稅總數並汲水門等處稅收數目事摺①

記名副都統粵海關監督奴才俊啟跪奏，為常稅一年期滿，謹將徵收總數并汲水門等處征收洋藥正稅及廉州北海關口稽征貨稅，恭摺具報，仰祈聖鑒事。竊照粵海大關暨各口征收正雜銀兩，向係常洋不分，例於一年期滿，先將總數奏明，俟查核支銷確數，另行恭疏具題，分款造冊解部。同治二年十一月間奉部劄行，奏准將各海關洋稅收支數目，均以咸豐十年八月十七日為始，仍按三箇月奏報一次。扣足四結，專摺奏銷一次。仍從第一結起造具，每結四柱清冊，送部查核，毋庸按照關期題銷，以清界劃而免稽延。其各關應征常稅，仍令各按關期，照常題銷，以符舊制。又同治六年五月內奉部議覆，粵海關常稅正額銀五萬六千五百一十一兩九錢四分一厘，盈餘銀十萬兩。又新安、香山二縣所屬汲水門等處開征洋藥正稅并廉州府屬北海關口稽征貨稅，均經奏明，歸入常稅關期報滿摺內，分別具報。各等因。業將光緒三年分征收常稅總數，分別具報在案。茲查光緒四年分常稅，自光緒三年正月二十六日起，至光緒四年正月二十五日止，一年期滿，大關征銀十二萬一千六百二兩一錢二分三厘，潮州新關征銀二萬一千二百三十一兩一分六厘，瓊州新關征銀二千八十一兩九錢一分六厘，各口征銀二萬八千二百五十兩五錢四分三厘，通共征銀十七萬三千一百八十五兩五錢九分八厘。除征足正額盈餘銀十五萬六千五百一十一兩九錢四分一厘外，計多征銀一萬六千六百七十三兩六錢五分七厘。又新安、香山所屬汲水門等處各洋藥稅廠分

---

① 見中國第一歷史檔案館第 03-6337-060 號檔案。

卡，共征洋药税银二十八萬五千二百三十五兩八錢。廉州府所屬北海關口暨各卡，共征貨稅銀二萬三千二十六兩一錢八分二厘。除俟查覈支銷確數，另行恭疏具題，遵例分晰，造冊送部查核外，所有光緒四年分征收常稅總數，并征汲水門等處洋药正稅及廉州北海關口稽征貨稅各數目，謹恭摺具陳。伏乞皇太后、皇上聖鑒。謹奏。

光緒四年九月初二日，军機大臣奉旨：戶部知道。欽此。

七月十三日

## 083　粵海關監督事務臣崇光奏爲奏銷光緒四年分粵海關收支常稅數目事摺①

二品頂戴管理粵海關監督事務臣崇光謹題，爲奏銷光緒肆年分收支常稅數目，仰祈聖鑒事。竊照粵海關每年徵收關稅銀兩，向係按照關期，例於滿關後叁個月，將支銷各數，分晰陳奏；並循例具題，歷皆遵辦。前於同治貳年拾壹月間奉部剳行，奏准將各海關洋稅收支數目，均以咸豐拾年捌月拾柒日爲始，仍按叁個月奏報一次。扣足肆結，專摺奏銷一次。仍從第壹結起造具，每結肆柱清冊，送部查核，毋庸按照關期題銷，以清界劃而免稽延。其各關應徵常稅，仍令各按關期，照常題銷，以符舊制。等因。業經按照肆結爲壹年，將收支洋稅數目，具奏在案。查光緒肆年分常稅，前兩廣督臣劉坤一兼署任內，自光緒叁年正月貳拾陸日起，至叁月拾玖日止，計壹個月零貳拾肆日，大關各口、潮州新關、瓊州新關共徵銀貳萬叁仟伍百陸拾柒兩壹錢壹分陸釐。前監督俊啓管理任內，自叁年叁月貳拾日起，至肆年正月貳拾伍日止，計拾個月零陸日，大關各口、潮州新關、瓊州新關共徵銀拾肆萬玖仟陸百拾捌兩肆錢捌分貳釐。統計壹年兩任，大關各口、潮州新關、瓊州新關，通共徵銀拾柒萬叁仟壹百捌拾伍兩伍錢玖分捌釐。除支銷通關經費及鎔銷折耗等銀，下又動支報解水腳，又部飯食，又正雜盈餘、水腳平餘等拾伍

---

① 見中國第一歷史檔案館第 02-01-04-22170-016 號檔案。

兩加平。以上肆款，共支铸銀叁萬伍千伍百貳拾陸兩玖錢肆分貳釐，尚存正雜盈餘銀拾叁萬柒千陸百伍拾捌兩陸錢伍分陸釐，循例報解水腳銀伍千肆百肆拾兩柒錢玖分捌釐，部飯食銀肆千玖拾捌兩貳錢陸分叁釐，正雜盈餘、水腳平餘等拾伍兩加平、共銀貳千壹百陸拾捌兩捌錢柒分。以上肆款，共存銀拾肆萬玖千叁百陸拾陸兩伍錢捌分柒釐，另存平餘銀壹千肆百玖拾壹兩捌錢玖分叁釐，統共應存銀拾伍萬捌百伍拾捌兩肆錢捌分。内除解部新增盈餘，又拾伍兩加平，又部飯食，又解員盤費，肆共支銀陸萬叁千壹百玖兩捌錢，尚應存銀捌萬柒千柒百肆拾捌兩陸錢捌分。又廉州府屬北海關口、通年共徵貨稅銀貳萬叁千貳拾陸兩壹錢捌分貳釐，除支銷經費等銀玖千捌百陸拾伍兩叁錢柒分肆釐，尚應存銀壹萬叁千壹百陸拾兩捌錢捌釐。以上應存銀兩，已撥歸光緒陸年分洋稅項下，湊併不敷撥解。又汲水門等處、通年共徵洋藥正稅銀貳拾捌萬伍千貳百叁拾伍兩捌錢。除撥解海防經費及支銷等銀貳拾捌萬貳千壹百捌拾玖兩柒錢玖分伍釐，尚應存銀叁千肆拾陸兩伍釐。以上應存銀兩，亦撥歸光緒元年分洋藥稅餘項下，湊併不敷撥解。至遵旨酌留尾銀，解存藩庫一款，該年無項可撥，合併陳明。除循例造冊，送部核銷外，理合遵例，恭疏題報。伏乞皇上聖鑒。

敕部核覆施行，謹具題聞。

## 084　粵海關監督俊啟奏報光緒五年分粵海關徵收常稅總數事折[①]

二品頂戴記名副都統粵海關監督奴才俊啟跪奏，爲常稅一年期滿，謹將征收總數並汲水門等處征收洋藥正稅及廉州北海關口稽征貨稅，恭摺具報，仰祈聖鑒事。竊照粵海大關暨各口征收正雜銀兩，向係常洋不分，例於一年期滿，先將總數奏明，俟查覈支銷確數，另行恭疏具題，分款造冊解部。同治二年十一月間奉部剳行，奏准將各海關洋稅收支數

---

[①]　見中國第一歷史檔案館第 03－6341－013 號檔案。

目，均以咸豐十年八月十七日爲始，按三箇月奏報一次。扣足四結，專摺奏銷一次。仍從第一結起造具，每結四柱清冊，送部查覈，毋庸按照關期題銷，以清界劃而免稽延。其各關應征常稅，仍令各按關期，照常題銷，以符舊制。又同治六年五月內奉部議覆，粵海關常稅正額銀五萬六千五百一十一兩九錢四分一厘，盈餘銀十萬兩。又新安、香山二縣所屬汲水門等處開征洋藥正稅，並廉州府屬北海關口稽征貨稅，均經奏明歸入常稅關期報滿摺內，分別具報。各等因。業將光緒四年分征收常稅總數，分別具報在案。茲查光緒五年分常稅，自光緒四年正月二十六日起，至五年正月二十五日止，一年期滿，大關征銀十二萬二千三百九十六兩二錢四分三厘，潮州新關征銀二萬一千四百二十六兩四錢七分三厘，瓊州新關征銀二千三十七兩五錢三分九厘，各口征銀二萬八千二百三十四兩一錢九分二厘，通共征銀十七萬四千九十四兩四錢四分七厘。除征足正額盈餘銀十五萬六千五百十一兩九錢四分一厘外，計多征銀一萬七千五百八十二兩五錢六厘。又新安、香山所屬汲水門等處各洋藥稅廠分卡共征洋藥稅銀三十二萬五千四十五兩八錢，廉州府屬北海關口暨各卡共征貨稅銀二萬三千五十五兩八錢三分六厘。除俟查覈支銷確數，另行恭疏具題，遵例分晰造冊，送部查覈。所有光緒五年分征收常稅總數並征汲水門等處洋藥正稅及廉州北海關口稽征貨稅各數目，謹恭摺具陳。伏乞皇太后、皇上聖鑒。謹奏。

光緒五年十月初四日，軍機大臣奉旨：戶部知道。欽此。

八月初四日

## 085 粵海關監督崇光奏爲補報光緒五年分粵海關收支常稅數目事摺①

二品頂戴粵海關監督奴才崇光跪奏，爲補報光緒五年分粵海關收支常稅數目恭摺，仰祈聖鑒事。竊照粵海關每年征收稅銀，向系按照關

---

① 見中國第一歷史檔案館第03-6347-082號檔案。

期,將收支各數,分款造報。前扵同治二年十一月奉部劄行,奏准將各海關洋稅收支數目,均以咸豐十年八月十七日为始,按三箇月奏报一次。扣足四結,专摺奏銷一次。仍從第一結起造具,每結四柱清冊,送部查覆,毋庸按照官期題銷,以清界劃而免稽延。其各關應征常稅,仍令按照關期,照常題銷,以符舊制。等因。業經按照四結为一年,將收支洋稅數目,具奏在案。兹查光緒五年分常稅,前監督俊啟管理任內,自光緒四年正月二十六日起,至五年正月二十五日止,計一年期內,大關共征銀一十二萬二千三百九十六兩二錢四分三厘,各口共征銀二萬八千二百三十四兩一錢九分二厘。潮州新關共征銀二萬一千四百二十六兩四錢七分三厘,瓊州新關共征銀二千三十七兩五錢三分九厘,通共征銀一十七萬四千九十四兩四錢四分七厘。除支銷通關經費及鎔銷折耗等銀二萬三千八百一十五兩四錢三厘,□支報解水腳銀五千四百六十九兩九錢三分四厘,部飯食銀四千一百二十兩二錢一分,正雜盈餘、水腳平餘等十五兩加平,共銀二千一百八十五兩四錢八分四厘。以上四款,共支銷銀三萬五千五百八十六兩三分一厘,尚存正雜盈餘銀一十三萬八千五百八兩四錢一分六厘。循例報解水腳銀五千四百六十九兩九錢三分四厘,部飯食四千一百三十兩三錢一分,正雜盈餘、水腳平餘等十五兩加平,共銀二千一百八十兩四錢八分。以上四款,共存銀一十五萬二百七十九兩四分四厘。另存平餘銀一千三百八十七兩二錢九分六厘。統共应存銀一十五萬一千六百六十六兩二錢四分。內除解部新增盈餘銀六萬兩,十五兩加平銀九百兩,部飯食銀□千七百四十兩,解員盤費銀四百六十九兩八錢,廣東藩庫本省兵餉銀七萬兩。五共支銀一十三萬三千一百九兩八錢,尚应存銀一萬八千五百五十六兩五錢四分;又廉州府屬北海關口共征貨稅銀二萬三千五十五兩八錢三分六厘;又存收回光緒四年分內北海關口支銷經費銀九千二百四十五兩五錢四分八厘。以上应存銀兩,已撥歸光緒七年分洋稅項下,湊併不敷撥解;又汲水門等處共征洋藥稅銀三十二萬五千四十五兩八錢,共支銷經費等銀三十四萬四千三百二十三兩三錢三厘。除將前項共征洋藥正稅銀撥抵支外,尚不敷銀一萬九千二百七十七兩五錢二分三厘。至遵旨酌留尾銀,解存藩庫一款,該年無項可撥,合併陈明。謹將光緒五年分常稅收支各數,恭摺具奏。伏乞皇太后、皇上聖鑒。謹奏。

光緒八年十二月十四日,軍機大臣奉旨:戶部知道。欽此。

十一月十四日

## 086 粵海關監督崇光奏為奏銷光緒六年分粵海關收支常稅數目事摺[①]

二品頂戴管理粵海關監督事務臣崇光謹題,為奏銷光緒陸年分收支常稅數目,仰祈聖鑒事。竊照粵海關每年徵收關稅銀兩,向係按照關期,例於滿關後叁個月,將支銷各數,分晰陳奏,並循例具題,歷皆遵辦。前於同治貳年拾壹月間奏部劄行,奏准將各海關洋稅收支數目,均以咸豐拾年捌月拾柒日為始,仍按叁個月奏報臺次。扣足肆結,專摺奏銷臺次。仍從第壹結起造具,每結肆柱清冊,送部查核,毋庸按照關期題銷,以清界劃而免稽延。其各關應徵常稅,仍令各按關期,照常題銷,以符舊制。等因。業經按照肆結為壹年,將收支洋稅數目,具奏在案。查光緒陸年分常稅,前監督俊啓管理任內,自光緒伍年正月貳拾陸日起,連閏至拾貳月貳拾伍日止,計壹年期內,大關各口、潮州新關、瓊州新關,通共徵銀拾柒萬叁千陸百貳拾柒兩肆錢壹分伍釐。除支銷通關經費及鎔銷折耗等銀,又動支報解水腳,又部飯食,又正雜盈餘、水腳平餘等拾伍兩加平。以上肆款,共支銷銀叁萬伍千伍百肆拾陸兩陸分肆釐,尚存正雜盈餘銀拾叁萬捌千捌拾壹兩叁錢伍分壹釐,循例報解水腳銀伍千肆百伍拾兩伍錢貳分陸釐,部飯食銀肆千壹百伍兩伍錢玖分壹釐,正雜盈餘、水腳平餘等拾伍兩加平,共銀貳千壹百柒拾貳兩柒錢肆分捌釐。以上肆款,共存銀拾肆萬玖千捌百拾兩貳錢壹分陸釐,另存平餘銀壹千叁百拾柒兩玖錢玖分陸釐,統共應存銀拾伍萬壹千壹百貳拾捌兩貳錢壹分貳釐。內除解部新增盈餘,又拾伍兩加平,又部飯食,又解

---

① 見中國第一歷史檔案館第 02-01-04-22251-052 號檔案。

員盤費，又廣東藩庫本省兵餉，伍共支銀拾叁萬叁千壹百玖兩捌錢，尚存銀壹萬捌千拾捌兩肆錢壹分貳釐。又廉州府屬北海關口共徵貨稅銀壹萬柒千柒百捌拾肆兩玖錢陸分伍釐。以上應存銀兩，已撥歸光緒捌年分洋稅項下，湊併不敷撥解。又汲水門等處共徵洋藥正稅銀叁拾壹萬壹千柒百叁拾肆兩伍錢，共支銷經費等銀叁拾伍萬捌千伍百兩壹錢叁分陸釐。除將前項共徵洋藥正稅銀兩抵支外，尚不敷銀肆萬陸千貳百柒拾兩陸錢叁分陸釐。至遵旨酌留尾銀，解存藩庫壹款，該年無項可撥，合併陳明。除循例造冊，送部核銷外，理合遵例，恭疏題報。伏乞皇上聖鑒。

敕部核覆施行，謹具題聞。

光緒九年拾壹月貳拾陸日，二品頂戴管理粵海關監督事務臣崇光

［後爲滿文，略］

## 087　粵海關監督崇光奏爲補報光緒六年分粵海關收支常稅數目事折[①]

　　二品頂戴粵海關監督奴才崇光跪奏，为補報光緒六年分粵海關收支常稅數目恭摺，仰祈聖鑒事。窃照粵海關每年征收稅銀，向係按照關期，將收支各數，分款造報。前扵同治二年十一月間奉部剳行，奏准將各海關洋稅收支數目，均以咸豐十年八月十七日为始，仍按三箇月奏报一次。扣足四結，专摺奏報一次。仍從第一結起造具，每結四柱清冊，送部查核，毋庸按照關期題銷，以清界画而免稽延。其各關應征常稅，仍令各按關期，照常題銷，以符旧制。等因。業經按照四結为一年，將收支洋稅數目，具奏在案。兹查光緒六年分常稅，前監督俊啟管理任内，自光緒五年正月二十六日起，連闰至十二月二十五日止，計一年期内，大關共征銀一十二萬二千四百三十六兩九錢七分九厘，各口共征銀二萬八千二百五十兩一錢八分四厘，潮州新關共征銀二萬一千七十四兩八錢四分九厘，瓊州新關共征銀一千八百六十五兩四錢三厘，通共征銀

---

[①]　見中國第一歷史檔案館第 03-6350-040 號檔案。

一十七萬三千六百二十七兩四錢一分五厘。除支銷通關經費及鎔銷折耗等銀二萬三千八百一十七兩一錢九分九厘，動支報解水腳銀五千四百五十兩五錢二分六厘，部飯食銀四千一百五兩五錢九分一厘，正雜盈餘、水腳平餘等十五兩加平，共銀二千一百七十二兩七錢四分八厘。以上四款，共支銷銀三萬五千五百四十六兩六分四厘，尚存正雜盈餘銀一十三萬八千八十一兩三錢五分一厘。循例報解水腳銀五千四百五十兩五錢二分六厘，部飯食銀四千一百五兩五錢九分一厘，正雜盈餘、水腳平餘等十五兩加平，共銀二千一百七十二兩七錢四分八厘。以上四款，共存銀一十四萬九千八百一十兩二錢一分六厘，另存平餘銀一千三百一十七兩九錢九分六厘，統共應存銀一十五萬一千一百二十八兩二錢一分二厘。內除解部新增盈餘銀六萬兩，十五兩加平銀九百兩，部飯食銀一千七百四十兩，解員盤費銀四百六十九兩八錢，廣東藩庫本省兵餉銀七萬兩。五共支銀一十三萬三千一百九兩八錢，尚應存銀一萬八千一百十八兩四錢一分二厘。又廉州府屬北海關口，共征貨稅銀一萬七千七百八十四兩九錢六分五厘。以上應存銀兩，已撥歸光緒八年分洋稅項下，湊併不敷撥解。又汲水門等處共征洋藥正稅銀三十一萬一千七百三十四兩五錢，共支銷經費等銀三十五萬八千五兩一錢三分六厘。除將前項共征洋藥正稅銀兩抵支外，尚不敷銀四萬六千二百七十兩六錢三分六厘。至遵旨酌留尾銀，解存藩庫一款，該年無項可撥，合併陳明。謹將光緒六年分常稅收支各數，恭摺具奏。伏乞皇太后、皇上聖鑒。謹奏。

光緒九年十二月十五日，軍機大臣奉旨：戶部知道。欽此。
十一月十二日

## 088　粵海關監督崇光奏爲光緒六年分粵海關第七十七結至第八十結收支總數事摺①

二品頂戴粵海關監督奴才崇光跪奏，为具報光緒六年分洋稅第七十

---

① 見中國第一歷史檔案館第 03－6347－026 號檔案。

七結至第八十結，一年期內，大關及潮州、瓊州、北海各新關收支捴數恭摺，仰祈聖鑒事。竊照粵海關每年徵收稅銀，向係按照關期，將收支各數，分欵造報前來。扵同治二年十一月間奉部劄行，奏准將各海關洋稅收支數目，均以咸豐十年八月十七日为始，仍按三箇月奏报一次。扣足四結，專扺奏銷一次。仍從第一結起造具，每結四柱清冊，送部查覈，毋庸按照關期題銷，以清界劃而免稽延。其各關应征常稅，仍令各按關期，照常題銷，以符旧制。等因。業將光緒五年分第七十三結至七十六結，一年期內，收支捴數，奏報在案。兹查光緒六年分，自光緒五年八月十六日第七十七結起，至六年八月二十六日第八十結止，大關共征銀八十八萬七千九百九兩九錢六分九厘。又招商局輪船共征銀四萬三千二百四十兩八錢二分三厘，潮州新關共征銀三十八萬一千三百九十四兩四錢二分二厘。又招商局輪船共征銀四萬二千五百九十二兩八分二厘，瓊州新關共征銀三萬一千四百一十七兩五錢八分九厘。又招商局輪船共征銀九千八百五十四兩八錢四分九厘，北海新關共征銀三萬五千一百二十七兩三錢五分九厘。又招商局輪船共征銀四千四百五十七兩九錢一分二厘。八共征銀一百四十三萬五千九百九十五兩五厘，內除內務府行取各色絍斤紅飛、金銀硃紙价等銀四萬四千九百四十七兩三錢四分。又行取各色絍斤、洋金銀線价等銀二萬五千二十九兩三錢一分。又行取紅飛金圓金銀線价等銀七千四百五十四兩七錢。循例不支普濟院公用銀四萬兩。支銷大關經費、養廉工食等銀四萬三千四百四十兩三錢三分六厘，解員匯解京餉匯費銀三萬八千三百四十二兩七錢八分三厘，大關稅務司經費銀一十二萬兩，大關津貼經費銀二萬三千七百三十六兩，潮州新關稅務司經費銀七萬二千兩，潮州新關津貼經費銀一萬八千二百八十兩八錢，瓊州新關津貼經費銀二萬六千五百三十六兩八錢，北海新關津貼經費銀二萬五千四十八兩八錢，交還總稅務司墊撥瓊北兩關稅務司經費銀八萬二千兩，大關火耗銀一萬六百五十四兩九錢二分一厘，招商局輪船火耗銀五百一十八兩八錢九分，潮州新關火耗銀四千五百七十六兩七錢三分三厘，招商局輪船火耗銀五百一十一兩一錢五厘，瓊州新關火耗銀三百七十七兩一分一厘，招商局輪船火耗銀一百一十八兩二錢五分八厘，北海新關火耗銀四百二十一兩五錢二分八厘，招商局輪船火耗銀五十三兩四錢九分五厘。以上二十一款，共撥支銀五十八萬四千四十八兩八錢一分，尚存循例報解水腳銀二萬一千二百五十二兩七錢五分三厘，部飯食銀二萬三千四百一十一兩一錢八分五厘，正雜盈餘、水腳、公用米艇等十五兩加平銀一萬二千二百二十二兩四錢三分八厘，公用米艇等二十五兩加平銀八千二百五十兩，解部關稅銀七十八萬六千九百九兩八錢一分九厘，另存北海新關光緒四年分貨稅銀一萬三千一百六十兩八錢八厘。又存光緒四年分常稅正雜盈餘並水腳、部飯食及正雜盈餘、水腳平銀等十五兩加平暨另存平餘等款，共銀八萬七千七百四十八兩六錢八分。以上七款，共应存銀九十五萬二千八百五十五兩六錢八分三厘。查光緒六年分，解過部庫運加平飯銀二十萬八千八百兩，廣儲司公用連加平共銀三十一萬二千兩，造办處米艇連加平共銀三萬一千二百兩，部庫墊發神機營月餉銀四萬五千兩，榮全月餉銀一萬四千四百兩，添撥榮全月餉銀三萬兩，景廉月餉銀三萬二千兩，烏里雅蘇台月餉銀一萬八千兩，金順月餉銀三萬兩，部庫籌撥邊防餉需銀一十二萬兩，部庫作抵閩省京餉二萬四千兩。又解過金順月餉銀一十四萬兩，奉天府府尹練餉銀二萬兩，雲南銅本銀二萬兩，匯解總理各國事務衙門三成船鈔銀七千三百一十七兩三錢九分，应解總理各國事務衙門、大關、招商局輪船三成船鈔銀五百五十四兩一錢六分。又潮州新關、招商局輪船三成船鈔銀二百八十兩四錢四分。又瓊州新關三成船鈔銀四百三兩六錢八分。又招商局輪船三成船鈔銀二百六十五兩六錢八分。又北海新關三成船鈔銀九十二兩九錢七分，交稅務司七成船鈔銀二萬八百兩八分，匯解烏垣軍餉銀四萬三千九百二兩四錢三分八釐九毫，匯費銀一千九十七兩五錢六分一釐一毫，匯解出使經費六成、洋稅一成等銀五萬三千二百一十三兩一錢三分七釐三毫，匯費銀一千三百三十兩三錢二分八釐四毫。又招商局輪船八成之六成、洋稅一成等銀一千六百五十二兩七錢一分三釐九毫，匯費銀四十一兩三錢一分七釐八毫。又招商局輪船六成、洋稅一成洋銀一千二百七兩二錢二釐三毫，匯費銀三十兩一錢八分一毫，匯解北洋大臣海防經費一成洋稅銀二萬七千三百七十九兩一錢二分七釐，匯費銀一千九十五兩一錢六分五釐。又二成洋稅銀七萬九千八百四十兩四錢一分七釐四毫，匯費銀三千一萬九十三兩六錢一分六釐八毫。又招商局輪船二成洋稅銀一萬一千四百四十六兩六錢七分六毫，匯費銀四百五十七兩八錢六分六釐八毫，匯解南洋大臣海防經費二成洋稅銀三萬四千一百四十二兩六錢二分一釐三毫，匯費銀一千三百六十五兩七錢四釐九毫。又招商局輪船二成洋稅銀一萬一千四百四十六兩六錢七分六毫，匯費銀四百五十七兩八錢六分六釐八毫，匯解南洋大臣海防經費二成洋銀三萬四千一百四十二兩六钱二分一厘三毫，匯費銀一千三百六十五兩七錢四釐九毫。又招商局輪船二成、洋稅銀一萬一千四百四十八兩六钱六分六釐八毫。撥解機器局南洋買槍價等銀一萬一千兩，撥解閩省船政銀一萬五千兩，撥解善後局交稅務司買蚊子礟船價銀五萬兩，存解部庫二成洋稅銀五萬六千九百四十八兩五錢八分四厘，存解出使經費六成、洋稅一成半銀五萬六千九十六兩三钱四厘九毫，匯費銀一千四百二兩四錢七厘六毫，存解出使經費、招商局輪船六成、洋稅一成半銀四千一十九兩一錢七分九厘九毫，匯費銀一百兩四錢七分九釐五毫。內務府行取金二千兩價等銀三萬七千兩，造辦處行取金二千兩價等銀三萬七千兩，解過陝西協餉銀九萬兩，存解陝西協餉銀三萬兩。以上五十一款，共撥解銀一百七十三萬六千九百八十一兩九錢六分二厘九毫。連上年不敷撥解銀二百六十一萬五千六十五兩四錢八分二厘六毫，共銀四百三十五萬二千四十七兩四錢四分五厘五毫。業將应存銀九十五萬二千八百五十五兩六錢八分三厘，抵撥計不敷銀三百三十九萬九千一百九十一兩七錢六分二厘五毫。除將光绪四年分常稅二成經費、五年分洋稅二成經費、六年分洋藥稅半稅，招商局輪船洋藥稅半稅，瓊州新關洋藥稅半稅，招商局輪船洋藥稅半稅、北海新關洋藥稅半稅、招商局輪船洋藥稅半稅，共銀三十六萬四千八百七十五兩八錢三厘三毫，全數借撥，合計尚不敷銀三百三萬四千三百一十五兩九錢五分九厘二毫。伏查奉撥京餉及例解廣儲司公用銀兩，均屬屬支放要需，亟应依限籌解。若俟庫有徵存，誠恐遲誤。奴才只有設法騰挪，先向西商通融墊解，仍归入下年分徵收稅項內，撥抵覈辦。除遵照扣足四結爲一年，造具四柱清冊，並將光绪四年分应存常税二成经费、五年分洋税二成经费、六年分洋药税半税，招商局轮船洋药税半税，琼州新关洋药税半税，招商局轮船洋药税半税，北海新关洋药税半税，招商局轮船洋药税半税等银，逐款一并列册，送部查覈外，谨将光绪六年分洋税大关及潮州、琼州、北海新关收支各数目，恭摺具奏。伏乞皇太后、皇上圣鉴。谨奏。

光绪八年九月十五日，军机大臣奉旨：该衙门知道。钦此。

八月二十二日

## 089　大学士管理户部事务臣额勒和布等奏销粤海关监督海绪奏报光绪六年粤海关收支常税数目事折①

　　大学士管理户部事务臣额勒和布等谨题，为奏销事。户科抄出粤海关监督海绪题粤海大关及潮州新关、汲水门，自光绪五年拾贰月贰拾陆日起，至陆年拾贰月贰拾伍日止，壹年征收常税银两一案，光绪拾壹年贰月贰拾叁日题，柒月贰拾叁日奉旨：该部察覈具奏。钦此。钦遵。抄出到部，当将该关该年征收税银红单清册移会户科磨封去后，今准户科将前项收税单册磨封完讫，单册相符，移覆到部。该臣等查得粤海关监督海绪疏称，粤海关前监督俊启任内，自光绪伍年拾贰月贰拾陆日起，至陆年拾贰月贰拾伍日止，计壹年期内，大关各口、潮州、琼州新关，通共征银捌拾万柒千柒百陆拾壹两捌钱柒分贰釐，除支销通关经费及镕销折耗等银，又动支报解水脚，又部饭食、正杂盈余、水脚平余等拾伍两加平，共支销银叁万陆千陆百叁拾伍两肆钱柒分贰釐，尚存正杂盈余银拾伍万壹千壹百贰拾陆两肆钱。循例报解水脚银伍千玖百伍拾陆两捌钱肆分壹釐，部饭食银肆千肆百捌拾陆两玖钱柒分壹釐，正杂盈余、水脚平余等拾伍两加平，共银贰千叁百柒拾肆两伍钱捌分贰釐，共存银拾陆万叁千玖百肆拾肆两柒钱玖分肆釐，另存平余银壹千贰百贰拾贰两壹钱陆分玖釐，统共应存银壹拾陆万伍千壹百陆拾陆两玖钱陆分叁釐。内除解部新增盈余，又拾伍两加平，又部饭食，又解员盘费，又广东藩库

---

① 见中国第一历史档案馆第 02－01－04－22328－045 号档案。

本省兵餉，共支銀拾叁萬叁千壹百玖兩捌錢，尚存銀叁萬貳千伍拾柒兩壹錢陸分叁釐。又北海關口共徵貨稅銀壹萬柒千肆百伍拾柒兩壹錢叁分，以上應存銀兩，已撥歸光緒玖年分洋稅項下，湊拼不敷撥解。又汲水門等處共徵洋藥正稅銀貳拾萬貳千捌百伍兩捌錢，共支銷經費等銀貳拾伍萬肆千肆百肆拾玖兩陸錢肆分貳釐。除將前項共徵洋藥正稅銀兩抵支外，尚不敷銀伍萬壹千伍百捌拾叁兩捌錢肆分貳釐。至酌留尾銀，解存藩庫一款，該年無項可撥，合併陳明。除循例造冊，送部覈銷外，遵例恭疏題報。等因。前來。查粵海關常稅同治肆年，據兩廣總督等奏准，其貨由洋船裝運者即為洋稅，其華船裝運者即為常稅。又於同治陸年貳月，據兩廣總督奏，擬請查照同治肆年閏伍月起，至伍年伍月止，壹年期滿，徵收常稅總數伍萬陸千伍百拾壹兩玖錢肆分壹釐作為正額，外加盈餘銀十萬兩，通計每年常稅正額盈餘共銀拾伍萬陸千伍百拾壹兩玖錢肆分壹釐，均經臣部奏明，議准行令，遵照辦理。等因。各在案。今粵海關監督海緒題報，前監督俊啟任內自光緒伍年拾貳月貳拾陸日起，至陸年拾貳月貳拾伍日止，大關各口、潮州、瓊州新關共徵銀拾捌萬柒千柒百陸拾壹兩捌錢柒分貳釐，覈與該監督奏報銀數相符。至前項徵收稅銀，內除通關經費及鎔銷折耗銀，又報解水腳、部飯食、正雜盈餘、水腳平餘、拾伍兩加平，共支銷銀叁萬陸千陸百叁拾伍兩肆錢柒分貳釐。業據該關造具，支用細數清冊送部，應於該年經費案內，查覈銷結實存正雜盈餘銀拾伍萬壹千壹百壹拾陸兩肆錢，報解水腳銀伍千玖百伍拾陸兩捌錢肆分壹釐，部飯食銀肆千肆百捌拾陸兩玖錢柒分壹釐，正雜盈餘、水腳平餘等拾伍兩加平，共銀貳千叁百柒拾肆兩伍錢捌分貳釐。另存平餘銀壹千貳百貳拾貳兩壹錢陸分玖釐，統共應存銀拾陸萬伍千壹百陸拾陸兩玖錢陸分叁釐，內除解部關銀陸萬兩，加平銀玖百兩，部飯食銀壹千柒百肆拾兩。業據該關委員解部，經臣部移付銀庫兌收在案。又除解員盤費銀肆百陸拾玖兩捌錢，廣東藩庫本省餉銀柒萬兩。尚存銀叁萬貳千伍拾柒兩壹錢陸分叁釐。又北海關口共徵貨稅銀壹萬柒千肆百伍拾柒兩壹錢叁分。以上應存銀兩，據該監督稱，已撥歸光緒玖年分洋稅項下，湊拼不敷撥解。除於光緒玖年分洋稅案內查覈外，應毋庸議。再汲水門等處，通年共徵收洋藥正稅銀貳拾萬貳千捌百陸拾伍兩捌錢，共支銷經費等銀貳拾伍萬肆千肆百肆拾玖兩陸錢肆分貳釐。除將前項抵支，尚不敷銀伍萬壹千伍百捌拾叁兩捌錢肆分貳釐。等因。查汲水門徵收洋藥稅銀，業據該關造具清冊，另行辦理外，應令該監督卽將自光緒陸年拾貳月貳拾陸日起，至本年止，收支稅數冊檔及北海、瓊州應造各冊，迅卽送部，以憑覈銷。儻再延宕，定行照例叅處。此案准戶科移覈到部。茲於拾壹月拾柒日辦理具題，合併聲明。臣等未敢擅便，謹題請旨。

  光緒□□年壹月拾柒日，武英殿大學士署管理事務臣額勒和布
      戶部尚書公臣嵩綺
      東閣大學士尚書臣閻敬銘
      左侍郎臣嵩申
      左侍郎臣孫詒經
      右侍郎臣景善
      右侍郎臣孫家鼎
      貴州清吏司
      郎中臣興福
      郎中臣張其濬濬
      員外郎臣覺羅廷雍
      員外郎臣周文令
      主事臣存善
      主事臣尹序長

［後爲滿文本，略］

## 090　粵海關監督俊啟奏爲光緒七年分粵海關稅收數目事片[①]

俊啟片
再，查洋稅按照結期，自光緒六年八月二十七日起，截至七年三月

---

① 見中國第一歷史檔案館第 03-231-6491-033 號檔案。

十八日止，計六箇月零十六日，大關共征洋稅銀四十一萬四千八百六十四兩三錢一分三厘，洋藥稅銀九千八百九十三兩六錢四分四厘，土貨半稅銀二萬二千六百三十兩八厘，招商［局］輪船洋稅銀一萬九千四百七十兩九錢四分九厘，洋藥稅銀六錢三分八厘，土貨半稅銀七千四百四十二兩五錢七分。潮州新關共征洋稅銀十九萬七千七百二十八兩八錢一分八厘，洋藥稅銀十一萬二千二百四十三兩六錢三分一厘，土貨半稅銀四萬六千三百五十二四兩九錢六分八厘，招商局輪船洋稅銀一萬八千七百九十二兩九錢七分八厘，洋藥稅銀五千五百六十八兩一錢五分，土貨半稅銀三千一百八十二兩五錢七分一厘。瓊州新關共征洋稅銀一萬八千五十四兩四厘，洋藥稅銀一萬五千一百九十七兩四錢，土貨半稅銀四錢二分四厘，子口稅銀十一兩六錢五分。招商局輪船洋稅銀五千八十兩六分七厘，洋藥稅銀四千二百六十三兩。北海新關共征洋稅銀一萬九千八百三十四兩二錢六分四厘，洋藥稅銀一萬七千八百四十二兩二錢九分，土貨半稅銀十兩三錢二分五厘，子口稅銀四百二兩六錢三分一厘。招商局輪船洋稅銀四千一百五十三兩六錢二分八厘，洋藥稅銀六百二十四兩一錢五分，土貨半稅銀九兩九錢五分八厘。常稅按照關期，自光緒六年十二月二十六日起，至七年三月十八日止，計兩箇月零二十三日，大關共征常稅銀三萬七千五百六十六兩四錢九分六厘。潮州新關共征常稅銀五千六百六十一兩二錢三分，瓊州新關共征常稅銀五百二十三兩一錢九分二厘，北海新關共征常稅銀四千三十八兩八錢二厘，各口共征銀四千二百八十七兩六錢五分九厘。又新安、香山等屬各洋藥稅廠共征洋藥稅銀五萬二千六十一兩一錢。除支銷經費銀三萬九千二百七十兩九錢七分一厘，存銀一萬二千七百九十兩一錢二分九厘。以上各款覈明，一併移交新任監督崇光接管。因潮州、瓊州、北海三關截算數目，報到有需時日，是以鮮發稍遲。奴才既經交卸，此摺係借用粵海關監督關防，合併聲明。伏乞聖鑒。謹奏。

　　光緒七年閏七月十五日，軍機大臣奉旨：覽。欽此。

## 091 粵海關監督崇光奏爲光緒七年分粵海大關及潮州瓊州北海第八十一結至第八十四結洋稅收支數目事折①

二品頂戴粵海關監督奴才崇光跪奏，为具报光绪七年分洋税第八十一結至第八十四結，一年期内，大關及潮州、瓊州、北海各新關收支總數恭抈，仰祈聖鑒事。窃照粵海關每年征收税銀，向係按照關期，將收支各數分欵造报，兹於同治二年十一月間奉部剖行，奏准將各海關洋稅收支數目，均以咸豐十年八月十七日为始，仍按三箇月奏报一次。扣足四結，专抈奏銷一次。仍從第一結起造具，每結四柱清册，送部查覈，毋庸按照關期題銷，以清界劃而免稽延。其各關应征常稅，仍令各按關期，照常題銷，以符舊制。等因。業將光绪六年分第七十七結至八十結，一年期内，收支總數，奏报在案。前查光绪七年分，自光绪六年八月二十七日第八十一結起，連閏至七年八月初八日第八十四結止，大關共征銀九十一萬七十七兩四錢一分三厘。又招商局輪船共征銀三萬八千一百八兩七錢六分二厘。潮州新關共征銀四十萬五千八百五兩五錢一分五厘。又招商局輪船共征銀二萬二千二百三十九兩四钱九分一厘。瓊州新關共征銀三萬五千八百二十五兩二钱。又招商局輪船共征銀一萬五千二百二十四兩八錢四分五厘。北海新關共征銀三萬七千一百七十六兩二錢九分。又招商局輪船共征銀一萬三千六百三十二兩二錢二分九厘。八共征銀一百，四十七萬八千八十九兩五錢四分五厘，內除內務府行取各色絟斤、紅飛、金硍碌價等銀十萬一千四百五兩八錢五分。又行取各色絟斤、洋金銀線價等銀四萬五千一百八十八兩一錢八分。循例撥支普濟院公用銀四萬兩，支銷各關經費、養廉工食等銀四萬二千七百十五兩三錢一厘。解員匯解京餉匯費銀三萬五千五百四十四兩五錢五分五厘。存支奉天府府尹練餉匯費銀四百兩，大關税務司經費銀十二萬兩，大關津

---

① 見中國第一歷史檔案館第 03-6350-016 號檔案。

贴经费银二万三千七百三十六两，潮州新关税务司经费银七万二千两，潮州新关津贴经费银一万八千二百八十两八钱，琼州新关税务司经费银一万二千两，琼州新关津贴经费银二万六千五百三十六两八钱，北海新关税务司经费银一万二千两，北海新关津贴经费银二万五千四十八两八钱，大关火耗银一万九百二十两九钱二分九厘，招商局轮船火耗银四百五十七两三钱五厘，潮州新关火耗银四千八百六十九两六钱六分四厘，招商局轮船火耗银二百六十六两八钱七分四厘，琼州新关火耗银四百二十九两九钱二厘，招商局轮船火耗银一百八十二两六钱九分八厘，北海新关火耗银四百四十六两一钱一分五厘，招商局轮船火耗银一百六十三两五钱八分七厘。以上二十二款，共拨支银五十九万二千五百九十三两六钱六分，尚存循例报解水脚银二万三千一百六十二两二钱八分二厘，部饭食银二万四千三百二两八钱九分一厘，正杂盈馀、水脚公用米艇等十五两加平银三万三千五百九十两二钱九分，公用米艇等二十五两加平银九千二百五十两。解部关税银八十一万六千一百九十两四钱二分二厘。另存北海新关光绪五年分货税银二万三千五十五两八钱三分六厘。又存光绪五年分常税正杂盈馀并水脚、部饭食及正杂盈馀、水脚平馀等十五两加平，暨另存平馀等款共银一万八千五百五十六两五钱四分。又存收回光绪四年分北海关口支销经费银九千二百四十五两五钱四分八厘。以上八款，共应存银九十三万六千三百五十三两八钱九厘。查光绪七年分解过部库连加平饭银十万四千四百两，广储司公用连加平共银三十五万三千六百两，造办处米艇连加平共银三万一千二百两，部库垫发神机营月饷银四万五千两，荣全月饷银一万四千四百两，添拨荣全月饷银三万两，彙廉月饷银四万四千两，乌里雅苏台月饷银六千两，金顺月饷银五万两，部库筹拨边防饷需银十万两，部库作抵闽省京饷银二万四千两。又解过金顺月饷银二万五千两，奉天府府尹练饷银一万两。滙解总理各国事务衙门三成船钞银九千八百四十一两七钱九厘，应解总理各国事务衙门、大关、招商局轮船三成船钞银八百三十七两五钱六分。又琼州新关三成船钞银九百九十六两五钱七分。又招商局轮船三成船钞银三百七十六两八钱。交税务司七成船钞银二万七千六百五十六两一钱五分七厘。滙解伊犁償款銀十六萬兩，滙費銀六千四百兩。匯解烏桓軍餉銀三萬二千一百九十五兩一錢二分二厘一毫，匯費銀八百四兩八錢七分七厘九毫。匯解北洋大臣海防經費二成洋稅銀十四萬一千九百三十七兩八錢九分八毫，匯費銀五千六百七十七兩五錢一分五厘六毫。又招商局輪船二成洋稅銀一萬一千一百九十六兩七錢四分一釐，匯費銀四百四十七兩八錢六分九釐六毫。匯解南洋大臣海防經費二成洋稅銀一萬五千三百九十九兩四錢二分九釐二毫，匯費銀六百十五兩九錢七分七釐二毫。又招商局輪船二成洋稅銀一萬一千一百九十六兩七錢四分一釐，匯費銀四百四十七兩八錢六分九釐六毫。解還南洋大臣墊撥閩省船政銀四萬兩，匯費銀一千六百兩。撥解閩省船政銀六萬兩。撥解籌局修揚武輪船價銀四千二百二十三兩。存解閩省船政銀二萬五千七百七十七兩。存解出使經費六成、洋稅一成半銀十一萬二千六百六十兩四錢二分二釐三毫，匯費銀二千八百十六兩五錢一分六毫。存解出使經費、招商局輪船六成、洋稅一成半銀五千一百十二兩二錢六分八釐一毫，匯費銀一百二十七兩八錢六釐七毫。存解奉天府府尹練餉銀一萬兩，內務府行取金二千兩價等銀三萬七千兩，造辦處行取金二千兩價等銀三萬七千兩。存解陝西協餉銀十二萬兩。以上四十三款，共撥解銀一百七十一萬九千七百四十五兩八錢三分七釐七毫。連上年不敷撥解銀三百三萬四千三百十五兩九錢五分九釐二毫，共銀四百七十五萬四千六十一兩七錢九分六釐九毫。業將应存銀九十三萬六千三百五十三兩八錢九釐，抵撥計不敷銀三百八十一萬七千七百七兩九錢八分七釐九毫。除將光緒五年分常稅二成經費，六年分洋稅二成經費，七年分洋藥稅半稅，招商局輪船洋藥稅、瓊州新關洋藥半稅，六年分洋藥半稅、北海新關洋藥稅半稅、招商局輪船洋藥稅半稅、北海新關子口半稅，六年分子口半稅，共銀三十二萬六千一百九十六兩九錢二分二釐八毫，全數借撥，合計尚不敷銀三百四十九萬一千五百十一兩六分五釐一毫。伏查奉撥京餉及例解廣儲司公用銀兩，均屬支放要需，亟应依限籌解。若俟庫有徵存，誠恐遲誤。奴才只有設法騰挪，先向西商通融墊解，仍歸入下年分徵收稅項內，撥抵覈辦。除遵照扣足四結為一年，造具四柱清冊，並將光緒五年分應存常稅二成經費，六年分洋稅二成經費，七年分洋藥稅半稅，招商局輪船洋藥稅半稅，瓊州新關洋藥稅半稅，招商局輪船洋藥稅，瓊州新關子口半稅，六年分子口半稅，北海新關洋藥稅半稅，招商局輪船洋藥稅半稅，北海新關子口半稅，六年分子口半稅等銀逐款一併列冊，送部查覈外，謹將光緒七年分洋稅，大關及潮州、瓊州、北海新關收支各數目，恭摺具奏。伏乞皇太后、皇上聖鑒。謹奏。

光緒九年十一月初八日，軍機大臣奉旨：該衙門知道。欽此。

九月二十日

## 092 粵海關監督海緒題請核銷光緒八年分粵海關徵收常稅銀兩支銷解存數目事摺①

二品頂戴管理粵海關監督事務臣海緒謹題，爲奏銷光緒捌年分收支常稅數目，仰祈聖鑒事。竊照粵海關每年徵收關稅銀兩，向係按照關期，例於滿關後叁個月，將支銷各數，分晰陳奏。茲循例具題，歷皆遵辦。前於同治貳年拾壹月間奉部劄行，奏准將各海關洋稅收支數目，均以咸豐拾年捌月拾柒日爲始，仍按叁個月奏報一次。扣足肆結，專摺奏銷一次。仍從第壹結起造具，每結肆柱清冊，送部查核，毋庸按照關期題銷，以清界劃而免稽延。其各關應徵常稅，仍令各關期，照常題銷，以符舊制。等因。業經按照肆結爲壹年，將收支洋稅數目，具奏在案。查光緒捌年分常稅，前監督俊啟管理任內，自光緒陸年拾貳月貳拾陸日起，至柒年叁月拾捌日止，計兩個月零貳拾叁日，大關各口、潮州、瓊州新關共徵銀肆萬捌千叁拾捌兩伍錢柒分柒釐；前監督崇光管理任內，自柒年叁月拾玖日起，連閏至拾壹月貳拾伍日止，計玖個月零柒日，大關各口、潮州、瓊州新關共徵銀拾肆萬貳千叁百玖拾伍兩伍錢貳分伍釐。統計壹年兩任，通共徵銀拾玖萬肆百叁拾肆兩壹錢貳釐。除支銷通關經費及镕銷折耗等銀，又動支報解水腳，又部飯食，又正雜盈餘、水

---

① 見第一歷史檔案館第 02－01－04－22328－033 號檔案。

腳平餘等拾伍兩加平。以上肆款，共支銷銀叁萬陸千捌百叁拾兩貳錢肆分肆釐，尚存正雜盈餘銀拾伍萬叁千陸百叁兩捌錢伍分捌釐。循例報解水腳銀陸千肆拾柒兩貳錢肆分叁釐，部飯食銀肆千伍百伍拾伍兩陸分陸釐，正雜盈餘、水腳平餘等拾伍兩加平，共銀貳千肆百拾兩陸錢壹分玖釐。以上肆款，共存銀拾陸萬陸千陸百拾陸兩柒錢捌分陸釐，另存平餘銀壹千伍拾陸兩柒錢柒分伍釐，統共應存銀拾陸萬柒千陸百柒拾叁兩伍錢陸分壹釐。內除解部新增盈餘，又拾伍兩加平，又部飯食，又解員盤費，又廣東藩庫本省兵餉，伍共支銀拾叁萬叁千壹百玖兩捌錢，尚存銀叁萬肆千伍百陸拾叁兩柒錢陸分壹釐；又廉州府屬北海關口共徵貨稅銀貳萬貳千柒百玖拾兩伍分。以上應存銀兩，已撥歸光緒拾年分洋稅項下，湊併不敷撥解。又汲水門等處共徵洋藥正稅銀拾肆萬柒千捌百肆拾陸兩陸錢，共支銷經費等銀貳拾壹萬肆千玖百貳拾貳兩壹分捌釐。除將前項共徵洋藥正稅銀兩抵支外，尚不敷銀陸萬柒千柒拾伍兩肆錢壹分捌釐。至遵旨酌留尾銀，解存藩庫一款，該年無項可撥，合併陳明。除循例造冊，送部核銷外，理合遵例恭疏題報。伏乞皇上聖鑒。

敕部核覆施行，謹具題聞。

光緒拾壹年玖月貳拾伍日粵海關監督臣海緒

［後爲滿文本，略］

## 093　粵海關監督海緒奏爲補報光緒八年粵海關收支常稅數目事折①

二品頂戴粵海關監督奴才海緒跪奏，爲補報光緒八年分粵海關收支常稅數目恭摺，仰祈聖鑒事。竊照粵海關每年徵收稅銀，向係按照關期，將收支各數，分款造報。前於同治二年十一月間奉部劄行，奏准將各海關洋稅收支數目，均以咸豐十年八月十七日爲始，仍按同三箇月奏報一次。扣足四結，專摺奏銷一次。仍從第一結起造具，每結四柱清

---

①　見中國第一歷史檔案館第 03-6354-035 號檔案。

冊，送部查覈，毋庸按照關期題銷，以清界劃而免稽延。其各［國，應爲"海"］關應徵常稅，仍令各按關期照常題銷，以符舊制。等因。業經按照四結爲一年，將收支洋稅數目，具奏在案。茲查光緒八年分常稅，前監督俊啟管理任內，自光緒六年十二月二十六日起，至七年三月十八日止，計兩箇月零二十三日，大關共徵銀三萬七千五百六十六兩四錢九分六厘，各口共徵銀四千二百八十七兩六錢五分九厘，潮州新關共徵銀五千六百六十一兩二錢三分，瓊州新關共徵銀五百二十三兩一錢九分二釐，四共徵銀四萬八千三十八兩五錢七分七釐。前監督崇光管理任內，自七年三月十九日起，連閏至十一月二十五日止，計九箇月零七日，大關共徵銀一十萬一百二十五兩九錢六分五釐，各口共徵銀二萬三千九百六十三兩五錢六分三厘，潮州新關共徵銀一萬六千五百九十八兩五錢三分三厘，瓊州新關共徵銀一千七百七兩四錢六分四厘，四共徵銀一十四萬二千三百九十五兩五錢二分五厘。統計一年兩任，大關各口、潮州新關、瓊州新關通共徵銀一十九萬四百三十四兩一錢二厘。除支銷通關經費及鎔銷折耗等銀二萬三千八百一十七兩三錢一分六厘，動支報解水腳銀六千四十七兩二錢四分三厘，部飯食銀四千五百五十五兩六分六厘，正雜盈餘、水腳平餘等十五兩加平，共銀二千四百一十兩六錢一分九厘。以上四款，共支銷銀三萬六千八百三十兩二錢四分四厘，尚存正雜盈餘銀一十五萬三千六百三兩八錢五分八厘。循例报解水腳銀六千四十七兩二錢四分三厘，部飯食銀四千五百五十五兩六分六厘，正雜盈餘、水腳平餘等十五兩加平，共銀二千四百一十兩六錢一分九厘。以上四款，共存銀一十六萬六千六百一十六兩七錢八分六釐，另存平餘銀一千五十六兩七錢七分五釐，統共應存銀一十六萬七千六百七十三兩五錢六分一釐。內除解部新增盈餘銀六萬兩、十五兩加平銀九百兩，部飯食銀一千七百四十兩，解員盤費銀四百六十九兩八錢，廣東藩庫本省兵餉銀七萬兩。五共支銀一十三萬三千一百九兩八錢，尚应存銀三萬四千五百六十三兩七錢六分一厘。又廉州府属北海關口共徵貨稅銀二萬二千七百九十兩五分，以上應存銀兩，已撥歸光緒十年分洋稅項下，湊併不煩撥解。又汲水門等處共徵洋藥正稅銀一十四萬七千八百四十六兩六錢，共支銷經費等銀二十一萬四千九百二十二兩一分八厘。除將前項共徵洋藥正稅銀兩抵支外，尚不敷銀六萬七千七十五兩四錢一分八厘。至遵旨酌留尾銀，解存藩庫一款，該年無項可撥，合併陈明。謹將光緒八年分常稅收支各數，恭摺具奏。伏乞皇太后、皇上聖鑒。謹奏。

光緒十一年十月二十七日，军機大臣奉旨：該衙門知道。欽此。

九月十六日

## 094　粵海關監督海緒奏報光緒八年分粵海關洋稅第八十五結至第八十八結稅收支總數目事折①

二品頂戴粵海關監督奴才海緒跪奏，为具报光緒八年分洋稅第八十五結至第八十八結，一年期內，大關及潮州、瓊州、北海各新關收支總數恭摺，仰祈聖鑒事。窃照粵海關每年征收稅銀，向係按照關期，將收支各數，分款造報。前於同治二年十一月間奉部劄行，奏准將各海關洋稅收支數目，均以咸豐十年八月十七日为始，仍按三箇月奏报一次。扣足四結，專摺奏报一次。仍從第一結起造具，每結四柱清冊，送部查核，毋庸按照關期題銷，以清界劃而免稽延。其各關應征常稅，仍令各按關期，照常題銷，以符舊制。等因。業將光緒七年分第八十一結至八十四結，一年期內，收支總數，奏报在案。茲查光緒八年分，自光緒七年八月初九日第八十五結起，至八年八月十九日第八十八結止，大關共征銀一百四萬六千十六兩二錢七厘，又招商局輪船共征銀三萬八千三百九十八兩二錢四分七厘，潮州新關共征銀四十三萬五千七百二十四兩九分七厘，又招商局輪船共征銀二萬二千三百三十兩一錢七分二厘。瓊州新關共征銀四萬八千一百七兩四錢八分三厘，又招商局輪船共征銀四千一百五十六兩三錢七分七厘。北海新關共征銀五萬四千八十一兩三錢九分，又招商局輪船共征銀四百二十五兩九錢八分五厘。八共征銀一百六十四萬九千二百三十九兩九錢五分八厘。內除內務府行取各色紵斤，紅

---

① 見第一歷史檔案館第 03-6352-017 號檔案。

飛，金碾硃價等銀五萬一千五百七十二兩八錢。又行取各色紙斤，洋金線價等銀二萬二千五百九十四兩九分。循例撥支普濟院公用銀四萬兩，支銷大關經費、養廉工食等銀四萬二千四百八十八兩九錢三分七釐。解員匯費、解京餉匯費銀四萬三千二百四十五兩五錢四分二釐。存支奉天府府尹練餉匯費銀八百兩，大關稅銀［務］司經費銀十二萬兩，大關津貼經費銀二萬三千七百三十六兩。潮州新關稅務司經費銀七萬二千兩，潮州新關津貼經費銀一萬八千二百八十兩八錢。瓊州新關稅務司經費銀一萬二千兩，瓊州新關津貼經費銀二萬六千五百三十六兩八錢。北海新關稅務司經費銀一萬二千兩，北海新關津貼經費銀二萬五千四十八兩八錢。還總稅務司墊瓊、北兩關稅務司經費銀一萬八千五百兩。大關火耗銀一萬二千五百五十二兩一錢九分四釐，招商局輪船火耗銀四百六十兩七錢七分九釐。潮州新關火耗銀五千二百二十八兩六錢八分九釐，招商局輪船火耗銀二百六十七兩九錢六分二釐。瓊州新關火耗銀五百七十七兩二錢九分，招商局輪船火耗銀四十九兩八錢七分七釐。北海新關火耗銀六百四十八兩九錢七分七釐，招商局輪船火耗銀五兩一錢一分二釐。以上二十三款，共撥支銀五十四萬八千五百九十四兩六錢四分九釐，尚存循例報解水腳銀三萬一千一百三十七兩一錢一分三釐，部飯食銀三萬一百四十一兩六錢三分，正襍盈餘、水腳、公用米艇等十五兩加平銀一萬五千六百九十八兩三錢三分一釐，公用米艇等二十五兩加平銀八千二百五十兩。解部關稅銀一百一萬五千四百十八兩二錢三分五釐，另存北海新關光緒六年分貨稅銀一萬七千七百八十四兩九錢六分五釐。又存光緒六年分常稅正襍盈餘並水腳、部飯食及正襍盈餘、水腳平餘等十五兩加平，暨另存平餘等款共銀一萬八千十八兩四錢一分二釐。以上七款，共應存銀一百十三萬六千四百四十八兩六錢八分六釐。查光緒八年分，解過部庫平餘銀二十萬八千八百兩，廣儲司公用連加平，共銀三十一萬二千兩，造辦處米艇連加平，共銀三萬一千二百兩，造辦處備貢連加平，共銀一萬四百兩。部庫墊發神機營月餉銀四萬五千兩，榮全月銀一萬四千四百兩，添撥榮全月餉銀三萬兩，景廉月餉銀五萬兩，烏垣軍餉銀一萬兩，部庫籌撥邊防餉，需銀八萬兩，部庫抵閩省京餉銀二萬四千兩，解过金順月餉銀三萬五千兩。匯解总理各國事務衙門，大關三成船鈔銀九千四百八十六兩三錢七分二厘。应解招商局輪船三成船鈔銀七百十九兩六錢四分，瓊州新關三成船鈔銀九百七十九兩九錢二分，招商局輪船三成船鈔銀八十二兩五錢六分，北海新關三成船鈔銀一百四十七兩四錢八分，交稅務司七成船鈔銀二萬六千六百三十七兩二錢六分八厘。匯解伊犁償款銀三萬兩，匯費銀一千二百兩。匯解北洋大臣海防經費二成洋稅銀十四萬二千六百二兩二錢九分八毫，匯費銀五千七百四兩九分一厘六毫。存解北洋大臣海防經費二成洋稅銀三萬一千四百五十九兩六分七厘七毫，匯費銀一千二百五十八兩三錢六分二厘七毫。又招商局輪船二成洋稅銀一萬一千二百十七兩二錢三分四厘四毫，匯費銀四百四十八兩六錢八分九厘四毫。匯解南洋大臣海防經費二成洋稅銀四萬三千四百三兩八錢二分九厘八毫，匯費銀一千七百三十六兩一錢五分三厘二毫。存解南大臣海防經費二成洋稅銀十三萬六百五十七兩五錢二分八厘七毫，匯費銀五千二百二十六兩三錢一厘一毫。又招商局輪船二成洋稅一萬一千二百十七兩二錢三分四厘四毫，匯費銀四百四十八兩六錢八分九釐四毫。存解出使經費六成洋稅一成半銀十二萬七千三百二十七兩五錢二分七釐六毫，匯費銀三千一百八十三兩一錢八分八釐二毫。又招商局輪船六成洋稅一成半銀五千一百二十一兩六錢二分五釐一毫，匯費銀一百二十八兩四分六毫。存解奉天府府尹練餉銀二萬兩，內務府行取金二千兩價等銀三萬七千兩，造辦處查行取金二千兩價等銀三萬七千兩。解過陝西協餉提充伊犁償款銀四萬兩。存解陝西協餉提充伊犁償款銀五萬兩。存解陝西協餉銀三萬兩。以上四十二款，共撥解銀一百六十五萬五千一百九十三兩九分四厘九毫。連上年不敷撥解銀三百四十九萬一千五百十一兩六分五釐一毫，共銀五百十四萬六千七百四兩一錢五分九釐八毫。業將應存銀一百十三萬六千四百四十八兩六錢八分六釐，抵撥計不敷銀四百一萬二百五十五兩四錢七分三釐八毫。除將光緒六年分常稅二成費，七年分洋稅二成經費，八年分洋藥稅半稅、招商局輪船洋藥稅半稅，瓊州新關洋藥稅半稅、子口半稅、招商局輪船洋藥稅，北海新關洋藥稅半稅、子口半稅、招商局輪船洋稅銀二十三萬一千六百五十九兩五錢五分五釐八毫，全數借撥，合計尚不敷銀三百七十七萬八千五百九十五兩九錢一分八釐。伏查奉撥京餉及例解廣儲司公用銀兩，均屬支放要需，亟應依限籌解。若俟庫有徵存，誠恐遲誤。奴才只有設法騰挪，先向西商通融墊解，仍歸入下年分徵收稅項內，撥抵覈解。除遵照扣足四結為一年，造具四柱清冊，業將应存光緒六年分常稅二成經費，七年分洋稅二成經費，八年分洋藥稅半稅、招商局輪船洋藥稅半稅、瓊州新關洋藥稅半稅、子口半稅、招商輪船洋藥稅半稅、北海新關洋藥稅半稅、子口半稅、招商局輪船洋藥稅等銀，逐款一併列冊，送部查覈外，謹將光緒八年分洋稅，大關及潮州、瓊州、北海新關收支各數目，恭摺具奏。伏乞皇太后、皇上聖鑒。謹奏。

光绪十一年二月初一日，軍機大臣奉旨：戶部知道。欽此。

十年十一月二十五日

## 095　粵海關監督崇光奏報光緒九年分粵海關常稅等項徵收數目摺①

二品頂戴粵海關監督奴才崇光跪奏，為常稅一年期滿，謹將征收總數並汲水門等處征收洋藥正稅及廉州北海關口稽征貨稅，恭折具奏，仰祈聖鑒事。竊照粵海大關暨各口征收正襍銀兩，向係常洋不分，例於一年期滿，先將總數奏明，俟查覈支銷確數，另行恭疏具題，分款造冊解部。同治二年十一月間奉部札行，奏准將各海關洋稅收支數目，均以咸豐十年八月十七日為准，按三箇月奏報一次。扣足四結，專摺奏銷一次。仍從第一結起造具，每結四柱清冊，送部查核，毋庸按照關期題銷，以清界劃而免稽延。其各關應徵常稅，仍令各按關期，照常題銷，以符舊制。又同治六年五月內奉部議覆，粵海關常稅正額銀五萬六千五百一十一兩九錢四分一厘，盈餘銀十萬兩。又新安、香山二縣所屬汲水門等處開征洋藥正稅並廉州府屬北海關口稽征貨稅，均經奏明，归入常

---

① 見中國第一歷史檔案館第 03-6348-049 號檔案。

税關期报满摺內，分別具报。各等因。業將光緒八年分征收常稅總數，分別具报在案。茲查光緒九年分常稅，自光緒七年十一月二十六日起，至八年十一月二十五日止，一年期滿，大關征銀十四萬一百八十九兩五錢六分五厘，潮州新關征銀二萬一千五百五十一兩四錢八分三厘，瓊州新關征銀二千九十九兩八錢五分四厘，各口徵銀二萬八千二百四十六兩三錢四分七厘，通共徵銀十九萬二千八十七兩二錢四分九厘。除徵足正額盈餘銀十五萬六千五百十一兩九錢四分一厘外，計多徵銀三萬五千五百七十五兩三錢八厘。查粤海關常稅關期报滿，如有多徵，均於摺內聲明在案。奴才抵任後，稔知洋稅侵占常稅情形，益當設法招徠，認真整頓，況前奉上諭籌備餉需內有通籌關稅一條，儻能溢解一分則庫儲多受一分之益。現在综計於正額盈餘之外，多徵銀三萬五千五百七十五兩三錢八厘，比較往年有盈無絀。又新安、香山所屬汲水門等處各洋藥稅廠分卡共徵洋藥稅銀二十六萬六千六百九十八兩八錢，廉州府屬北海關口暨各卡共徵貨稅銀二萬三千一百四十七兩一錢五分四厘。除俟查覈支銷確數，另行恭疏具題，遵例分晰造冊，送部查覈外，所有光緒九年分徵收常稅總數並徵汲水門等處洋藥正稅、廉州北海關口稽徵貨稅各數目，恭摺具陳。伏乞皇太后、皇上聖鑒。謹奏。

光緒九年三月二十五日，軍機大臣奉旨：戶部知道。欽此。

二月二十四日

## 096　粵海關監督海緒奏報光緒九年分粵海大關暨潮海瓊海北海各新關洋稅第八十九結至九十二結收支總數目事摺①

二品頂戴粵海關監督奴才海緒跪奏，为光緒九年分洋稅第八十九結至九十二結，一年期內，大關暨潮州、瓊州、北海各新關收支捴數開單，恭摺具报，仰祈聖鑒事。窃照同治二年十一月間奉部札行，奏准將

---

① 見中國第一歷史檔案館第 03－6354－021 號檔案。

各海關洋稅收支數目，均以咸豐十年八月十七日为始，仍按三箇月奏报一次。扣足四結，專摺奏銷一次。仍從第一結起造具，每結四柱清冊，送部查覈，毋庸按照關期題銷，以清界畫而免稽延。其各關應徵常稅，仍令各按關期，照常題銷，以符舊制。又光緒十年四月間，奉戶部劄本部会議，各海關洋稅奏銷辦理，未能畫一，應令遵照定章，一律開單奏報一摺扵光緒十年二月二十五日具奏，本日奉旨依議。欽此。抄錄原奏劄行，欽遵辦理，概不准以收支數目申入原摺。等因。伏查粵海關洋稅光緒八年分第八十五結至八十八結，一年期內，收支揔數，業經奏報在案。茲光緒九年分，自光緒八年八月二十日第八十九結起，至九年八月三十日第九十二結止，所有大關及潮州、瓊州、北海各新關洋稅收支數目，除遵照扣足四結为一年，造具四柱清冊，送部查覈外，再查奉撥京餉及例解廣儲司公用銀兩，均屬支放要需，亟應依限籌解。若俟有徵存，誠恐遲誤。奴才只有設法騰挪，先向西商通融墊解，仍歸入下年分征收稅項內，撥抵覈辦。謹將光緒九年分洋稅收支各數，繕列清單，恭摺具奏。伏乞皇太后、皇上聖鑒。謹奏。

光緒十一年九月二十六日，軍機大臣奉旨：該衙門知道，單併發。欽此。

八月二十六日

## 097　粵海關自光緒九年分粵海大關及潮州瓊州北海各新關第八十九結至第九十二結洋稅收支總數清單[①]

清單

謹將光緒九年分，自光緒八月二十日第八十九結起，至九年八月三十日第九十二結止，粵海大關及潮州、瓊州、北海各新關洋稅收支各數，敬繕清單，恭呈御覽。

謹開：

　　粵海大關共徵銀九十七萬五千八百八十七兩九錢二分九釐

---

① 見中國第一歷史檔案館第 03－6354－022 號檔案。

粵海大關、招商局輪船共徵銀五萬四千一百三十三兩三錢三分四釐

潮州新關共徵銀四十八萬九百八十三兩一錢七分七釐

潮州新關、招商局輪船共徵銀三萬二千二百三兩二錢八分三釐

瓊州新關共徵銀六萬二千二百五十一兩九錢三分一釐

瓊州新關、招商局輪船共徵銀五千六百兩八錢二分八釐

北海新關共徵銀五萬三千一百四十五兩五錢六分四釐

北海新關、招商局輪船共徵銀三千一百一十一兩一錢一分

合共徵銀一百六十六萬七千三百一十七兩一錢五分六釐

內務府行取各色紵斤、紅飛、金硃砂價等銀五萬二千九百三十五兩一錢

內務府行取各色紵斤、洋金銀線價等銀二萬二千五百九十四兩九分

內務府行取紅飛、金足色條金價等銀二千八百一十九兩三錢五釐

撥支普濟院公用銀二萬兩

存解普濟院公用銀二萬兩

大關經費、養廉工食等銀三萬九千五百三兩五錢七分八釐

解員匯解京餉匯費銀二萬二百兩二錢七分三釐

存支奉天府尹練餉匯費銀八百兩

大關津貼經費銀二萬三千七百三十六兩

潮州新關津貼經費銀一萬八千二百八十兩八錢

瓊州新關津貼經費銀二萬六千五百三十六兩八錢

北海新關津貼經費銀二萬五千四十八兩八錢

大關火耗銀一萬一千七百一十兩六錢五分五釐

潮州新關火耗銀五千七百七十一兩七錢九分八釐

瓊州新關火耗銀七百四十七兩二分三釐

北海新關火耗銀六百三十七兩七錢四分七釐

大關、招商局輪船火耗銀六百四十九兩六錢

潮州新關、招商局輪船火耗銀三百八十六兩四錢三分九釐

瓊州新關、招商局輪船火耗銀六十七兩二錢一分
北海新關、招商局輪船火耗銀三十七兩三錢三分三釐
大關稅務司經費銀一十二萬兩
潮州新關稅務司經費銀七萬二千兩
瓊州新關稅務司經費銀一萬二千兩
北海新關稅務司經費銀一萬二千兩
共撥支銀五十萬八千四百六十二兩五錢五分一釐
存水腳銀三萬六千一百一十七兩六錢一分六釐
存部飯食銀三萬一千六百四十一兩七錢六分二釐
存正雜盈餘、水腳、公用米艇等十五兩加平銀一萬六千五百九十一兩八錢一分五釐
存公用米艇等二十五兩加平銀四千五百兩
存解部關稅銀一百七萬三兩四錢一分二釐
存光緒七年分常稅正雜盈餘並水腳、部飯食及正雜盈餘、水腳平餘等十五兩加平暨另存平餘等款共銀三萬二千五十七兩一錢六分三釐
存北海新關光緒七年分貨稅銀一萬七千四百五十七兩一錢三分
共應存銀一百二十萬八千三百六十八兩八錢九分八釐
解部庫連加平飯銀一十萬四千四百兩
解廣儲司公用連加平銀一十五萬六千兩
解造辦處米艇連加平銀三萬一千二百兩
解內廷脩理要工連加平銀八萬三千二百兩
解部庫墊發神機營月餉銀一萬五千兩
解部庫墊發榮全月餉銀一萬三千二百兩
解部庫墊發添發榮全月餉銀二萬七千五百兩
解部庫墊發景廉月餉銀一萬五千兩
解部庫籌撥邊防餉需銀一萬五千兩
解部庫作抵閩省京餉銀一萬二千兩
解八旗官學工程銀二萬兩
解金順月餉銀三萬兩

解烏垣軍餉銀二千九百二十六兩八錢二分九釐三毫,匯費銀七十三兩一錢七分七毫

解廣西防餉銀一十二萬兩

解廣西防務留提京餉銀五萬兩

解兩廣督臣截留秋冬兩季京餉銀一十五萬三千六百兩

匯解總理各國事務衙門三成船鈔銀九千八百五十四兩六錢七分

交稅務司七成船鈔銀二萬九千三百二十六兩九錢九分

應解總理各國事務衙門、大關、招商局輪船三成船鈔銀六百六十九兩四錢八分

應解總理各國事務衙門、潮州新關、招商局輪船三成船鈔銀六百一十二兩一錢二分

應解總理各國事務衙門、瓊州新關三成船鈔銀九百八十三兩八錢八分

應解各國事務衙門、瓊州新關招商局輪船三成船鈔銀三百五十九兩七錢六分

應解總理各國事務衙門、北海新關三成船鈔銀三十二兩一錢六分

應解總理各國事務衙門、北海新關招商局輪船三成船鈔銀五十六兩六錢四分

存解北洋大臣海防經費二成洋稅銀一十六萬九千四十二兩七錢三分一釐九毫,匯費銀六千七百六十一兩七錢九釐三毫

存解北洋大臣海防經費、招商局輪船二成洋稅銀一萬五千七百八十一兩六錢五分七釐一毫,匯費銀六百三十一兩二錢六分六釐三毫

存解南洋大臣海防經費二成洋稅銀一十六萬九千四十二兩七錢三分一釐九毫,匯費銀六千七百六十一兩七錢九釐三毫

存解南洋大臣海防經費、招商局輪船二成洋稅銀一萬五千七百八十一兩六錢五分七釐一毫,匯費銀六百三十一兩二錢六分六釐三毫

存解出使經費六成洋稅一成半銀一十二萬五千三十六兩九分六

釐一毫，匯費銀三千一百二十五兩九錢二釐四毫

存解出使經費、招商局輪船六成洋稅一成半銀七千二百五兩六錢七分三釐七毫，匯費銀一百八十兩一錢四分一釐八毫

存解奉天府府尹練餉銀二萬兩

存解陝西協餉銀一十二萬兩

內務府行取金二千兩價等銀三萬七千兩

造辦處行取金二千兩價等銀三萬七千兩

共撥解銀一百六十二萬四千九百七十八兩二錢四分三釐二毫

連上年不敷撥解銀三百七十七萬八千五百九十五兩九錢一分八釐

共銀五百四十萬三千五百七十四兩一錢六分一釐二毫

除將應存銀一百二十萬八千三百六十八兩八錢九分八釐，抵撥計不敷銀四百一十九萬五千二百五兩二錢六分三釐二毫

再將光緒七年分常稅二成經費、八年分洋稅二成經費、九年分洋藥稅半稅、子口半稅、招商局輪船洋藥稅半稅、瓊州新關洋藥稅半稅、子口半稅、招商局輪船洋藥稅、北海新關洋藥稅半稅、子口半稅、招商局輪船半稅，共銀二十五萬七千二百五十三兩六錢六分三釐八毫，全數借撥，合計尚不敷銀三百九十三萬七千九百五十一兩五錢九分九釐四毫。

軍機大臣奉旨：覽。欽此。

## 098　粵海關監督海緒奏報光緒九年粵海關收支常稅數目事折①

　　二品頂戴粵海關監督奴才海緒跪奏，爲補報光緒九年分粵海關收支常稅數目恭摺，仰祈聖鑒事。竊照粵海關每年徵收稅銀，向係按照關期，將收支各數，分款造報。前於同治二年十一月間奉部劄行，奏准將各海關洋稅收支數目，均以咸豐十年八月十七日爲始，仍按三箇月奏報一次。扣足四結，專摺奏報一次。仍從第一結起造具，每結四柱清冊，

---

① 見中國第一歷史檔案館第號03-6355-030檔案。

送部查核，毋庸按照關期題銷，以清界劃而免稽延。其各關應徵常稅，仍令各按關期，照常題銷，以符舊制。等因。業經按照四結为一年，將收支洋稅數目，具奏在案。茲查光緒九年分常稅，前監督崇光管理任內，自光緒七年十一月二十六日起，至八年十一月二十五日止，計一年期內，大關共徵銀一十四萬一百八十九兩五錢六分五厘，各口共徵銀二萬八千二百四十六兩三錢四分七厘，潮州新關共徵銀二萬一千五百五十一兩四錢八分三厘，瓊州新關共徵銀二千九十九兩八錢五分四厘，通共徵銀一十九萬二千八十七兩二錢四分九厘。除支銷通關經費及镕銷折耗等銀二萬三千八百一十六兩五錢六分一厘，動支报解水腳銀六千一百一十六兩一分三厘，部饭食銀四千六百六兩八錢六分七厘，正雜盈餘、水腳平餘等十五兩加平，共銀二千四百三十八兩三分二厘。以上四款，共支銷銀三萬六千九百七十七兩四錢七分三厘，尚存正雜盈餘銀一十五萬五千一百九兩七錢七分六厘。循例报解水腳銀六千一百一十六兩一分三厘，部饭食銀四千六百六兩六分七厘，正雜盈餘、水腳平餘等十五兩加平，共銀二千四百三十八兩三分二厘。以上四款，共存銀一十六萬八千二百七十兩六錢八分八厘，另存平餘銀一千三百九兩六錢七分五厘，統共应存銀一十六萬九千五百八十兩三錢六分三厘。內除解過廣東善後總局截留戶部新增盈餘銀六萬兩，解過廣東藩庫本省兵餉銀六萬兩，存解廣東藩庫本省兵餉銀一萬兩，三共支銀一十三萬兩，尚應存銀三萬九千五百八十兩三錢六分三厘。又廉州府屬北海關口共征貨稅銀二萬三千一百四十七兩一錢五分四厘。以上应存銀兩已撥歸光緒十一年分洋稅項下，湊併不敷撥解。又汲水門等處共征洋藥正稅銀二十六萬六千六百九十八兩八錢，共支銷經費等銀三十四萬四千四百一十兩五錢三厘。除將前項共征洋藥正稅銀兩抵支外，尚不敷銀七萬七千七百一十一兩七錢三厘。至遵旨酌留尾銀，解存藩庫一款，該年無項可撥，合併陳明。謹將光緒九年分常稅收支各數，恭摺具奏，伏乞皇太后、皇上聖鑒。謹奏。

光緒十二年三月初九日，军機大臣奉旨：戶部知道。欽此。

十一年十二月初二日

## 099　粵海關監督增潤奏報光緒十年分粵海等關收支洋稅數目事折①

　　粵海關監督奴才增潤跪奏，爲光緒十年分洋稅第九十三結至第九十六結，一年期內，大關及潮州、瓊州、北海各新關收支總數開單，恭摺具報，仰祈聖鑒事。竊照同治二年十一月間奉部箚行，奏准將各海關洋稅收支數目，均以咸豐十年八月十七日爲始，仍按三箇月奏報一次。扣足四結，專摺奏銷一次。仍從第一結起造具，每結四柱清冊，送部查覈，毋庸按照關期題銷，以清界劃而免稽延。其各關應徵常稅，仍令各按關期，照常題銷，以符舊制。又光緒十年四月間奉戶部箚，本部會議，各海關洋稅奏銷辦理，未能畫一，應令遵照定章，一律開單奏報一摺，於光緒十年二月二十五日具奏，本日奉旨依議。欽此。鈔錄原奏箚行，欽遵辦理，概不准以收支數目串入原摺。等因。伏查粵海關洋稅，光緒九年分第八十九結至九十二結，一年期內，收支總數，業經奏報在案。茲光緒十年分，自光緒九年九月初一日第九十三結起，連閏至十年八月十二日第九十六結止，所有大關及潮州、瓊州、北海各新關洋稅收支各數目，除遵照扣足四結爲一年，造具四柱清冊，送部查覈外，再查奉撥京餉及例解廣儲司公用銀兩，均屬支放要需，亟應依限籌解。若俟庫有徵存，誠恐遲誤，奴才只有設法騰挪，先向西商通融墊解，仍歸入下年分徵收稅項內撥抵覈辦。謹將光緒十年分洋稅收支各數，繕列清單，恭摺具奏。伏乞皇太后、皇上聖鑒。謹奏。

　　該衙門知道，單併發。
　　光緒十二年十二月十五日

---

① 見前揭《清宮粵港澳商貿檔案全集》第1131號檔案，第5770~5773頁；前揭《明清宮藏中西商貿檔案》第882號檔案，第4538~4541頁。

## 100　粵海關監督增潤奏爲補報光緒十年分粵海關收支常稅數目事折①

粵海關監督奴才增潤跪奏，為補報光緒十年分粵海關收支常稅數目恭摺，仰祈聖鑒事。竊照粵海關每年征收稅銀，向係按照關期，將收支各數，分款造報。前於同治二年十一月間奉部扎行，奏准將各海關洋稅收征支數目，均以咸豐十年八月十七日為始，仍按三箇月奏報一次。扣足四結，專摺奏銷一次。仍從第一結起造具，每結四柱清冊，送部查核，毋庸按照關期題銷，以清界劃而免稽延。其各關應征常稅，仍令各按關期，照常題銷，以符舊制。等因。業經按照四結為一年，將收支洋稅數目，具奏在案。茲查光緒十年分常稅，前監督崇光管理任內，自光緒八年十一月二十六日起，至九年十一月二十五日止，計一年期內，大關共征銀一十四萬三千三百六十兩八錢一分九厘，各口共徵銀二萬八千二百四十四兩八錢七分九釐，潮州新關共征銀二萬三千二百二十四兩五錢五分一厘，瓊州新關共征銀二千一百七十八兩四錢六分八厘，通共征銀一十九萬七千四十八兩七錢一分七厘。除支銷通關經費及鎔銷折耗等銀二萬三千八百一十六兩二錢九分七厘，動支報解水腳銀六千二百九十八兩五分四厘，部飯銀四千七百四十三兩九錢八分九厘，正裰盈餘、水腳平餘等十五兩加平，共銀二千五百一十兩五錢分九九厘〔九分九厘〕。以上四款，共支銷銀三萬七千三百六十八兩九錢三分九厘，尚存正裰盈餘銀一十五萬九千六百七十九兩七錢七分八厘。循例報解水腳銀六千二百九十八兩五分四厘，部飯食銀四千七百四十三兩九錢八分九厘，正裰盈餘、水腳平餘等十五兩加平，共銀二千五百一十兩五錢九分九厘。以上四款，共存銀一十七萬三千二百三十二兩四錢二分。另存平餘銀一千三百九十五兩四錢三分四厘，統共應存銀一十七萬四千六百二十七兩八錢五分四厘。內除解部新增盈餘銀六萬兩，十五兩加平銀九百

---

① 見中國第一歷史檔案館第 03-6359-012 號檔案。

兩，部飯食銀一千七百四十兩，解員盤費銀四百六十九兩八錢，廣東藩庫本省兵餉銀五萬兩，存解廣東藩庫本省兵餉銀二萬兩。六共支銀一十三萬三千一百九兩八錢，尚应存銀四萬一千五百一十八兩五分四厘。又廉州府屬北海口共征貨稅銀六萬九千二百四兩七錢一分六厘。以上應存銀兩，已撥歸光緒十一年分洋稅項下，湊併不敷撥解。及汲水門等處共征洋藥正稅銀二十六萬一百二十一兩，共支銷經費等銀二十八萬八千八百五十四兩一錢八分三厘。除將前項共征洋藥正稅銀兩撥支外，尚不敷銀二萬八千七百三十三兩一錢八分三厘。至遵旨酌留尾銀，解存藩庫一款，該年無項可撥，合併陳明。謹將光緒十年分常稅收支各數，恭摺具奏。伏乞皇太后、皇上聖鑒。謹奏。

光緒十三年二月初三日，奉硃批：該衙門知道。欽此。

十二年十二月十七日

## 101　粵海關監督長有跪題爲奏銷光緒十一年分粵海關收支關稅數事折①

二品銜管理粵海關監督事務臣長有跪題，爲奏銷光緒拾壹年分收支關稅數目，仰祈聖鑒事。竊照粵海關每年徵收關稅銀兩，向係按照關期，例於清關後叁個月，將支銷各數，分款陳奏，並循例具題，歷皆遵辦。前於同治貳年拾壹月間奉部剳行，奏准將各海關洋稅收支數目，均以咸豐拾年捌月拾柒日爲始，仍按叁個月奏報壹次。扣足肆結，專摺奏銷壹次。仍從第壹結起造具，每結四柱清冊，送部查核，毋庸按照關期題銷，以清界劃而免稽延。其各關應徵常稅，仍令各按關期，照常題銷，以符舊制。等因。業經按照肆結爲壹年，將收支洋稅數目，具奏在案。查光緒拾壹年分常稅，前監督崇光管理任內，自光緒玖年拾壹月貳拾陸日起，至拾年肆月貳拾伍日止，計伍個月，大關各口、潮州、瓊州新關共徵銀捌萬柒百肆拾兩陸分貳釐。前監督海緒管理任內，自拾年肆

---

① 見中國第一歷史檔案館第02－01－04－22415－039號檔案。

月貳拾陸日起，連閏至拾月貳拾伍日止，計柒個月，大關各口、潮州、瓊州新關共徵銀拾壹萬玖千貳百貳拾捌兩壹錢肆分壹釐。統計壹年兩任，通共徵銀拾玖萬玖仟陸拾捌兩貳錢叁釐。除支銷通關經費及镕銷折耗等銀，又動支報解水腳，又部飯食，又正雜盈餘、水腳平餘等拾伍兩加平。以上肆款，共支銷銀叁萬柒仟伍百柒拾肆兩陸錢捌分壹釐，尚存正雜盈餘銀拾陸萬貳千叁百玖拾叁兩伍錢貳分貳釐。循例報解水腳銀陸千叁百玖拾叁兩陸錢貳分貳釐，部飯食銀肆千捌百拾伍兩玖錢柒分伍釐，正雜盈餘、水腳平餘等拾伍兩加平，共銀貳千伍百肆拾捌兩陸錢玖分伍釐。以上肆款，共存銀拾柒萬陸千壹百伍拾壹兩捌錢壹分肆釐，另存平餘銀壹千壹百貳拾伍兩捌錢捌分伍釐，統共應存銀拾柒萬柒千貳百柒拾柒兩陸錢玖分玖釐。內除解部新增盈餘，又拾伍兩加平，又部飯食，又解員盤費，又廣東藩庫本省兵餉，伍共支銀拾叁萬壹千壹百玖兩捌錢。尚存銀肆萬肆千壹百陸拾柒兩捌錢玖分玖釐。又廉州府屬北海關口共徵貨稅銀壹萬捌千貳百壹兩玖錢伍分陸釐。以上應存銀兩，已撥歸光緒拾貳年分洋稅項下，湊併不敷撥解。又汲水門等處共徵洋藥正稅銀拾陸萬捌千柒百玖拾伍兩玖錢，共支銷經費等銀叁拾萬壹百陸兩伍錢柒分柒釐。除將前項共徵洋藥正稅銀兩祇支外，尚不敷銀拾叁萬壹千叁百拾兩陸錢柒分柒釐。至遵旨酌留尾銀，解存藩庫壹款，查該年無項可撥，合併陳明。除循例造冊，送部核銷外，理合遵例，恭疏題報。伏乞皇上聖鑒。

敕部核覆施行，謹具題聞。

## 102　粵海關監督莊山奏報光緒十一年分粵海關常稅總數目事折[①]

二品頂戴粵海關監督奴才海緒跪奏，为常稅一年期滿，謹將征收總數並汲水门等處，征收洋药正稅及廉州、北海關口稽征貨稅，恭摺具

---

① 見中國第一歷史檔案館第 02-01-04-22388-002 號檔案。

报，仰祈聖鑒事。竊照粵海大關暨各口征收正穊銀兩，向係常洋不分，例於一年期滿，先將總數奏明，俟查覈支銷確數，另行恭疏具題，分款造冊解部。同治二年十一月間奉部剳行，奏准將各海關洋稅收支數目，均以咸豐十年八月十七日為准，按三箇月奏報一次。扣足四結，专摺奏銷一次。仍從第一結起造具，每結四柱清冊，送部查核，毋庸按照關期題銷，以清界劃而免稽延。其各關應徵常稅，仍令各按關期，照常題銷，以符舊制。又同治六年五月內奉部議覆，粵海常稅正額銀五萬六千五百一十一兩九錢四分一厘，盈餘銀十萬兩。又新安、香山二縣所屬汲水門等處開征洋藥正稅並廉州府屬北海關口稽征貨稅，均經奏明，歸入常稅，關期報滿摺內分別具報。各等因。業經光緒十年分征收常稅總數，分別具報在案。茲查光緒十一年分常稅，自光緒九年十一月二十六日起，連閏至十年十月二十五日止，一年期滿，大關征銀十四萬九千五十七兩九錢三分八厘，潮州新關征銀二萬八百十七兩五錢八分八厘，瓊州新關征銀一千八百四十六兩九錢九分三厘，各口徵銀二萬八千二百四十五兩六錢八分四厘，通共徵銀十九萬九千九百六十八兩二錢三厘，除徵足正額盈餘銀十五萬六千五百一十一兩九錢四分一厘外，計多徵銀四萬三千四百五十六兩二錢六分二厘。查粵海關常稅關期報滿，如有多徵，均於摺內聲明在案。奴才抵任後，稔知洋稅侵占常稅情形，益當設法招徠，認真整頓，況前奉上諭籌備餉需內，有通覈關稅一條。倘能溢解一分，則庫儲多受一分之益。現在綜計於正額盈餘之外，多徵銀四萬三千四百五十六兩二錢六分二厘，比較往年有盈無絀。又新安、香山所屬汲水門等處各洋藥稅廠分卡，共徵洋藥稅銀十六萬八千七百九十五兩九錢，廉州府屬北海關口暨各卡，共徵貨稅銀一萬八千二百一兩九錢五分六厘。除俟查覈支銷確數，另行恭疏具題，遵例分晰造冊送部查核外，所有光緒十一年分徵收常稅總數並徵汲水門等處洋藥徵稅、廉州北海關口稽徵貨稅各數目，恭摺具陳。伏乞皇太后、皇上聖鑒。謹奏。

光緒十一年五月十四日，軍機大臣奉旨：戶部知道。欽此。

四月二十一日

## 103　粵海關監督長有奏報光緒十一年分粵海關等關第九十七至一百結收支洋稅總數事折[①]

　　粵海關監督奴才長有跪奏，爲光緒十一年分洋稅，第九十七結至第一百結，一年期內，大關及潮州、瓊州、北海各新關收支總數開單，恭摺具報，仰祈聖鑒事。竊照同治二年十一月間奉部箚行，奏准將各海關洋稅收支數目，均以咸豐十年八月十七日爲始，仍按三箇月奏報一次。扣足四結，專摺奏銷一次。仍從第一結起造具，每結四柱清冊，送部查覈，毋庸按照關期題銷，以清界劃而免稽延。其各關應徵常稅，仍令各按關期照常題銷，以符舊制。又光緒十年四月間，奉戶部箚本部會議，各海關洋稅奏銷辦理，未能畫一，應令遵照定章，一律開單奏報一摺，於光緒十年二月二十五日具奏，本日奉旨依議。欽此。鈔錄原奏箚行，欽遵辦理，概不准以收支數目串入原摺。等因。伏查粵海關洋稅，光緒十年分第九十三結至九十六結，一年期內，收支總數，業經奏報在案。茲光緒十一年分，自光緒十年八月十三日第九十七結起，至十一年八月二十二日第一百結止，所有大關及潮州、瓊州、北海各新關洋稅收支各數目，除遵照扣足四結爲一年，造具四柱清冊，送部查覈外，再查奉撥京餉及例解廣儲司公用銀兩，均屬支放要需，亟應依限籌解。若俟庫有徵存，誠恐遲誤，奴才只有設法騰挪，先向西商通融墊解，仍歸入下年分徵收稅項內，撥抵覈辦。謹將光緒十一年分洋稅收支各數，繕列清單，恭摺具奏。伏乞皇太后、皇上聖鑒。謹奏。

　　該衙門知道，單併發。
　　光緒十四年二月二十五日

---

① 見前揭《清宮粵港澳商貿檔案全集》第1160號檔案，第6006～6009頁；前揭《明清宮藏中西商貿檔案》第909號檔案，第4762～4765頁。

## 104　粤海關監督長有奏爲補報光緒十一年分粤海關收支常稅數目事折[①]

　　二品銜粤海關監督奴才長有跪奏，為補报光绪十一年分粤海關收支常稅數目恭摺，仰祈聖鑒事。窃照粤海關每年徵收稅銀，向係按照關期，將收支各數分款造報。前於同治二年十一月間奉部劄行，奏准將各海關洋稅收支數目，均以咸豐十年八月十七日為始，仍按三個月奏報一次。扣足四結，专摺奏銷一次。仍從第一結起造具，每結四柱清冊，送部查核，毋庸按照關期題銷，以清界劃而免稽延。其各關應徵常稅，仍令各按關期，照常題銷，以苻舊制。等因。業經按照四結為一年，將收支洋稅數目，具奏在案。茲查光緒十一年分常稅，前監督崇光管理任内，自光緒九年十一月二十六日起，至十年四月二十五日止，計五箇月，大關共徵銀六萬八百三十三兩五錢九分七厘，各口共徵銀九千二百一十九兩五錢三分七厘。潮州新關共徵銀九千五百八十四兩三錢三分四厘。瓊州新關共徵銀一千一百二兩五錢九分四厘。四共徵銀八萬七百四十兩六分二厘。前監督海緒管理任内，自十年四月二十六日起，連閏至十月二十五日止，計七箇月，大關共徵銀八萬八千二百二十四兩三錢四分一厘，各口共徵銀一萬九千二十六兩一錢四分七厘。潮州新關共徵銀一萬一千二百三十三兩二錢五分四厘。瓊州新關共徵銀七百四十四兩三錢九分九厘。四共徵銀一十一萬九千二百二十八兩一錢四分一厘。统計一年兩任，大關各口、潮州新關、瓊州新關，通共徵銀一十九萬九千九百六十八兩二錢三厘。除支銷通關經費及鎔銷折耗等銀二萬三千八百一十六兩三錢八分九厘，動支报解水腳銀六千三百九十三兩六錢二分二厘，部飯食銀四千八百一十五兩九錢七分五厘，正雜盈餘、水腳平餘等十五兩加平，共銀二千五百四十八兩六錢九分五厘。以上四款，共支銷銀三萬七千五百七十四兩六錢八分一厘，尚存正雜盈餘銀一十六萬二千

---
① 見中國第一歷史檔案館第 03–6365–021 號檔案。

三百九十三兩五錢二分二厘。循例报解水腳銀六千三百九十三兩六錢二分二厘，部飯食銀四千八百一十五兩九錢七分五厘，正雜盈餘、水腳平餘等十五兩加平，共銀二千五百四十八兩六錢九分五厘。以上四款，共存銀一十七萬六千一百五十一兩八錢一分四厘，另存平餘銀一千七百二十五兩八錢八分五厘。统共应存銀一十七萬七千二百七十七兩六錢九分九厘，内除解部新增盈餘銀六萬兩、十五兩加平銀九百兩，部飯食銀一千七百四十兩，解員盤費銀四百六十九兩八錢。廣東藩庫本省兵餉銀七萬兩，五共支銀一十三萬三千一百九兩八錢，尚应存銀四萬四千一百六十七兩八錢九分九厘。又北海關口共徵貨稅銀一萬八千二百一兩九錢五分六厘。以上应存銀兩，已撥归光緒十二年分洋稅項下，湊併不敷撥解。又汲水門等處共徵洋藥正稅銀一十六萬八千七百九十五兩九錢，共支銷經費等銀三十萬一百六兩五錢七分七厘。除將前項共徵洋藥正稅銀兩抵支外，尚不敷銀一十三萬一千三百一十兩六錢七分七厘。至遵旨酌留尾銀，解存藩庫一款，該年無項可撥，合併陈明。謹將光緒十一年分常稅收支各數，恭摺具奏。伏乞皇太后、皇上聖鑒。謹奏。

光緒十四年八月初四日，奉硃批：戶部知道。欽此。

## 105　粵海關監督長有題爲奏銷光緒十二年分粵海關收支常稅數目事摺①

二品銜管理粵海關監督事務臣長有謹題，爲奏銷光緒拾貳年分收支常稅數目，仰祈聖鑒事。竊照粵海關每年徵收關稅銀兩，向係按照關期，例於滿關後叁個月，將支銷各數，分晰陳奏，並循例具題，歷皆遵辦。前於同治貳年拾壹月間奉部箚行，奏准將各海關洋稅收支數目，均以咸豐拾年捌月拾柒日爲始，仍按叁個月奏報一次。扣足肆結，專摺奏銷一次。仍從第壹結起造具，每結肆柱清冊，送部查核，毋庸按照關期題銷，以清界劃而免稽延。其各關應徵常稅，仍令各按關期，照常題

---

①　見中國第一歷史檔案館第 02－01－04－22444－048 號檔案。

銷，以符舊制。等因。業經按照肆結爲壹年，將收支洋稅數目，具奏在案。查光緒拾貳年分常稅，前監督海緒管理任內，自光緒拾年拾月貳拾陸日起，至拾壹年分拾月貳拾伍日止，計壹年期內，大關各口、潮州、瓊州新關，通共徵銀貳拾萬柒百叁拾伍兩捌錢貳分陸釐，除支銷通關經費及鎔銷折耗等銀，又動支報解水腳，又部飯食，又正雜盈餘、水腳平餘等拾伍兩加平。以上肆款，共支銷銀叁萬柒千柒百叁拾貳兩柒錢捌分伍釐，尚存正雜盈餘銀拾陸萬叁千壹百叁兩肆分壹釐，循例報解水腳銀陸千肆百拾玖兩捌錢，部飯食銀肆千捌百叁拾伍兩陸錢玖分肆釐，正雜盈餘、水腳平餘等拾伍兩加平，共銀貳千伍百伍拾玖兩壹錢叁分壹釐。以上肆款，共存銀拾柒萬陸千玖百拾柒兩陸錢陸分陸釐，另存平餘銀壹千捌拾伍兩捌錢捌分，統共應存銀拾柒萬捌千叁百貳拾伍兩肆分陸釐，內除解過兩廣總督截留戶部新增盈餘，又拾伍兩加平，又部飯食，又廣東藩庫本省兵餉，肆共支銀拾叁萬貳千陸百肆拾兩，尚存銀肆萬伍千壹百陸拾叁兩伍錢肆分陸釐。又廉州府屬北海關口，共徵貨稅銀壹萬伍千拾伍兩柒錢捌分伍釐。以上應存銀兩，已撥歸光緒拾叁年分洋稅項下，湊併不敷撥解。又汲水門等處，共徵洋藥正稅銀拾柒萬叁百伍拾捌兩，共支銷經費等銀肆拾貳萬叁千捌百肆兩肆分叁釐。除抵支外，尚不敷銀伍萬叁千肆百肆拾陸兩貳分叁釐。至遵旨酌留尾銀，解存藩庫一款，該年無項可撥，合併陳明。除循例造冊，送部核銷外，理合遵例，恭疏題報。伏乞皇上聖鑒。

敕部核覆施行，謹具題聞。

## 106　粵海關監督曾潤奏報光緒十二年分粵海關徵收常稅總數事摺①

粵海關監督奴才曾潤跪奏，爲常稅一年期滿，謹將徵收總數並汲水門等處徵收洋藥正稅及廉州北海關口稽徵貨稅恭摺具報，仰祈聖鑒事。

---

①　見中國第一歷史檔案館第 04－01－35－0399－049 號檔案。

竊照粵海大關暨各口徵收正雜銀兩，向係常洋不分，例於一年期滿，先將總數奏明。俟查覈支銷確數，另行恭疏具題，分款造冊解部。同治二年十一月間奉部劄行，奏准將各海關洋稅收支數目，均以咸豐十年八月十七日爲始，按三箇月奏報一次。扣足四結，專摺奏銷一次。仍從第一結起造具，每結四柱清冊，送部查覈，毋庸按照關期題銷，以清界劃而免稽延。其各關應徵常稅，仍令各按關期，照常題銷，以符舊制。又同治六年五月內奉部議覆，粵海關常稅正額銀五萬六千五百一十一兩九錢四分一釐，盈餘銀十萬兩。又新安、香山二縣所屬汲水門等處開徵洋藥正稅並廉州府屬北海關口稽徵貨稅，均經奏明歸入常稅關期報滿摺內，分別具報。各等因。業將光緒十二年分徵收常稅總數，分別具報在案。茲查光緒十三年分常稅，自光緒十一年十月二十六日起，至十二年十月二十五日止，一年期滿，大關徵銀十四萬四千二百九十三兩八錢九分三釐。潮州新關徵銀二萬五百四十六兩四錢七分九釐。瓊州新關徵銀一千九百九十九兩九分三釐，各口徵銀二萬八千二百四十七兩六錢三分一釐，通共徵銀十九萬五千八十七兩九分六釐。除徵足正額盈餘銀十五萬六千五百十一兩九錢四分一釐外，計多徵銀三萬八千五百七十五兩一錢五分五釐。查粵海關常稅關期報滿，如有多徵，均於摺內聲明在案。奴才抵任後，稔知洋稅侵占常稅情形，益當設法招徠，認真整頓，況前奉上諭籌備餉需內，有通覈關稅一條。儻能溢解一分，則庫儲多受一分之益。現在綜計於正額盈餘之外，多徵銀三萬八千五百七十五兩一錢五分五釐，比較往年有盈無絀。又新安、香山所屬汲水門等處各洋藥稅廠分卡，共徵洋藥稅銀十八萬七千七百七十兩一錢。廉州府屬北海關口暨各卡，共徵貨稅銀一萬四千四百三十四兩九千七分二釐。除俟查覈支銷確數，另行恭疏題報，遵例分晰造冊，送部查覈外，所有光緒十三年分徵收常稅總數並徵汲水門等處洋藥正稅、廉州北海關口貨稅各數目，恭摺具陳。伏乞皇太后、皇上聖鑒。謹奏。

　　該衙門知道。

　　光緒十三年三月二十六日

## 107　兩廣總督張之洞等奏報光緒十二年分粵海關潮州關第一百五結徵收正半各稅銀事折①

廣東巡撫臣吳大澂、兩廣總督臣張之洞、粵海關監督臣增潤跪奏，爲粵海、潮州二關第一百五結徵收正稅，並船鈔、土貨半稅各銀數開單奏報，仰祈聖鑒事。竊照前准戶部並總理各國事務衙門咨行，將各關稅按結酌提四成解部，粵海關從第二十三結起解。又准戶部咨陝西省每月應撥協餉銀一萬兩，嗣准部咨自光緒十二年正月起，改爲籌邊軍餉。又內務府造辦處按季籌辦赤金各五百兩抵還閩省借款，自光緒二年正月起，每結撥銀六千兩。光緒十二年五月間接准部咨，各關應解抵閩京餉，改爲加放俸餉。光緒元年十月間部議籌辦海防餉需案內，粵海關應提四成洋稅，自光緒元年七月起，按結分解南北洋大臣兌收應用。嗣准部咨四成洋稅，自光緒二年七月爲始，以一半批解北洋海防，以一半解部抵還西征餉銀二百萬兩之款。光緒四年五月間又准部咨，撥解北洋經費，截至光緒三年年底止。其光緒四年起，應解南北洋經費，遵照奏案核數分解。等因。奉旨該衙門知道。欽此。咨行遵照光緒十二年二月間，承准總理海軍事務衙門咨，將南北洋海防經費撥歸海軍衙門，作爲常年餉需經費之用。所有同治五年二月十六日起，至光緒十二年九月初三日止，粵海、潮州二關第二十三結至一百四結徵解銀數歷經按結奏報。光緒十年四月間准戶部咨本部會議，各海關洋稅奏銷辦理，未能畫一，應令遵照定章，一律開單奏報一摺。光緒十年二月二十五日具奏，本日奉旨依議。欽此。咨行到粵，歷經欽遵辦理各在案。茲自光緒十二年九月初四日起，至十二月初七日止，計三箇月爲第一百五結粵海、潮州二關徵收正稅、洋藥稅，共銀四十四萬八千二百五十九兩七分五釐，核計四成銀一十七萬九千三百三兩六錢三分。除撥解光緒十二年二月、

---

① 見前揭《清宮粵港澳商貿檔案全集》第 1142 號檔案，第 5861~5866 頁；前揭《明清宮藏中西商貿檔案》第 892 號檔案，第 4619~4624 頁。

三月、四月籌邊軍餉，共銀三萬兩；辦解內務府十二年冬季分赤金價銀九千二百五十兩；造辦處十二年冬季分赤金價銀九千二百五十兩。抵還閩省借款解京改放俸餉銀六千兩外，實存四成銀一十二萬四千八百三兩六錢三分。又本屆第一百五結期內粵海、潮州二關徵收船鈔、土貨半稅、招商局輪船貨稅、土貨半稅及粵海大關子口稅、招商局輪船船鈔，暨潮州新關徵收招商局輪船洋藥稅各項，共銀八萬一千二百二十八兩四錢五分五釐。至粵海大關招商局輪船洋藥稅、潮州新關子口稅、潮州新關招商局輪船船鈔，本屆並無徵收。所有粵海、潮州二關第一百五結徵收正稅及船鈔子口稅、洋藥稅、土貨半稅各緣由，除咨總理衙門暨戶部外，臣等謹繕列清單，會同通商大臣、兩江總督臣曾國荃，恭摺具陳。伏祈皇太后、皇上聖鑒。謹奏。

該衙門知道，單併發。

光緒十三年閏四月初四日

## 108　兩廣總督張之洞等奏報光緒十二年分粵海潮州瓊州廉州北海關第一百六結徵稅銀數事折[①]

廣東巡撫臣吳大澂、兩廣總督臣張之洞、粵海關監督臣長有跪奏，為粵海、潮州二關及瓊州、廉州、北海兩新關，第一百六結徵收正稅並船鈔、土貨半稅各銀數，開單奏報，仰祈聖鑒事。竊照光緒十年四月間准戶部咨會議，各海關洋稅奏銷、瓊州、北海兩關未據按結奏報，應令遵照定章，一律開單奏報一摺，奉旨依議。欽此。咨行到粵，當經欽遵辦理。查粵海、潮州二關徵收洋稅四成項下銀兩，歷准戶部並總理各國事務衙門咨，每月撥解陝西協餉銀一萬兩，嗣改為籌邊軍餉。又每季籌辦內務府造辦處赤金各五百兩。又每結撥解抵還閩省借款銀六千兩，嗣改為加放俸餉。又應解南北洋經費，嗣准總理海軍事務衙門咨撥歸海軍

---

① 見前揭《清宮粵港澳商貿檔案全集》第1155號檔案，第5976~5981頁；前揭《明清宮藏中西商貿檔案》第904號檔案，第4732~4737頁。

衙門，作爲常年餉需經費之用。各等因。所有同治五年二月十六日第二十三結起，至光緒十二年二月初七日第一百五結止，粵海、潮州二關徵解銀數，歷經按結奏報在案。茲光緒十二年十二月初八日起，至十三年三月初七日止，計三箇月，爲第一百六結。粵海、潮州二關徵收正稅洋藥稅，共銀四十三萬二千二十四兩四錢八分八釐，核計四成銀一十七萬二千八百九兩七錢九分五釐二毫。除撥解光緒十二年五月、六月、七月籌邊軍餉共銀三萬兩，辦解內務府十三年春季分赤金價銀九千二百五十兩，造辦處十三年春季分赤金價銀九千二百五十兩，抵還閩省借款解京改放俸餉銀六千兩外，實存四成銀一十一萬八千三百九兩七錢九分五釐二毫。又本屆第一百六結期內，粵海、潮州二關徵收洋船船鈔、土貨半稅、招商局輪船貨稅船鈔、土貨半稅，及粵海大關徵收子口稅、潮州新關徵收招商局輪船洋藥稅各項，共銀五萬三千四百一十九兩九錢五分九釐，至粵海大關、招商局輪船洋藥稅、潮州新關子口稅，本屆並無徵收。又瓊州、廉州北海兩新關，自光緒十二年十二月初八日起，至十三年三月初七日止，計三箇月，爲第一百六結。瓊州、北海兩新關，徵收正稅洋藥稅，共銀五萬二千五百八十九兩五錢二釐。又本屆第一百六結，瓊州、廉州北海二新關徵收船鈔、土貨半稅、子口稅各項，共銀二千一百四十八兩九錢九分九釐，至招商局輪船貨稅船鈔、洋藥稅、土貨半稅，本屆並無徵收。所有粵海、潮州二關及瓊州、廉州北海二新關第一百六結徵收正稅及船鈔子口稅、洋藥稅、土貨半稅各緣由，除咨總理衙門暨戶部外，再光緒三年四月閒准戶部咨，瓊州、北海兩關所收洋稅既無外國扣款，自毋庸再行分別四成、六成報解，合併陳明。臣等謹繕列清單，會同南洋通商大臣、兩江總督臣曾國荃，恭摺具陳。伏祈皇太后、皇上聖鑒。謹奏。

　　該衙門知道，單併發。
　　光緒十三年十月二十五日

## 109　粵海關監督長有奏報光緒十二年分粵海大關等關收支洋稅總數事折①

　　二品銜粵海關監督奴才長有跪奏，為光緒十二年分洋稅第一百一結至第一百四結，一年期內，大關及潮州、瓊州、北海各新關收支總數，開單恭摺具報，仰祈聖鑒事。竊照同治二年十一月間奉部劄行，奏准將各海關洋稅收支數目，均以咸豐十年八月十七日為始，仍按三箇月奏報一次。扣足四結，專摺奏銷一次。仍從第一結起造具，每結四柱清冊，送部查覈，毋庸按照關期題銷，以清界劃而免稽延。其各關應徵常稅，仍令各按關期，照常題銷，以符舊制。又光緒十年四月間奉戶部劄本部會議各海關洋稅奏銷辦理，未能畫一，應令遵照定章，一律開單奏報一摺，於光緒十年二月二十五日具奏，本日奉旨依議。欽此。鈔錄原奏劄行，欽遵辦理，概不准以收支數目串入原摺。等因。伏查粵海關洋稅，光緒十一年分，第九十七結至一百結，一年期內，收支總數，業經奏報在案。茲光緒十二年分，自光緒十一年八月二十三日第一百一結起，至十二年九月初三日第一百四結止，所有大關及潮州、瓊州、北海各新關洋稅收支各數目，除遵照扣足四結為一年，造具四柱清冊，送部查覈外，再查奉撥京餉及例解廣儲司公用銀兩，均屬支放要需，亟應依限籌解。若俟庫有徵存，誠恐遲誤。奴才只有設法騰挪，先向西商通融墊解，仍歸入下年分徵收稅項內，撥抵覈辦。謹將光緒十二年分，洋稅收支各數，繕列清單，恭摺具奏。伏乞皇上聖鑒。謹奏。

　　該衙門知道，單併發。
　　光緒十五年五月初九日

---

①　見前揭《清宮粵港澳商貿檔案全集》第1170號檔案，第6055～6057頁；前揭《明清宮藏中西商貿檔案》第918號檔案，第4808～4810頁。

## 110　粵海關監督長有奏爲補報光緒十二年分粵海關收支常稅數目事摺①

　　二品銜粵海關監督奴才長有跪奏，爲補報光緒十二年分粵海關收支常稅數目恭摺，仰祈聖鑒事。竊照粵海關每年徵收稅銀，向係按照關期，將收支各數，分款造報。前於同治二年十一月間奉部劄行，奏准將各海關洋稅收支數目，均以咸豐十年八月十七日爲始，仍按三箇月奏報一次。扣足四結，專摺奏銷一次。仍從第一結起造具，每結四柱清冊，送部查覈。毋庸按照關期題銷，以清界劃而免稽延。其各關應徵常稅，仍令各按關期，照常題銷，以符舊制。等因。業經按照四結爲一年，將收支洋稅數目，具奏在案。茲查光緒十二年分常稅，前監督海緒管理任內，自光緒十年十月二十六日起，至光緒十一年十月二十五日止，計一年期內，大關共徵銀一十四萬八千四百五兩六錢九釐，各口共徵銀二萬八千二百五十九兩二錢四分五釐，潮州新關共徵銀二萬一千七百五十兩七錢七分九釐，瓊州新關共徵銀二千三百二十兩一錢九分三釐，通共徵銀二十萬七百三十五兩八錢二分六釐。除支銷通關經費及鎔銷折耗等銀二萬三千八百一十八兩一錢六分，動支報解水腳銀六千四百一十九兩八錢，部飯食銀四千八百三十五兩六錢九分四釐，正雜盈餘、水腳平餘等十五兩加平，共銀二千五百五十九兩一錢三分一釐。以上四款，共支銷銀三萬七千六百三十二兩七錢八分五釐，尚存正雜盈餘銀一十六萬三千一百三兩四分一釐。循例報解水腳銀六千四百一十九兩八錢，部飯食銀四千八百三十五兩六錢九分四釐，正雜盈餘、水腳平餘等十五兩加平，共銀二千五百五十九兩一錢三分一釐。以上四款，共存銀一十七萬六千九百一十七兩六錢六分六釐，另存平餘銀一千八十五兩八錢八分，統共應存銀一十七萬八千三兩五錢四分六釐。內除解過兩廣總督截留戶部新增盈餘銀六萬兩、十五兩加平銀九百兩、部飯食銀一千七百四十兩、廣

---

① 見中國第一歷史檔案館第 04-01-35-0403-030 號檔案。

東藩庫本省兵餉銀七萬兩。四共支銀一十三萬二千六百四十兩，尚應存銀四萬五千三百六十三兩五錢四分六釐。又廉州府屬北海關口共徵貨稅銀一萬五千一十五兩七錢八分五釐。以上應存銀兩，已撥歸光緒十三年分洋稅項下，湊併不敷撥解。又汲水門等處共徵洋藥正稅銀一十七萬三百五十八兩，共支銷經費等銀二十二萬三千八百四兩二分三釐。除將前項共徵洋藥正稅銀兩抵支外，尚不敷銀五萬三千四百四十六兩二分三釐。至遵旨酌留尾銀，解存藩庫一款，該年無項可撥，合併陳明。謹將光緒十二年分常稅收支各數，恭摺具奏。伏乞皇上聖鑒。謹奏。

戶部知道。

光緒十五年十月十八日

## 111　粵海關監督增潤奏報光緒十三年分粵海關辦貢次數用銀數目事折①

二品銜粵海監督奴才增潤跪奏，為遵旨詳細覆奏，仰祈聖鑒事。竊奴才於光緒十三年五月十一日承准軍機大臣字寄光緒十三年閏四月十四日奉上諭：粵海關向有呈進貢物，每年呈進幾次，約共用銀若干，著增潤即將實在數目，詳細覆奏，將此諭令知之。欽此。等因。遵旨傳諭前來，奴才當即欽遵辦理。謹查奴才於上年六月二十五日抵任，於十月恭逢皇太后萬壽，連年貢一併呈進品物，約共用銀八萬餘兩。本年端陽貢品，約共用銀二萬五千餘兩，現擬六月間恭進皇上萬壽貢品，約共用銀二萬五千餘兩。以上共呈進貢物三次，統共約用銀十三萬餘兩，理合遵旨，詳細覆奏。伏乞皇太后、皇上聖鑒。謹奏。

另有旨。

光緒十三年五月二十五日

---

①　見前揭《清宮粵港澳商貿檔案全集》第1143號檔案，第5867~5868頁；前揭《明清宮藏中西商貿檔案》第893號檔案，第4625~4626頁。

## 112 粵海關監督增潤奏報光緒十三年分粵海大關等處徵收各項稅銀數目片①

再，查洋稅按照結期，自光緒十三年八月十五日起，截至十三年八月二十日止，計六日，大關共徵洋稅銀一萬二千九兩五錢九分八釐，洋藥稅銀三千三百六十七兩一錢二分五釐，招商局輪船洋稅八兩七錢九分三釐。潮州新關共徵洋稅銀五千七百九十四兩七錢四分二釐，洋藥稅銀二千九百七十六兩四錢一分三釐，土貨半稅銀一千七百五十兩六錢八分二釐，招商局輪船洋稅銀三百五十八兩三錢六分九釐，土貨半稅銀二百二十四兩四錢六分四釐。瓊州新關共徵洋稅銀二百四十九兩五錢三分一釐，子口稅銀三十八兩八錢九分。北海新關共徵洋稅銀四千七百九十四兩七錢五分八釐，洋藥稅銀一千三十九兩六錢五分。常稅按照關期，自光緒十二年十月二十六日起，至十三年八月二十日止，連閏計十箇月零二十五日，大關共徵常稅銀十三萬三百五十八兩七錢九分，潮州新關共徵常稅銀一萬八千七百九十七兩九錢九分七釐，瓊州新關共徵常稅銀一千八百十三兩八錢五分，北海新關共徵常稅銀一萬四千二百三十四兩七錢五分六釐，各口共徵銀二萬二千五百二兩四錢一分五釐。又新安香山等屬各洋藥稅廠，自十二年十月二十六日起，至十三年三月初八日停辦止，共徵洋藥稅銀五萬五千八百三十一兩五錢，除支銷經費銀八萬七千五百三十三兩五錢九分五釐，不敷銀三萬一千七百二兩九分五釐。以上各款覈明，一併移交新任監督長有接管，因潮州、瓊州、北海三關截算數目報到有需時日，是以拜發稍遲。奴才旣經交卸，此摺係借用粵海關監督關防，合併聲明。伏乞聖鑒。謹奏。

戶部知道。

---

① 見前揭《清宮粵港澳商貿檔案全集》第1153號檔案，第5966~5969頁；前揭《明清宮藏中西商貿檔案》第902號檔案，第4722~4725頁。

## 113　粵海關監督增潤奏報光緒十三年分交卸印務日期等事摺①

　　二品銜粵海關監督奴才增潤跪奏，爲恭報交卸印務日期並造册移交錢糧，仰祈聖鑒事。竊奴才承准户部劄知本年五月二十日奉旨，粵海關監督著長有去。欽此。兹新任監督長有，於本年八月二十一日行抵廣州省城。奴才隨派大關委員倪鳳瑞恭齎粵海關關防一顆，並庫儲錢糧，逐款造册移交訖。其大關、潮州新關、瓊州新關、北海新關各口，共徵洋税、常税、洋藥税、土貨半税、子口税、招商局輪船貨税暨各洋藥税廠收支數目，現均截至八月二十日止，一併移交接收。奴才俟交代清楚，卽行起程回京。除循例恭疏題報外，所有奴才交卸印務日期，並造册移交錢糧緣由，謹恭摺具奏。伏乞皇太后、皇上聖鑒。謹奏。
　　知道了。
　　光緒十三年十月二十日

## 114　粵海關監督廣英奏爲補報光緒十三年分粵海關收支常税數目事摺②

　　二品頂戴粵海關監督奴才廣英跪奏，爲補報光緒十三年分粵海關收支常税數目恭摺，仰祈聖鑒事。竊照粵海關每年徵收税銀，向係按照關期，將收支各數，分款造報。前於同治二年十一月間奉部劄行，奏准將各海關洋税收支數目，均以咸豐十年八月十七日爲始，仍按三箇月奏報一次。扣足四結，專摺奏報一次。仍從第一結起造具，每結四柱清册，送部查覈，毋庸按照關期題銷，以清界劃而免稽延。其各關應徵常税，仍令各按關期，照常題銷，以符舊制。等因。業經按照四結爲一年，將收支洋税數目，具奏在案。兹查光緒十三年分常税，前監督海緒管理任

---

①　見前揭《清宮粵港澳商貿檔案全集》第 1152 號檔案，第 5964~5965 頁。
②　見中國第一歷史檔案館第 03-6375-005 號檔案。

内，自光緒十一年十月二十六日起，至十二年六月二十四日止，計七箇月零二十九日，大關徵銀九萬七千四百五十三兩二錢七分，各口共徵銀一萬四千三百一十七兩九錢一分，潮州新關共徵銀一萬五千九百九十八兩六錢三分四厘，瓊州新關共徵銀一千五百四十二兩八錢九分五厘。四共徵銀一十二萬九千三百一十二兩七錢九厘。前監督增潤管理任內，自十二年六月二十五日起，至十月二十五日止，計四箇月零一日，大關徵銀四萬六千八百四十兩六錢二分三厘，各口共徵銀一萬三千九百二十九兩七錢二分一厘，潮州新關共徵銀四千五百四十七兩八錢四分五厘，瓊州新關共徵銀四百五十六兩一錢九分八厘。四共徵銀六萬五千七百七十四兩三錢八分七厘。統計一年兩任，大關各口、潮州新關、瓊州新關，通共徵銀一十九萬五千八十七兩九分六厘。除支銷通關經費及鎔銷折耗等銀二萬三千八百一十八兩六錢一分，動支報解水腳銀六千二百一十兩三錢六分五厘，部飯食銀四千六百七十七兩九錢三分七厘，正雜盈餘、水腳平餘等十五兩加平，共銀二千四百七十五兩六錢四分三厘。以上四款，共支銷銀三萬七千一百八十兩五錢五分五厘，尚存正雜盈餘銀一十五萬七千九百六兩五錢四分一厘。循例報解水腳銀六千二百一十兩三錢六分五厘，部飯食銀四千六百七十七兩九錢三分七厘，正雜盈餘、水腳平餘等十五兩加平，共銀二千四百七十五兩六錢四分三厘。以上四款，共存銀一十七萬一千二百七十兩四錢八分六厘，另存平餘銀九百二十五兩九錢九分六厘，统共应存銀一十七萬二千一百九十六兩四錢八分二厘。內除解過河南河工部撥新增盈餘銀六萬兩、廣東藩庫本省兵餉銀七萬兩，二共支銀一十三萬兩，尚应存銀四萬二千一百九十六兩四錢八分二厘。又廉州府屬北海關口共徵貨稅銀一萬四千四百三十四兩九錢七分二厘。以上應存銀兩，已撥歸光緒十四年分洋稅項下，湊併不勇撥解。又汲水門等處共徵洋藥正稅銀一十八萬七千七十兩一錢，共支銷經費等銀三十八萬二百七兩三錢五分六厘。除將前項共徵洋藥正稅銀兩抵支外，尚不勇銀一十九萬三千一百三十七兩二錢五分六厘。至遵旨酌留尾銀，解存藩庫一款，該年無項可撥，合併陳明。謹將光緒十三年分常稅收支各數，恭摺具奏。伏乞皇上聖鑒。謹奏。

　　光緒十七年正月十八日，奉硃批：戶部知道。欽此。
　　十六年十二月初十日

## 115　粵海關監督長有奏報光緒十三年分接受盤查關庫現存銀兩數目相符折①

　　粵海關監督奴才長有跪奏，爲恭報接收交代關庫現存銀兩盤查數目相符，仰祈聖鑒事。竊奴才荷蒙恩命，簡放粵海關監督，業將到任接印日期，恭疏題報，並繕摺叩謝天恩在案。嗣准前監督增潤移交關庫各款，奴才分日逐一盤查，除光緒十年分洋稅收支數目，業經前監督增潤報明，將應存各款全數抵撥，連前共不敷銀三百九十九萬二千六百八十九兩七錢九分一釐一毫，並開造四柱清冊，送部查覈在案。茲自光緒十年八月十三日第九十七結起，連閏至十三年八月十四日第一百八結止，計十二結內，十一年分，大關、潮州、瓊州、北海各新關及大關、潮州、招商局輪船，共徵洋稅銀一百六十四萬九千七百一兩七錢二分三釐。除支解外，應存銀九萬二千五十九兩六錢九分一釐；十二年分，大關、潮州、瓊州、北海各新關及大關、潮州、招商局輪船，共徵洋稅銀一百七十四萬七千七百九十五兩四錢一分八釐。除支解外，不敷銀十九萬三千六百八十七兩三錢九分三釐八毫；十三年分，大關、潮州、瓊州、北海各新關及大關、潮州、招商局輪船，共徵洋稅銀一百八十九萬八千七百五十兩三錢二分二釐。除支解外，不敷銀六萬六千八百八兩七錢三分三釐八毫。又自十三年八月十五日起，至二十日止，計六日，大關、潮州、瓊州、北海各新關及大關、潮州、招商局輪船，共徵洋稅銀二萬三千二百五十兩七錢九分一釐。除支解外，不敷銀五萬三千二百四十九兩四錢六分八釐。除將十一年分應存銀兩抵撥外，尚不敷銀二十二萬一千六百八十五兩九錢四釐六毫，連十年分不敷，統計共不敷銀四百二十一萬四千三百七十五兩六錢九分五釐七毫。又常稅按關期計算，自光緒九年十一月二十六日起，連閏至十二年十月二十五日止，計三年

---

① 見前揭《清宫粵港澳商貿檔案全集》第1157號檔案，第5987～5995頁；前揭《明清宫藏中西商貿檔案》第906號檔案，第4743～4751頁。

內，十一年分，大關、潮州、瓊州新關及各口常稅銀十九萬九千九百六十八兩二錢三釐，汲水門等洋藥稅銀十六萬八千七百九十五兩九錢，廉州北海各卡口貨稅銀一萬八千二百一兩九錢五分六釐，合共徵常稅銀三十八萬六千九百六十六兩五分九釐。除支解外，不敷銀六萬六千八百十七兩七錢七分二釐。十二年分，大關、潮州、瓊州新關及各口常稅銀二十萬七百三十五兩八錢二分六釐，汲水門等處洋藥稅銀十七萬三百五十八兩，廉州北海各卡口貨稅銀一萬五千十五兩七錢八分五釐，合共徵常稅銀三十八萬六千一百九兩六錢一分一釐。除支解外，應存銀四萬八千九百六十七兩六分五釐。十三年分，大關、潮州、瓊州新關及各口常稅銀十九萬五千八十七兩九分六釐，汲水門等處洋藥稅銀十八萬七千七十兩一錢，廉州北海各卡口貨稅銀一萬四千四百三十四兩九錢七分二釐，合共徵常稅銀三十九萬六千五百九十二兩一錢六分八釐。除支解外，不敷銀四千五百六十五兩二錢五分六釐。又自十二年十月二十六日起，連閏至十三年八月二十日止，計十箇月零二十五日，大關、潮州、瓊州新關及各口常稅銀十七萬三千四百七十三兩五分二釐，廉州北海各卡口貨稅銀一萬四千二百三十四兩七錢五分六釐，汲水門等處自十二年十月二十六日起，至十三年三月初八日停辦止，洋藥稅銀五萬五千八百三十一兩五錢，合共徵常稅銀二十四萬三千五百三十九兩三錢八釐。除支解外，應存銀十三萬九千七百六十八兩八錢九分九釐。以上應存銀兩，除撥抵不敷外，應存銀十一萬七千二百二兩九錢三分六釐。內除各口已徵未解銀六萬五千二百三十一兩四錢六分九釐，應存銀五萬一千九百七十一兩四錢六分七釐。另存光緒十一年分起，至十三年八月二十日止，平餘等銀一千五十兩一錢一釐。又應存第四十九結起至第九十六結止四成、二成洋稅、洋藥稅、第七十七結起至第九十六結止六成提一成半洋稅、洋藥稅，第八十一結起至第九十六結止奉天練餉、糧道、普濟堂、陝西協餉、撥充伊犁償款及光緒十年分常稅、北海貨稅、十一、十二、十三年分現徵洋藥稅半稅，共銀四百五十四萬六千六百六十九兩四錢八分五釐七毫。以上共應存銀四百五十九萬九千六百九十一兩五分三釐七毫，均由前監督增潤借撥外，尚存銀三十八萬五千三百十五兩三錢五分八釐。奴才按款詳查，悉心稽覈，數目均屬相符。伏查粵海關應解京外各餉及洋款利息，為數甚鉅，皆屬要需，而前任積欠未解款目繁多，實難埽數補解；且現在海防雖定，商客猶待招徠，聯單通行章程亟宜防弊，奴才受恩深重，惟有認真整飭，統顧兼籌，以期稅課豐盈，源源接濟。所有盤查關庫現存銀兩緣由，除循例恭疏題報外，謹繕摺具奏。伏乞皇太后、皇上聖鑒。謹奏。

戶部知道。

光緒十三年十一月十一日

## 116　兩廣總督張之洞等奏報光緒十三年分粵海潮州瓊州北海關第一百七結徵稅銀數事摺①

廣東巡撫臣吳大澂、兩廣總督臣張之洞、粵海關監督臣長有跪奏，為粵海、潮州二關及瓊州、廉州北海兩新關第一百七結徵收正稅，並船鈔土貨半稅各稅銀數，開單奏報，仰祈聖鑒事。竊照光緒十年四月間准戶部咨會議各海關洋稅奏銷，瓊州、北海兩關未據按結奏報，應令遵照定章，一律開單奏報一摺，奉旨依議。欽此。咨行到粵，當經欽遵辦理。查粵海、潮州二關徵收洋稅四成項下銀兩，歷准戶部並總理各國事務衙門咨，每月撥解陝西協餉銀一萬兩，嗣改為籌邊軍餉。又每季籌辦內務府造辦處赤金各五百兩。又每結撥解抵還閩省借款銀六千兩，嗣改為加放俸餉。又應解南北洋經費，嗣准總理海軍事務衙門咨撥海軍衙門，作為常年餉需經費之用。各等因。所有同治五年二月十六日第二十三結起，至光緒十三年三月初七日第一百六結止，粵海、潮州二關徵解銀數，歷經按結奏報在案。茲自光緒十三年三月初八日起，連閏至五月初十日止，計三箇月，為第一百七結，粵海、潮州二關徵收正稅、洋藥稅，共銀四十三萬六千八百二兩六分八釐，核計四成銀一十七萬四千七百二十兩八錢二分七釐二毫。除撥解光緒十二年八月、九月、十月籌邊

---

①　見前揭《清宮粵港澳商貿檔案全集》第1156號檔案，第5982～5986頁；前揭《明清宮藏中西商貿檔案》第905號檔案，第4738～4742頁。

軍餉共銀三萬兩，辦解內務府十三年夏季分赤金價銀九千二百五十兩，造辦處十三年夏季分赤金價銀九千二百五十兩，抵還閩省借款解京改放俸餉銀六千兩外，實存四成銀一十二萬二百二十兩八錢二分七釐二毫。又本屆第一百七結，粵海、潮州二關徵收洋船船鈔、土貨半稅、招商局輪船貨稅船鈔、洋藥稅、土貨半稅及粵海大關徵收子口稅各項，共銀七萬九千一百六十兩八錢九分三釐；至潮州新關子口稅，本屆並無徵收。又瓊州、廉州北海兩新關，自光緒十三年三月初八日起，連閏至五月初十日止，計三箇月，為第一百七結，瓊州、北海兩新關徵收正稅、洋藥稅，共銀六萬七千八百七十八兩一錢九分六釐。又本屆第一百七結，瓊州、廉州北海二新關徵收船鈔土貨半稅、子口稅各項，共銀二千四百八十三兩六錢五分六釐，至招商局輪船貨稅、船鈔、洋藥稅、土貨半稅，本屆並無徵收。所有粵海、潮州二關及瓊州、廉州北海二新關第一百七結，徵收正稅及船鈔、子口稅、洋藥稅、土貨半稅各緣由，除咨總理衙門暨戶部外，再光緒三年四月間准戶部咨，瓊州、北海兩關所收洋稅，既無外國扣款，自毋庸再行分別四成、六成報解，合併陳明。臣等謹繕列清單，會同南洋通商大臣、兩江總督臣曾國荃，恭摺具陳。伏祈皇太后、皇上聖鑒。謹奏。

該衙門知道，單併發。

光緒十三年十一月初三日

## 117　粵海關監督長有奏報光緒十三年分粵海關各口徵收常稅數目並移交新任監督事折①

增潤片

再，查洋稅按照結期，自光緒十三年八月十五日起，至十三年八月二十日止，計六日，大關共徵洋稅銀一萬二千九兩五錢九分八厘，洋藥稅銀三千三百六十七兩一錢二分五厘，招商局輪船洋藥稅銀八兩七錢九分三厘。潮州新關共徵洋稅銀五千七百九十四兩七錢四分二厘，洋藥稅

---

① 見中國第一歷史檔案館第 03–6362–027 號檔案。

銀二千九百七十六兩四錢一分三厘，土貨半稅銀一千七百五十兩六錢八分二厘，招商局輪船洋稅銀三百五十八兩三錢六分九厘，土貨半稅銀二百二十四兩四錢六分四厘。瓊州新關共徵洋稅銀二百四十九兩五錢三分一厘，子口稅銀三十八兩八錢九分。北海新關共徵洋稅銀四千七百九十四兩七錢五分八厘，洋藥稅銀一千三十九兩六錢五分。常稅按照關期，自光緒十二年十二月二十六日起，至十三年八月二十日止，連閏計十箇月零二十五日，大關共徵常稅銀十三萬三百五十八兩七錢九分。潮州新關共徵常稅銀一萬八千七百九十七兩九錢九分七厘。瓊州新關共徵常稅銀一千八百十三兩八錢五分。北海新關共徵常稅銀一萬四千二百三十四兩七錢五分六厘。各口共徵銀二萬二千五百二兩四錢一分五厘。又新安、香山等屬各洋藥稅廠，自十二年十月二十六日起，至十三年三月初八日停辦止，共徵洋藥稅銀五萬五千八百三十一兩五錢。除支銷經費銀八萬七千五百三十三兩五錢九分五厘，不敷銀三萬一千七百二兩九分五厘。以上各款覼明，一併移交新任監督長有接管。因潮州、瓊州、北海三關截算數目，報到有需時日，是以拜發稍遲。奴才既經交卸，此摺係借用粵海關監督關防，合併聲明。伏乞聖鑒。謹奏。

光緒十三年十一月廿日，奉硃批：戶部知道。欽此。

粵海关監督

十一月廿日

## 118　兩廣總督張之洞等奏報光緒十三年分粵海潮州瓊州北海關第一百八結徵稅銀數事摺①

廣東巡撫臣吳大澂、兩廣總督臣張之洞、粵海關監督臣長有跪奏，爲粵海、潮州二關及瓊州、廉州北海兩新關第一百八結徵收正稅，並船鈔、土貨半稅各銀數，開單奏報，仰祈聖鑒事。竊照光緒十年四月開准戶部咨會議，各海關洋稅奏銷，應令遵照定章，一律開單奏報一摺，奉

---

① 見前揭《清宮粵港澳商貿檔案全集》第1162號檔案，第6020~6024頁；前揭《明清宮藏中西商貿檔案》第911號檔案，第4776~4780頁。

旨依議。欽此。咨行到粵，當經欽遵辦理。查粵海、潮州二關徵收洋稅四成項下銀兩，歷准戶部並總理各國事務衙門咨，每月撥解陝西協餉銀一萬兩嗣改爲籌邊軍餉。又每季籌辦內務府造辦處赤金各五百兩。又每結撥解抵還閩省借款改爲加放俸餉銀六千兩。又應解南北洋經費，嗣准總理海軍事務衙門咨撥歸海軍衙門作爲常年餉需經費之用。各等因。所有同治五年二月十六日第二十三結起，至光緒十三年五月初十日第一百七結止，粵海、潮州二關徵解銀數，歷經按結奏報在案。茲自光緒十三年五月十一日起，至八月十四日止，計三箇月，爲第一百八結，粵海、潮州二關徵收正稅、洋藥稅，共銀六十萬六千一百二十一兩二錢六分五釐，核計四成銀二十四萬二千四百四十八兩五錢六釐。除撥解光緒十二年十一月、十二月，十三年正月籌邊軍餉共銀三萬兩，辦解內務府十三年秋季分赤金價銀九千二百五十兩，造辦處十三年秋季分赤金價銀九千二百五十兩，抵還閩省借款解京改放奉餉六千兩外，實存四成銀十八萬七千九百四十八兩五錢六釐。又本屆第一百八結粵海、潮州二關徵收洋船船鈔、土貨半稅、招商局輪船貨稅船鈔、洋藥稅、土貨半稅及粵海大關徵收子口稅各項，共銀七萬九千二百七十一兩八錢八分；至潮州新關子口稅，本屆並無徵收。又瓊州、廉州北海兩新關，自光緒十三年五月十一日起，至八月十四日止，計三箇月，爲第一百八結，瓊州北海兩關徵收正稅、洋藥稅共銀七萬四千一百二十五兩五分。又本屆第一百八結，瓊州廉州北海二新關徵收船鈔、土貨半稅、子口稅各項，共銀三千一百五十六兩二錢四分三釐；至招商局輪船貨稅船鈔、洋藥稅、土貨半稅，本屆並無徵收。所有粵海、潮州二關及瓊州、廉州北海二新關第一百八結徵收正稅及船鈔、子口稅、洋藥稅、土貨半稅各緣由，除咨總理衙門暨戶部外，再光緒三年四月閒准戶部咨，瓊州、北海兩關所收洋稅，旣無外國扣款，自毋庸再行分別四成、六成報解，合併陳明。臣等謹繕列清單，會同南洋通商大臣、兩江總督臣曾國荃，恭摺具陳。伏祈皇太后、皇上聖鑒。謹奏。

　　該衙門知道，單併發。

　　光緒十四年六月十二日

## 119　兩廣總督張之洞等奏報光緒十三年分粵海潮州瓊州北海關第一百九結徵稅銀數事折①

　　廣東巡撫臣吳大澂、兩廣總督臣張之洞、粵海關監督臣長有跪奏，爲粵海、潮州二關及瓊州、廉州北海兩新關第一百九結徵收正稅並船鈔、土貨半稅各銀數，開單奏報，仰祈聖鑒事。竊照光緒十年四月間准戶部咨會議各海關洋稅奏銷，應令遵照定章，一律開單奏報一摺，奉旨依議。欽此。咨行到粵，當經欽遵辦理。查粵海、潮州二關徵收洋稅四成項下銀兩，歷准戶部並總理各國事務衙門咨，每月撥解陝西協餉銀一萬兩嗣改爲籌邊軍餉。又每季籌辦內務府造辦處赤金各五百兩。又每結撥解抵還閩省借款改爲加放俸餉銀六千兩。又應解南北洋經費，嗣准總理海軍事務衙門咨撥歸海軍衙門，作爲常年餉需經費之用。各等因。所有同治五年二月十六日第二十三結起，至光緒十三年八月十四日第一百八結止，粵海、潮州二關徵解銀數，歷經按結奏報在案。茲自光緒十三年八月十五日起，至十一月十七日止，計三箇月，爲第一百九結，粵海、潮州二關徵收正稅、洋藥稅，共銀五十四萬二千八十兩六錢二分五釐，核計四成銀二十一萬六千八百三十二兩二錢五分。除撥解光緒十三年二月、三月、四月籌邊軍餉共銀三萬兩，辦解內務府十三年冬季分赤金價銀九千二百五十兩，造辦處十三年冬季分赤金價銀九千二百五十兩，抵還閩省借款解京改放俸餉銀六千兩外，實存四成銀十六萬二千三百三十二兩二錢五分。又本屆第一百九結期內，粵海、潮州二關徵收洋船船鈔、土貨半稅、招商局輪船貨稅船鈔、土貨半稅及粵海大關徵收子口稅，潮州新關徵收招商局輪船洋藥稅各項，共銀八萬五千五百三十九兩七錢七分二釐；至粵海大關招商局輪船洋藥稅、潮州新關子口稅，本屆並無徵收。又瓊州、廉州北海兩新關，自光緒十三年八月十五日起，至十一月十七日止，計三箇月，爲第一百九結，瓊州、北海兩新關徵收

---

①　見前揭《清宮粵港澳商貿檔案全集》第1163號檔案，第6025～6029頁；前揭《明清宮藏中西商貿檔案》第912號檔案，第4781～4785頁。

正稅、洋藥稅共銀八萬六千二百八十六兩一錢七分二釐。又本屆第一百九結，瓊州、廉州北海兩新關徵收船鈔、土貨半稅、子口稅各項，共銀一千八百五十兩一錢三分八釐；至招商局輪船貨稅船鈔、洋藥稅、土貨半稅，本屆並無徵收。所有粵海、潮州二關及瓊州、廉州北海二新關第一百九結徵收正稅及船鈔、子口稅、洋藥稅、土貨半稅各緣由，除咨總理衙門暨戶部外，再光緒三年四月間准戶部咨，瓊州、北海兩關所收洋稅，既無外國扣款，自毋庸再行分別四成六成報解，合併陳明。臣等謹繕列清單，會同南洋通商大臣、兩江總督臣曾國荃，恭摺具陳。伏祈皇太后、皇上聖鑒。謹奏。

該衙門知道，單併發。

光緒十四年六月十三日

## 120　兩廣總督張之洞等奏報光緒十三年分粵海潮州瓊州北海關第一百十結徵稅銀數事摺①

廣東巡撫臣吳大澂、兩廣總督臣張之洞、粵海關監督臣長有跪奏，為粵海、潮州二關及瓊州、廉州北海兩新關第一百十結徵收正稅並船鈔、土貨半稅各銀數，開單奏報，仰祈聖鑒事。竊照光緒十年四月間准戶部咨會議各海關洋稅奏銷，應令遵照定章，一律開單奏報一摺，奉旨依議。欽此。咨行到粵，當經欽遵辦理。查粵海、潮州二關徵收洋稅四成項下銀兩，歷准戶部並總理各國事務衙門咨，每月撥解陝西協餉銀一萬兩嗣改為籌邊軍餉。又每季籌辦內務府造辦處赤金各五百兩。又每結撥解抵還閩省借款改為加放俸餉銀六千兩。又應解南北洋經費嗣准總理海軍事務衙門咨撥歸海軍衙門作為常年餉需經費之用。各等因。所有同治五年二月十六日第二十三結起，至光緒十三年十一月十七日第一百九結止，粵海、潮州二關徵解銀數，歷經按結奏報在案。茲自光緒十三年十一月十八日起，至十四年二月十九日止，計三箇月，為第一百十結，

---

① 見前揭《清宮粵港澳商貿檔案全集》第1164號檔案，第6030～6034頁；前揭《明清宮藏中西商貿檔案》第913號檔案，第4786～4790頁。

粤海、潮州二關徵收正稅、洋藥稅，共銀四十五萬八千五百五十六兩二錢九釐，核計四成銀十八萬三千四百二十二兩四錢八分三釐六毫。除撥解光緒十三年五月、六月、七月籌邊軍餉，共銀三萬兩，辦解內務府十四年春季分赤金價銀九千二百五十兩，造辦處十四年春季分赤金價銀九千二百五十兩，抵還閩省借款解京改放俸餉銀六千兩外，實存四成銀十二萬八千九百二十二兩四錢八分三釐六毫。又本屆第一百十結，粤海、潮州二關徵收洋船船鈔、土貨半稅、招商局輪船貨稅船鈔、洋藥稅、土貨半稅及粤海大關徵收子口稅各項，共銀六萬一千四百四十兩一錢三分三釐；至潮州新關子口稅，本屆並無徵收。又瓊州、廉州北海兩新關，自光緒十三年十一月十八日起，至十四年二月十九日止，計三箇月，爲第一百十結，瓊州、北海兩新關徵收正稅、洋藥稅，共銀八萬七百六十二兩五錢四釐。又本屆第一百十結瓊州、廉州北海二新關徵收船鈔、土貨半稅、子口稅各項，共銀三千二百四兩九錢五分；至招商局輪船貨稅船鈔、洋藥稅、土貨半稅，本屆並無徵收。所有粤海、潮州二關及瓊州、廉州北海二新關第一百十結徵收正稅及船鈔、子口稅、洋藥稅、土貨半稅各緣由，除咨總理衙門暨戶部外，再光緒三年四月間准戶部咨，瓊州、北海兩關所收洋稅，既無外國扣款，自毋庸再行分別四成六成報解，合併陳明。臣等謹繕列清單，會同南洋通商大臣、兩江總督臣曾國荃，恭摺具陳。伏祈皇太后、皇上聖鑒。謹奏。

該衙門知道，單併發。

光緒十四年六月十三日

## 121　粤海關監督廣英奏爲光緒十三年分粤海大關及潮州瓊州北海各新關洋稅第一百五結至第一百八結收支總數事摺①

二品頂戴粤海關監督奴才廣英跪奏，为光緒十三年分洋稅第一百五

---

① 見中國第一歷史檔案館第 03-6377-050 號檔案。

結至第一百八結,一年期內,大關及潮州、瓊州、北海各新關收支總數,開單恭摺具报,仰祈聖鑒事。窃照同治二年十一月間,奉部劄行,奏准將各海關洋稅收支數目,均以咸豐十年八月十七日为始,仍按三箇月奏报一次。扣足四結,专摺奏銷一次。仍從第一結起造具,每結四柱清冊,送部查核,毋庸按照關期題銷,以清界劃而免稽延。其各關應征常稅,仍令各按關期,照常題銷,以符舊制。又光緒十年四月間奉戶部劄本部会議,各海關洋稅,奏銷辦理,未能畫一,应令遵照定章,一律開單奏报一摺,扵光緒十年二月二十五日具奏,本日奉旨依議。欽此。鈔錄原奏劄行,欽遵辦理,概不准以收支數目串入原摺。等因。伏查粵海關洋稅光緒十二年分第一百一結至一百四結,一年期內,收支總數,業經奏报在案。茲光緒十三年分,自光緒十二年九月初四日第一百五結起,連闰至十三年八月十四日第一百八結止,所有大關及潮州、瓊州、北海各新關洋稅收支各數目,除遵照扣足四結为一年,造具四柱清冊,送部查覈外,再查奉撥京餉及撥解廣儲司公用銀兩,均屬支放要需,亟應依限籌解。俟庫有征存,誠恐遲誤。奴才只有設法騰挪,先向西商通融墊解,仍歸入下年分征收稅項內,撥抵覈辦。謹將光緒十三年分洋稅收支各數,繕列清單,恭摺具奏。伏乞皇上聖鑒。謹奏。

光緒十七年九月十八日,奉硃批:該衙門知道,單併發。欽此。

八月二十日

## 122　兩廣總督張之洞等奏報光緒十四年分粵海潮州等關第一百十二結徵收正稅船鈔銀數事折[①]

兩廣總督兼署廣東巡撫臣張之洞、粵海關監督臣長有跪奏,爲粵海、潮州二關及瓊州、廉州北海兩新關第一百十二結徵收正稅並船鈔、土貨半稅各銀數,開單奏報,仰祈聖鑒事。竊照光緒十年四月間准戶部

---

① 見前揭《清宮粵港澳商貿檔案全集》第1166號檔案,第6040~6044頁;前揭《明清宮藏中西商貿檔案》第915號檔案,第4796~4800頁。

咨各海關洋稅奏銷，應令遵照定章，一律開單奏報一摺，奉旨依議。欽此。咨行到粵，當經欽遵辦理。查粵海、潮州二關徵收洋稅四成項下銀兩，歷准戶部並總理各國事務衙門咨，每月撥解陝西協餉銀一萬兩嗣改爲籌邊軍餉。又每季籌辦內務府、造辦處赤金各五百兩。又每結撥解抵還閩省借款改爲加放俸餉銀六千兩。又應解南北洋經費嗣准總理海軍事務衙門咨撥歸海軍衙門作爲常年餉需經費之用。各等因。所有各關徵解銀數，歷經按結奏報在案。茲自光緒十四年五月二十二日起，至八月二十五日止，計三箇月，爲第一百十二結，粵海、潮州二關徵收正稅、洋藥稅，共銀五十二萬一十七兩三錢七分五釐，核計四成銀二十萬八千六兩九錢五分。除撥解光緒十三年十一月、十二月，十四年正月分籌邊軍餉共銀三萬兩，辦解內務府十四年秋季分赤金價銀九千二百五十兩，造辦處十四年秋季分赤金價銀九千二百五十兩，抵還閩省借款解京改放俸餉銀六千兩外，實存四成銀十五萬三千五百六兩九錢五分。又粵海、潮州二關徵收洋船船鈔、土貨半稅、招商局輪船貨稅、洋藥稅、土貨半稅及粵海大關徵收子口稅、招商局輪船船鈔各項，共銀七萬六千一百六兩六錢二分一釐；至潮州新關子口稅、招商局輪船船鈔，本屆並無徵收。又本屆第一百十二結，瓊州、北海兩新關徵收正稅、洋藥稅，共銀七萬五千三百六十三兩一錢一釐，徵收船鈔、土貨半稅、子口稅各項，共銀二千八百十六兩四錢一分九釐；至招商局輪船貨稅、船鈔、洋藥稅、土貨半稅，本屆並無徵收。再光緒四年四月間准戶部咨，瓊州、北海兩新關所收洋稅，既無外國扣款，自毋庸再行分別四成六成報解。等因。在案。所有粵海、潮州二關及瓊州、廉州北海二新關第一百二十結徵收正稅及船鈔、子口稅、洋藥稅、土貨半稅各緣由，除咨總理衙門暨戶部外，謹繕列清單，會同南洋通商大臣、兩江總督臣曾國荃，恭摺陳明。再廣東巡撫係臣之洞兼署，毋庸會銜，合併陳明。伏祈皇太后、皇上聖鑒。謹奏。

該衙門知道，單併發。

光緒十四年十二月十三日

## 123　兩廣總督張之洞奏報光緒十四年分粤海關收支洋稅實在情形片①

　　再，前准戶部咨粤海關歷結收支洋稅收數目，嗣後務將開除項下支用四六成內各銀數，詳細開單奏報。至洋藥釐稅銀亦應另款奏報。等因。當即由臣之洞咨會到臣長有查照辦理。臣長有伏查粤海關徵收有定，指撥無窮。通年合計撥款多於收款，不啻一倍，以致入不敷出。歷屆籌解京外各餉，均向銀號先行借墊，候有稅收，陸續歸還。是以現年所徵之稅，不能解現年所撥之餉；而現年應解之餉，又須復行借墊，欠新還舊，輾轉騰挪。近年洋稅奏銷業已不敷至四百餘萬，若必遵照戶部剖行，分晰管收，除在四柱，微論舊管，實在二柱，均歸烏有，即開除一柱，既不能劃出何項所收，歸還何項；所借亦不能指定某結所入撥抵某結不敷。縱使強爲牽合而入數出數，轉致牴葛，眉目不清。蓋洋稅六成項下一有徵存，即須儘數歸還銀號借墊，無可開除。非若四成項下，祇有額支金兩價值等數款，可以隨結聲敍。至洋藥稅一項，現在均歸稅務司併徵，業經另款奏報。惟洋稅六成項下，不能按結開列支數，應請仍照向章辦理，以免紛歧。與臣之洞往復咨商，尚係實在情形。除咨覆戶部外，謹合詞附片具奏。伏祈聖鑒。謹奏。
　　戶部知道。
　　光緒十五年三月二十八日

## 124　管理戶部事務臣宗室麟書等題爲遵察光緒十五年分粤海關徵收常稅銀兩數目事折②

　　大學士管理戶部事務臣宗室麟書等謹題，爲奏銷事。戶科抄出前任

---

① 見前揭《清宮粤港澳商貿檔案全集》第1169號檔案，第6052~6054頁；前揭《明清宮藏中西商貿檔案》第917號檔案，第4805~4807頁。
② 見中國第一歷史檔案館第02-01-04-22625-014號檔案。

海關監督聯捷題粵海關大關及潮州、瓊州、北海等關，自光緒拾肆年玖月貳拾陸日起，至拾伍年玖月貳拾伍日止，一年期滿，徵收常稅銀兩一案。光緒拾玖年拾月叁拾日題，貳拾年叁月初叁日奉旨：該部察覈具奏。欽此。欽遵。抄出到部。當將該關該年徵收稅銀紅單，移會戶科磨對去後，今准戶科將前項收稅紅單磨對完竣，單冊符合，移覆到部。該臣等查得，前任粵海關監督聯捷疏稱，前監督長有任內，自光緒拾肆年玖月貳拾陸日起，至拾伍年玖月貳拾伍日止，計一年期內，大關各口、潮州、瓊州新關通共徵銀貳拾萬壹千玖百壹兩捌錢肆分肆釐，除支銷通關經費及鎔銷折耗等銀，又動支報解水腳，又部飯食，又正雜盈餘、水腳平餘銀等十五兩加平，以上共支銷銀叁萬柒千柒百貳拾玖兩壹錢柒分玖釐，尚存正雜盈餘銀拾陸萬肆千壹百柒拾貳兩陸錢陸分伍釐，循例報解水腳銀陸千肆百陸拾伍兩貳錢陸分壹釐，部飯食銀肆千捌百陸拾玖兩玖錢叁分柒釐，正雜盈餘、水腳平餘等十五兩加平，共銀貳千伍百柒拾柒兩貳錢伍分叁釐，共存銀拾柒萬捌千捌拾伍兩壹錢壹分陸釐，另存平餘銀壹千壹百柒拾捌兩玖錢肆分陸釐，統共應存銀拾柒萬玖千貳百陸拾肆兩陸分貳釐。內解除頤和園常年經費，又戶部新增盈餘，又十五兩加平，又部飯食，又解員盤費，又廣東藩庫本省兵餉，六共支銀壹拾陸萬叁千壹百玖兩捌錢，尚應存銀壹萬陸千壹百伍拾肆兩貳錢陸分貳釐。又廉州府屬北海關口，共徵貨稅銀貳萬壹千玖百兩肆錢伍分貳釐。以上應存銀兩，業已撥歸光緒拾陸年分洋稅項下，湊併不敷撥解。至酌留尾，解存藩庫一款，該年無項可撥，会併陳明。除循例造冊，送部覈銷外，遵例題報。等因。前來。查粵海關常稅同治肆年，據兩廣總督等奏准，其貨由洋船裝運者，即爲洋稅；其貨華船裝運者，即爲常稅。又於同治陸年貳月，據兩廣總督奏，擬請查照同治肆年間伍月起，至伍年伍月止，一年期滿，徵收常稅總數伍萬陸千伍百壹拾壹兩玖錢肆分柒釐，作爲正額外，加盈餘銀壹拾萬兩，通計每年常稅正額盈餘，共銀壹拾伍萬陸千伍百拾壹兩玖錢肆分柒釐，均經臣部奏明，議准行合，遵照辦理各在案。今據粵海關監督聯捷題報，总有任內，自光緒拾肆年玖月貳拾陸日起，至拾伍年玖月貳拾伍日止，一年，大關各口潮州、瓊州新關，共徵銀貳拾萬壹千玖百壹兩捌錢肆分肆釐，與該監督奏報銀數相符。至前項徵收稅銀內，除通關經費及鎔銷折耗等銀，又報解水腳、部飯食、正雜盈餘、水腳平餘等十五兩加平，共支銀叁萬柒千柒百貳拾玖兩壹錢柒分玖釐。業據該關造具支用細數，清冊送部，應於經費冊案內，查覈銷結實存正雜盈餘銀拾陸萬肆千壹百柒拾貳兩陸錢陸分伍釐。又存報解水腳銀肆千捌百陸拾玖兩玖錢叁分柒釐，正雜盈餘、水腳平餘等銀十五兩加平，共銀貳千伍百柒拾柒兩貳錢伍分叁釐，平餘銀壹千壹百柒拾兩玖錢肆分陸釐。統共存銀拾柒萬玖千貳百拾肆兩陸分貳釐。內除解過頤和園常年經費，又戶部新增盈餘，又十五兩加平，又部飯食，又解員盤費，又廣東藩庫本省兵餉，共銀拾陸萬叁千壹百玖兩捌錢。臣部覈其奏撥各原案及解到並應支各銀數目，均屬相符，應准開銷。尚存銀壹萬陸千壹百拾肆兩貳錢陸分貳釐。又北海關共徵貨稅銀貳萬壹千玖百兩肆錢伍分貳釐。以上應存銀兩，據該監督疏稱，已撥歸光緒拾陸年分洋稅項下，湊併不敷撥解。除在洋稅案內查覈外，應毋庸議此案，准戶科移覆到部。茲於拾貳月初柒日，辦理具題，合併聲明。臣等未敢擅便，謹題請旨。

　　光緒貳拾年拾貳月初柒，大學士管理戶部事務臣宗室麟書
　　　　　　　戶部尚書臣宗室敬信
　　　　　　　　尚書臣翁同龢
　　　　　　　　左侍郎臣立山
　　　　　　　　左侍郎臣張蔭桓
　　　　　　　　右侍郎臣宗室溥良
　　　　　　　　右侍郎臣陳學棻
　　　　　　貴州清史司郎中臣金興
　　　　　　　　　郎中臣何雲翥
　　　　　　　　　員外郎臣恩裕
　　　　　　　　　員外郎臣劉奉璋
　　　　　　　　　主事臣法齡
　　　　　　　　　主事臣旭愷

［後爲滿文部分，略］

## 125　粤海關監督長有奏報光緒十四年分九龍拱北二關常稅仍歸粤海關開銷折[①]

　　二品銜粤海關監督奴才長有跪奏，為九龍、拱北兩關常稅仍歸粤海關開銷，免其報解，遵照部覆，籲懇恩准立案，恭摺縷陳，仰祈聖鑒事。竊粤海關於同治十年間，在新安縣屬附近香港之汲水門、長洲、佛頭洲、九龍，香山縣屬附近澳門之小馬溜洲、前山地方，設立六廠徵收洋藥正稅。嗣因香澳界連外洋，為各船出入必由之地，復於汲水門等處設立紅單廠，帶徵常稅。曾經奏明係，係因堵截繞越，歸補粤關徵收之不足。所徵稅項，歷年均於年終歸入粤關常稅收數內造報。自光緒十三年間，奉到總理各國事務衙門劄行，所有六廠洋藥統歸新派九龍、拱北關稅務司釐稅併徵。其華船常稅經過六廠者，如無各關經稅紅單，亦歸稅務司經理。當經前監督增潤將每年應進貢品及一切善舉各項用度，約需銀十餘萬兩。又籌備三海工程一百萬兩案內，每年須還洋款本息銀十萬餘兩。前奉戶部劄行，派撥京員津貼銀四萬兩，並未作正開銷，均不能在常稅取給。若將各廠常稅歸稅務司併徵，則以上各款無從支應，實在情形，函達總理各國事務衙門覈辦。旋承准電覆，嗣後稅司所收百貨常稅，仍解關署。所有傳辦事件、洋債還款及一切用項均敷開銷。等因。是此項常稅仍歸粤海關開銷，業經總理各國事務衙門於開辦時電覆在案。嗣於本年正月間承准戶部劄行，著將改設九、拱兩關，所徵百貨常稅銀兩解部。等因。查，九、拱兩關自光緒十二年五月十　日第一百八結起，歸稅司代徵，至一百十二結期滿止，共一年零三箇月，經徵銀三十萬六十九兩零。而粤海關每年應支貢款洋債、京員津貼改為加復俸餉，應需銀三十三萬五千餘兩。若以四結為一年覈計，自一百八結至一百十一結至止，僅徵銀二十二萬六千五百十兩四錢三分四釐。全數抵撥，尚屬不敷甚鉅，當經分別呈明總理各國事務衙門、戶部，請照當時

---

[①] 見前揭《清宮粤港澳商貿檔案全集》第 1171 號檔案，第 6058～6062 頁；前揭《明清宮藏中西商貿檔案》第 919 號檔案，第 4811～4815 頁。

原電,將九、拱兩關百貨常稅免其報解,俾得開銷,茲准戶部劄覆,查無奏咨報部案。據飭令,自行奏明辦理。等因。伏思此項稅收,既經前監督增潤,將覈實支銷情由,函達總理各國事務衙門承准,電覆有案。自應奏明,顒懇恩准立案,永遠遵辦。所有九、拱兩關稅務司代徵常稅,仍歸粤關開銷,免其報解,俾得辦公有藉。除再行呈明總理各國事務衙門、戶部察照外,理合將遵照部覆立案緣由,恭摺縷陳,伏乞皇上聖鑒。謹奏。

該衙門知道。

光緒十五年十月二十五日

## 126　粤海關監督長有奏報光緒十五年分粤海關徵收常稅總數並廉州等關貨稅各數事摺①

　　二品銜粤海關監督奴才長有跪奏,為常稅一年期滿,謹將徵收總數並廉州北海關口稽徵貨稅,恭摺具報,仰祈聖鑒事。竊照粤海大關暨各口徵收〔正,脫一字〕雜銀兩,向係常洋不分,例於一年期滿,先將總數奏明,俟查核支銷確數,另行恭疏具題,分款造冊解部。同治二年十一月間奉部劄行,奏准將各海關洋稅收支數目,均以咸豐十年八月十七日為始,按三箇月奏報一次。扣足四結,專摺奏銷一次。仍從第一結起造具,每結四柱清冊,送部查核,毋庸按照關期題銷,以清界劃而免稽延。其各關應徵常稅,仍令按關期,照常題〔銷,脫一字〕,以符舊制。又同治六年五月內奉部議覆,粤海關常稅正額銀五萬六千五百一十一兩九錢四分一釐,盈餘銀十萬兩。又廉州府屬北海關口稽徵貨稅,均經奏明,歸入常稅關期報滿摺內,分別具報。各等因。業將光緒十四年分徵收常稅總數,分別具報在案。茲查光緒十五年分常稅,自光緒十三年九月二十六日起,至十四年九月二十五日止,一年期滿,大關徵銀十五萬二百五十五兩四錢七分,潮州新關徵銀二萬一千一百五十二兩八錢四分六釐,瓊州新關徵銀二千二百三兩六錢五分七釐,各口徵銀二萬八

---

① 見第一歷史檔案館第03-6370-051號檔案。

千二百四十六兩四錢八分八厘，通共徵銀二十萬一千八百六十兩四錢六分一厘。除徵足正額盈餘銀十五萬六千五百十一兩九錢四分一厘外，計多徵銀四萬五千三百四十八兩五錢二分。查粵海關常稅關期報滿，如有多徵，均於摺內，聲明在案。奴才抵任後，設法招徠，認真整頓，況前奉上諭籌備餉需內有通核關稅一條，儻能溢解一分，則庫儲多受一分之益。現在綜計於正額盈餘之外，多徵銀四萬五千三百四十八兩五錢二分，比較往年有盈無絀。又廉州府屬北海關口暨各卡共徵貨稅銀二萬一千八百六十二兩五錢三分六厘，除俟查核支銷確數，另行恭疏題報，遵例分晰造冊，送部查核外，所有光緒十五年分徵收常稅總數並廉州北海關口貨稅各數目，恭摺具陳。伏乞皇上聖鑒。謹奏。

光緒十五年十二月十四日，奉硃批：戶部知道。欽此。

十月二十八日

## 127 粵海關監督長有奏報光緒十五年分粵海關徵收稅銀數目事摺①

長有片

再，查洋稅按照結期，自光緒十五年九月初七日起，截至十一月二十五日止，計兩箇月零十七日，大關共征洋稅銀二十三萬五千四百十八兩一錢二分一釐，洋藥稅銀八萬二千八百四十七兩八錢八分八釐，土貨半稅銀一萬七千五百三十一兩五錢三分九釐，招商局輪船洋稅銀七千三百九十兩五錢七分四釐，洋藥稅銀二十七兩六錢，土貨半稅銀一萬一百四十四兩一錢四分九釐。潮州新關共征洋稅銀八萬二千一百二十三兩五錢五分，洋藥稅銀四萬六千九百四十九兩四錢，土貨半稅銀二萬二千七百十三兩二錢八分四釐。招商局輪船洋稅銀三千三百三十四兩八分八釐，洋藥稅銀五百五十四兩三錢五分，土貨半稅銀四千七百六十六兩七錢四分四釐。瓊州新關共征洋稅銀一萬一千十七兩七錢六釐，洋藥稅銀三千六百四十三兩八錢，土貨半稅銀七兩七錢五分一釐，子口稅銀九兩二

① 見中國第一歷史檔案館第 03－5264－054 號檔案。

錢。北海新關共征洋稅銀三萬二千九百二十三兩九錢九分三釐,洋藥稅銀六千二百八十七兩五錢五分,土貨半稅銀九十九兩七錢六分二釐,子口稅銀二十九兩九錢五分。常稅按照關期,自光緒十五年九月二十六日起,至十一月二十五日止,計兩箇月,大關共征常稅銀二萬五千四百八十六兩七錢五分九釐。潮州新關共征常稅銀三千四百五十兩一錢八分七釐。瓊州新關共征常稅銀三百三十五兩二錢九分二釐。北海新關共征常稅銀三千七百一十二兩四錢三分六釐。各口共征銀三千二十一兩九錢九分六釐。以上各款覈明,以一併移交新任監督廣英接管。因潮州、瓊州、北海三關截算數目,報到有需時日,是以報發稍遲。奴才既經交卸,此摺係借用粵海關監督關防,合併聲明。伏乞聖鑒。謹奏。

光緒十六年四月十七日,奉硃批:該衙門知道。欽此。

## 128　兩廣總督李瀚章等奏報光緒十五年分粵海潮州等關第一百十四結徵收各稅銀數事摺①

署理廣東巡撫布政使臣游智開、頭品頂戴兩廣總督臣李瀚章、粵海關監督臣長有跪奏,為粵海、潮州二關及瓊州、廉州北海兩新關第一百十四結徵收稅並船鈔、土貨半稅各銀數,開單奏報,仰祈聖鑒事。竊照光緒十年四月間,准戶部咨各海關洋稅奏銷,應令遵照定章,一律開單奏報一摺,奉旨依議。欽此。咨行到粵,當經欽遵辦理。查粵海、潮州二關徵洋稅四成項下銀兩,歷准戶部並總理各國事務衙門咨,每月撥解陝西協餉銀一萬兩嗣改為籌邊軍餉。又每季籌辦內務府造辦處赤金各五百兩。又每結撥解抵還閩省借款改為加放俸餉銀六千兩。又應解南北洋經費嗣准總理海軍事務衙門咨撥歸海軍衙門作為常年餉需經費之用。各等因。所有各關徵解銀數,歷經按結奏報在案。茲自光緒十四年十一月三十日起,至十五年三月初一日止,計三箇月,為第一百十四結,粵海、潮州二關徵收正稅,共銀二十六萬六千三百六十兩七錢九分,核計

---

① 見前揭《清宮粵港澳商貿檔案全集》第1172號檔案,第6063～6067頁;前揭《明清宮藏中西商貿檔案》第920號檔案,第4816～4820頁。

四成銀十萬六千五百四十四兩三錢一分六釐。除撥解光緒十四年五月、六月、七月分籌邊軍餉，共銀三萬兩，辦解內務府十五年春季分赤金價銀一萬兩，造辦處十五年春季分赤金價銀一萬兩，抵還閩省借款解京改放俸餉銀六千兩外，實存四成銀五萬五百四十四兩三錢一分六釐。又粵海、潮州兩關徵收洋船船鈔、土貨半稅、招商局輪船貨稅、土貨半稅及粵海大關、招商局輪船船鈔各項，共銀六萬三千二百三兩三錢四分二釐；至粵海、潮州兩關子口稅並潮州新關招商局輪船船鈔，本屆並無徵收。又本屆第一百十四屆瓊州、北海兩新關徵收正稅，共銀五萬六千二百八十二兩三分三釐，徵收船鈔、土貨半稅、子口稅各項，共銀五千三百三十八兩一錢七分三釐；至招商局輪船貨稅船鈔、土貨半稅，本屆並無徵收。再，光緒四年四月間准戶部咨，瓊州、北海新關所收稅，既無外國扣款，自毋庸再行分別四成六成報解。等因。在案。所有粵海、潮州二關及瓊州、廉州、北海二新關第一百十四結徵收正稅及船鈔子口稅、土貨半稅各緣由，除咨總理衙門暨戶部外，謹繕列清單，會同南洋通商大臣、兩江總督臣曾國荃，恭摺奏陳。伏祈皇上聖鑒。謹奏。

該衙門知道，單併發。

光緒十五年十一月十八日

## 129　粵海關監督聯捷呈光緒十五年分粵海關第一百十三結等四結收支洋稅數目事摺①

清單

謹將光緒十五年分，自光緒十四年八月二十六日第一百十三結起，至第十五年九月初六日第一百十六結止，粵海大關及潮州、瓊州、北海各新關洋稅收支各數。

敬繕清單，恭呈預覽，謹開：

粵海大關共徵銀九十萬三千三百三兩一錢四分五釐

粵海大關招商局輪船共徵銀四萬六千二十八兩六分三釐

---

① 見中國第一歷史檔案館第 03－6388－012 號檔案。

潮州新關共徵銀五十三萬九千四十一兩二錢三分
潮州新關招商局輪船共徵銀二萬六千八十六兩七錢一分八釐
瓊州新關共徵銀六萬八千三百八十一兩六錢四分五釐
北海新關共徵銀一十七萬一千七百四十三兩七錢七分三釐
合共徵銀一百七十五萬四千五百八十四兩五錢七分四釐。
內務府行取各色紵斤、紅飛、金硍、硃價等銀一十萬六千七十一兩一錢四分
內務府行取各色紵斤、洋金銀線價等銀四萬五千一百八兩一錢八分
撥解普濟院公用銀四萬兩
解員匯解京餉匯費銀三萬一千五百五兩四錢二分七釐
存支奉天府府尹練餉匯費銀八百兩
大關經費、養廉工食等銀四萬二千一百八十六兩七錢八分四釐
大關津貼經費銀二萬三千七百三十六兩
潮州新關津貼經費銀一萬八千二百八十兩八分
瓊州新關津貼經費銀二萬六千五百三十六兩八錢
北海新關津貼經費銀二萬五千四十八兩八錢
大關火耗銀一萬八百三十九兩六錢三分八釐
潮州新關火耗銀六千四百六十八兩四錢九分五釐
瓊州新關火耗銀八百二十兩五錢八分
北海新關火耗銀二千六十兩九錢二分五釐
大關招商局輪船火耗銀五百五十二兩三錢三分七釐
潮州新關招商局輪船火耗銀三百一十三兩四分一釐
大關稅務司經費銀一十三萬二千兩
潮州新關稅務司經費銀七萬二千兩
瓊州新關稅務司經費銀二萬四千兩
北海新關稅務司經費銀二萬四千兩
共撥支銀六十三萬二千四百八兩九錢四分七釐。
存水腳銀三萬二千六百六十六兩九錢三分一釐
存部飯食銀三萬七百五兩二錢九分八釐
存正雜銀盈餘、水腳、公用米艇等十五兩加平銀一萬六千八兩一錢八分二釐

存公用米艇等二十五兩加平銀八千二百五十兩

存解部關稅銀一百三萬四千五百四十五兩二錢一分六釐

存光緒十四年分常稅正雜盈餘並水腳銀部飯食及正雜盈餘、水腳平餘等十五兩加平暨另存平餘等款，共銀四萬五千七百四十五兩七分八釐。存北海新關光緒十四年分貨稅銀一萬五千五百三十一兩二錢七分九釐

存光緒十五年分常稅正雜盈餘並水腳、部飯食及正雜盈餘水腳平餘等十五兩加平暨另存平餘等款，共銀四萬五千九百九十九兩四分五釐

存北海新關光緒十五年分貨稅銀二萬一千八百六十二兩五錢三分六釐

共應存銀一百二十五萬一千三百一十三兩五錢六分五釐。

解部庫京餉連加平飯銀一十萬四千四百兩

解廣儲司公用連加平銀三十一萬二千兩

解造辦處米艇連加平銀三萬一千二百兩

解部庫籌撥東北邊防經費銀一十二萬兩

解部庫加放俸餉銀二萬四千兩

解廣東藩庫本省兵餉銀一十萬兩

解廣東善後局還匯豐銀款第九、第十次利息，洋銀二十六萬八千九百九十七兩五錢六分四釐，計折實報銷紋銀二十四萬四千七百八十七兩七錢八分三釐二毫

解廣東善後局還匯豐銀款第二期息起至第九期息止，補不敷磅價洋銀一十六萬六千五百五兩五錢八分八釐五毫八絲，計折實報銷紋銀一十五萬一千五百二十兩八分五釐六毫

匯解總理各國事務衙門三成船鈔銀九千八百二十二兩五錢四分

應解總理各國事務衙門、大關招商局輪船三成船鈔銀七百七十九兩七錢七錢九分

應解總理各國事務衙門、潮州新關招商局輪船三成船鈔銀一百一十二兩五錢六分

应解总理各国事务衙门、琼州新关三成船钞银三千三十八两七钱六分

应解总理各国事务衙门、北海新关三成船钞银二百一十七两八钱三分

交税务司七成船钞银三万二千六百两一钱二分

解出使经费六成洋税一成半银一十二万三千七百六十九两九钱八分二厘二毫，汇费银三千九十四两二钱四分九厘六毫。

解出使经费、招商局轮船六成洋税、一成半银六千七十两八钱五分四厘，汇费银一百五十一两七钱七分一厘三毫。

存解总理海军事务衙门饷需经费四成洋税银三十二万六千七百七十两二钱二分一厘二毫，汇费银一万三千七十两八钱八厘八毫。

存解总理海军事务衙门饷需经费招商局轮船四成洋税二万六千五百九十二两四钱一分五厘八毫，汇费银一千六十三两六钱九分六厘六毫

存解奉天府尹练饷银二万两

解部库提拨筹边军饷银一十二万两

内务府年例采办金二千两价等银四万两

造办处年例采办金二千两价等银四万两

共拨解银一百八十五万五千六十三两四钱六分八厘三毫。

连上年不敷拨解银三百九十五万四千四百五十一两六钱六分五厘四毫

共银五百八十万九千五百一十五两一钱三分三厘七毫。

除将应存银一百二十五万一千三百一十三两五钱六分五厘。抵拨计不敷银四百五十五万八千二百一两五钱六分八厘七毫。

再将光绪十四年分常税二成经费、洋税二成经费、十五年分常税二成经费、洋药税半税、招商局轮船洋药税半税，琼州新关洋药税半税、子口半税，北海新关洋药税半税、子口半税，共银五十四万五千二百二十八两九分二厘三毫，全数借拨，合计尚不敷银四百一万二千九百七十三两四钱七分六厘四毫。

览。

## 130　兩廣總督李瀚章等奏報光緒十五年分粵海潮州等關第一百十四結徵收洋藥稅銀數事折①

　　署理廣東巡撫布政使臣游智開、頭品頂戴兩廣總督臣李瀚章、粵海關監督臣長有跪奏，爲粵海、潮州二關及瓊州、廉州北海兩新關第一百十四結徵收洋藥稅銀數，開單奏報，仰祈聖鑒事。竊照光緒十年四月間准戶部咨各海關洋稅奏銷，應令遵照定章，一律開單奏報一摺，奉旨依議。欽此。又光緒十五年四月間准戶部咨，洋藥稅銀另款奏報，毋再併入洋稅案內，以免轇轕。等因。當經咨商辦理。茲自光緒十四年十一月三十日起，至十五年三月初一日止，計三箇月，爲第一百十四結，粵海、潮州二關徵收洋藥稅，共銀十三萬八千三百七十二兩六錢四分七釐，核計四成銀五萬五千三百四十九兩五分八釐八毫。又潮州新關徵收招商局輪船洋藥稅及瓊州、廉州北海兩新關徵收洋藥稅，共銀一萬六千九百十五兩三錢五分；至粵海大關、瓊州、廉州北海兩新關、招商局輪船洋藥稅，本屆並無徵收。再，光緒四年四月間准戶部咨，瓊州、北海兩新關所收洋稅，既無外國扣款，自毋庸再行分別四成六成報解。等因。在案。所有粵海、潮州二關及瓊州、廉州北海兩新關第一百十四結，徵收洋藥稅緣由，除咨總理衙門暨戶部外，謹繕列清單，會同南洋通商大臣、兩江總督臣曾國荃，恭摺奏陳。伏祈皇上聖鑒。謹奏。

　　該衙門知道，單併發。

　　光緒十五年十一月十八日

## 131　粵海關監督長有奏爲光緒十六年分粵海關常稅徵收數目事折②

　　二品銜粵海關監督奴才長有跪奏，为常稅一年期滿，謹將徵收總數

---

① 見前揭《清宮粵港澳商貿檔案全集》第1173號檔案，第6068~6070頁；前揭《明清宮藏中西商貿檔案》第921號檔案，第4821~4823頁。
② 見中國第一歷史檔案館第03-6372-023號檔案。

並廉州北海關口稽徵貨稅，恭摺具報，仰祈聖鑒事。竊照粵海大關暨各口征收正雜銀兩，向係常洋不分，例於一年期滿，先收總數奏明。俟查覈支銷確數，另行恭疏具題，分款造冊解部。同治二年十一月間奉部剳行，奏准將各海關洋稅收支數目，均以咸豐十年八月十七日为始，按三箇月奏報一次。扣足四結，專摺奏銷一次。仍從第一結起造具，每結四柱清冊，送部查覈，毋庸按照關期題銷，以清界劃而免稽延。其各關應征常稅，仍令各按關期，照常題銷，以符舊制。又同治六年五月內奉部議覈，粵海關常稅正額銀五萬六千三百一十一兩九錢四分一厘，盈餘銀十萬兩。又廉州府屬北海關口稽征貨稅，均經奏明，歸入常稅關期報滿摺內，分別具報。各等因。業將光緒十五年分征收常稅摠數，分別具報在案。茲查光緒十六年分常稅，自光緒十四年九月二十六日起，至光緒十五年九月二十五日止，一年期滿，大關征銀十五萬一千十三兩二錢四分三釐。潮州新關征銀二萬六百三十四兩六錢五分二釐。瓊州新關征銀二千五兩一錢六分四釐。各口征銀二萬八千二百四十八兩七錢八分五釐。通共征銀二十萬一千九百一兩八錢四分四釐。除征足正額盈餘銀十五萬六千五百十一兩九錢四分一釐外，計多征銀四萬五千三百八十九兩九錢三釐。查粵海關常稅關期報滿，如有多征，均於摺內聲明在案。奴才接任後，稔知洋稅侵佔常稅情形，益當設法招徠，認真整頓。況前奉上諭籌備餉需內，有通核關稅一條。倘能溢解一分，則庫儲多受一分之益。現在綜計於正額盈餘之外，多征銀四萬五千三百八十九兩九錢三釐，比較往年有盈無絀。又廉州府屬北海關口暨各卡共征貨稅銀二萬一千九百兩四錢五分二釐。除俟查核支銷確數，另行恭疏題報，遵例分晰造冊，送部查核外，所有光緒十六年分征收常稅總數並廉州北海關口貨稅各數目，恭摺具陳。再，奴才業已交卸，此摺係借用粵海關監督關防，合併聲明。伏乞皇上聖鑒。謹奏。

光緒十六年三月三十日，奉硃批：戶部知道。欽此。

二月二十八日

## 132　粵海關監督長有奏報光緒十六年分交卸印務日期等事折①

二品銜粵海關監督奴才長有跪奏，爲恭報交卸印務日期，並造冊移交錢糧，仰祈聖鑒事。竊奴才承准戶部劄知，光緒十五年八月十三日奉旨：粵海關監督著廣英去。欽此。茲新任監督廣英於十五年十一月二十六日行抵廣州省城，奴才隨派大關委員孔符鉞恭齎粵海關關防一顆，並庫儲錢糧，逐款造冊移交訖。其大關、潮州新關、瓊州新關、北海新關暨各口共征洋稅、常稅、洋藥稅、土貨半稅、子口稅、招商局輪船貨稅各數目，現均截至十一月二十五日止，一併移交接收。奴才俟交代清楚，卽行起程回京。除循例恭疏題報外，所有奴才交卸印務日期並造冊移交錢糧緣由，謹恭摺具奏。伏乞皇上聖鑒。謹奏。

知道了。

光緒十六年三月十三日

## 133　粵海關監督聯捷奏爲補報光緒十六年分粵海關常稅收支數目事折②

二品頂戴記名副都統粵海關監督奴才聯捷跪奏，为補报光绪十六年分粵海關收支常稅數目恭摺，仰祈聖鑒事。窃照粵海關每年徵收稅銀，向係按照關期，將收支各數，分款造報。前于同治二年十一月間奉部劄行，奏准將各海關總收支數目，均以咸豐十年八月十七日为始，仍按三箇月奏報一次。扣足四結，專摺奏銷一次。仍從第一結起造具，每結四柱清冊，送部查覈，毋庸按照關期題銷，以清界劃而免稽延。其各關应

---

① 見前揭《清宮粵港澳商貿檔案全集》第 1174 號檔案，第 6071~6072 頁。
② 見中國第一歷史檔案館第 03-6389-056 號檔案。

徵常稅，仍令各按關期，照常題銷，以符舊制。等因。業經按照四結為一年，將收支洋稅數目，具奏在案。茲查光緒十三年分常稅，前監督長有管理任內，自光緒十四年九月二十六日起，至十五年九月二十五日止，計一年期內，大關共徵銀一十五萬一千一百一十三兩二錢四分三釐，各口共徵銀二萬八千二百四十八兩七錢八分五釐，潮州新關共徵銀二萬六百三十四兩二錢五分二釐，瓊州新關共徵銀二千五兩一錢六分四釐，通共徵銀二十六萬一千九百一兩八錢四分四釐。除支銷通關經費及鎔銷折耗等銀二萬三千八百一十六兩七錢二分八釐，動支報解水腳銀二千四百六十五兩二錢六分一釐，部飯食銀四千八百六十九兩九錢三分七釐，正雜盈餘、水腳平餘等十五兩加平，共銀二千五百七十七兩二錢五分三釐。以上四款，共支銷銀三萬七千七百二十九兩一錢七分九釐，尚存正雜盈餘銀一十六萬四千一百七十二兩六錢六分五釐。循例報解水腳銀六千四百六十五兩二錢六分一釐，部飯食銀四千八百六十九兩九錢三分七釐，正雜盈餘、水腳平餘等十五兩加平，共銀二千五百七十七兩二錢五分三釐。以上四款，共存銀一十七萬八千八十五兩一錢一分一釐，另存平餘銀一千一百七十八兩九錢四分六釐，統共應存銀一十七萬九千二百六十四兩六分二釐。內除解頤和園常年經費銀三萬兩，戶部新增盈餘銀六萬兩、十五兩加平銀九百兩，部飯食銀壹千七百四十兩，解員盤費銀四百六十九兩八錢，廣東藩庫本省兵餉銀七萬兩，六共支銀一十六萬三千一百九兩八錢，尚應存銀一萬六千一百五十四兩二錢六分二釐。又廉州府屬北海關口共徵貨稅銀二萬一千九百兩四錢五分二釐。以上應存銀兩，已撥歸光緒十六年分洋稅項下，湊併不敷撥解。至遵旨酌留尾銀，解存藩庫一款，該年無項可撥，合併陳明。謹將光緒十八年分常稅收支各數，恭摺具奏。伏乞皇上聖鑒。謹奏。

光緒十九年十二月初四日，奉硃批，戶部知道。欽此。
十月二十二日

## 134　粵海關監督德生謹題爲奏銷光緒十七年分粵海關收支常稅數目事折①

　　二品頂戴管理粵海關監督事務臣德生謹題，爲奏銷光緒拾柒年分收支常稅數目，仰祈聖鑒事。竊照粵海關每年徵收關稅銀兩，向係按照關期，例於滿關後叁個月，將支銷各數，分晰陳奏，立循例具題，歷皆遵辦。前於同治貳年拾壹月間奉部劄行，奏准將各海關洋稅收支數目，均以咸豐拾年捌月拾柒日爲始，仍按叁個月奏報壹次。扣足肆結，專摺奏銷壹次。仍從第一結起造具，每結四柱清册，送部查核，毋庸按照關期題銷，以清界劃而免稽延。其各關應徵常稅，仍令各按關期，照常題銷，以符舊制。等因。業經按照四結爲壹年，將收支洋稅數目，具奏在案。查光緒拾柒年分常稅，前監督長有管理任內，自光緒拾伍年玖月貳拾陸日起，至拾壹月貳拾伍日止，計兩個月，大關各口、潮州、瓊州新關共徵銀叁萬貳千貳百玖拾肆兩貳錢叁分肆釐；前監督廣英管理任內，自拾伍年拾壹月貳拾陸日起，連閏至拾陸年捌月貳拾伍日止，計拾個月，大關各口、潮州、瓊州新關共徵銀拾柒萬壹百貳拾叁兩肆錢叁分。統計壹年兩任，通共徵銀貳拾萬貳千肆百拾柒兩陸錢陸分肆釐。除支銷通關經費及鎔銷折耗等銀，又動支報解水腳，又部飯食，又正雜盈餘、水腳平餘等拾伍兩加平。以上肆款，共支銷銀叁萬柒千柒百叁拾貳兩壹分柒釐。尚存正雜盈餘銀拾陸萬肆千陸百捌拾伍兩陸錢肆分柒釐。循例報解水腳銀陸千肆百陸拾陸兩伍錢伍分陸釐，部飯食銀肆千捌百柒拾兩玖錢壹分貳釐，正雜盈餘、水腳平餘等拾伍兩加平，共銀貳千伍百柒拾柒兩柒錢陸分玖釐。以上肆款，共存銀拾柒萬捌千陸百兩捌錢捌分肆釐。另存平餘銀陸百玖拾玖兩柒分壹釐，統共應存銀拾柒萬玖千貳百玖拾玖兩玖錢伍分伍釐。內除解過戶部新增盈餘，又拾伍兩加平，又部飯

---

① 見中國第一歷史檔案館第 02-01-04-22598-009 號檔案。

食，又解員盤費，又廣東藩庫本省兵餉，又頤和園常年經費，陸共支銀拾陸萬叁千壹百玖兩捌錢，尚存銀壹萬陸千壹百玖拾兩壹錢伍分伍釐，又廉州北海關口共徵銀壹萬肆千伍百捌兩伍錢陸分叁釐。以上應存銀兩，已撥歸光緒拾柒年分洋稅項下，湊併不敷撥解。至遵旨酌留尾銀，解存藩庫壹款，該年無項可撥，合併陳明。除循例造冊，送部核銷外，理合遵例，恭疏題報。伏乞皇上聖鑒。

敕部核題施行，謹具題聞。

## 135　粵海關監督事務臣文珮奏報光緒十七年分粵海關徵收常稅總數目事折①

二品銜管理粵海關監督事務臣文珮謹題，爲奏銷光緒拾捌年分收支常稅數目，仰祈聖鑒事。竊照粵海關每年徵收關稅銀兩，向係按照關期，例於滿關後三個月，將支銷各數，分晰陳奏，並循例具題，歷皆遵辦。前於同治貳年拾壹月間奉部剳行，奏准將各海關年稅收支數目均以咸豐拾年捌月拾柒日爲始，仍按叁個月奏報壹次，扣足肆結，專摺奏銷壹次。仍從第壹結起造具，每結肆柱清冊，送部查核，毋庸按照關期題銷，以清界劃而免稽延。其各關應徵常稅，仍令各按關期，照常題銷，以符舊制。等因。業經按照肆結爲壹年，將收支洋稅數目，具奏在案。查光緒拾捌年分常稅，前監督廣英管理任內，自光緒拾陸年捌月貳拾陸日起，至拾柒年捌月貳拾伍日止，計壹年期內，大關各口、潮州、瓊州新關，通共徵銀貳拾萬貳千陸百玖拾兩壹錢陸分陸釐，除支銷通關經費及熔銷折耗等銀，又動支報解水腳、又部飯食、又正雜盈餘、水腳平餘等拾伍兩加平。以上肆款，共支銷銀叁萬柒千柒百陸拾玖兩叁錢捌分，尚存正雜盈餘銀拾陸萬肆千玖百貳拾兩柒錢捌分陸釐，循例報解水腳銀陸千肆百捌拾叁兩玖錢捌分壹釐，部飯食銀肆千捌百拾肆兩叁分柒釐，

---

①　見中國第一歷史檔案館第 02－01－04－22624－024 號檔案。

正雜盈餘、水腳平餘銀等拾伍兩加平，共銀貳千伍百捌拾肆兩柒錢壹分陸釐。以上肆款，共存銀拾柒萬捌千捌百柒拾叁兩伍錢貳分，另存平餘銀玖百玖兩伍錢捌分叁釐，統共應存銀拾柒萬玖千柒百捌拾叁兩壹錢叁釐，內除解過頤和園常年經費，又戶部新增盈餘，又拾伍兩加平，又部飯食，又解員盤費，又廣東藩庫本省兵餉，陸共支銀拾陸萬叁千壹百玖兩捌錢，尚存銀壹萬陸千陸百柒拾叁兩叁錢叁釐。又廉州北海關口共徵銀壹萬肆千陸百伍拾柒兩叁錢肆分陸釐。以上應存銀兩，已撥歸光緒拾捌年分洋稅項下，湊併不敷撥解。至遵旨酌留尾銀，解存藩庫壹款。該年無款可撥，合併陳明，除循例造冊，送部核銷外，理合遵例恭疏題報。伏乞皇上聖鑒。

敕部核覆施行，謹具題聞。

## 136　粵海關監督德生奏爲補報光緒十七年分粵海關常稅收支總數目事折[①]

　　二品頂戴粵海關監督奴才德生跪奏，為補報光緒十七年分粵海關收支常稅數目恭摺，仰祈聖鑒事。竊照粵海關每年徵收稅銀，向係按照關期，將收支各數，分款造報。前於同治二年十一月八日奉部札行，奏准將各海關洋稅收支數目，均以咸豐十年八月十七日為始，按三箇月奏報一次。扣足四結，專摺奏銷一次。仍從第一結起造具，每結四柱清冊，送部查核，毋庸按照關期題銷，以清界劃而免稽延。其各關應徵常稅，仍令各按關期，照常題銷，以符舊制。等因。業經按照四結為一年，將收支洋稅數目，具奏在案。茲查光緒十七年分常稅，前監督長有署理任內，自光緒十五年九月二十六日起，至十一月二十五日止，計兩箇月，大關共征銀二萬五千四百八十六兩七錢五分九厘，各口共征銀三千二十一兩九錢九分六厘，潮州新關共征銀三千四百五十兩一錢八分七厘，瓊

---

[①]　見中國第一歷史檔案館第 03－6391－017 號檔案。

州新關共征銀三百三十五兩二錢九分二厘，四共征銀三萬二千二百九十四兩二錢三分四厘。前監督廣英管理任內，自十五年十一月二十六日起，連閏至十六年八月二十五日止，計十箇月。大關共征銀一十二萬五千九百一十七兩五錢七分，各口共征銀二萬五千二百二十七兩二錢五分三厘，潮州新關共征銀一萬七千三百四十五兩五錢四分五厘，瓊州新關共征銀一千六百七十四兩六分二厘，四共征銀一十七萬一百二十三兩四錢三分。統計一年兩任，大關各口、潮州、瓊州新關通共征銀二十萬二千四百一十七兩六錢六分四厘。除支銷通關經費及鎔銷折耗等銀二萬三千八百一十六兩七錢八分，動支報解水腳銀六千四百六十六兩五錢五分六厘，部飯食銀四千八百七十兩九錢一分二厘。正雜盈余、水腳平餘等十五兩加平，共銀二千五百七十七兩七錢六分九厘，以上四款，共支銷銀三萬七千七百三十二兩一分七厘。尚存正雜盈餘銀一十六萬四千六百八十五兩六錢四分七厘。循例報解水腳銀六千四百六十六兩五錢五分六厘，部飯食銀四千八百七十兩九錢一分二厘。正雜盈餘、水腳平餘等銀十五兩加平，共銀二千五百七十七兩七錢六分九厘。以上四款，共存銀一十七萬八千六百兩八錢八分四厘。另存平餘銀六百九十九兩七分一厘，統共應存銀十七萬九千二百九十九兩九錢五分五厘。內除解過戶部新增盈餘銀六萬兩，十五兩加平銀九百兩，部飯食銀一千七百四十兩，解員盤費銀四百六十九兩八錢，廣東藩庫本省兵餉銀七萬兩，頤和園常年經費三萬兩，六共支銀一十六萬三千一百九兩八錢，尚应存銀一萬六千一百九十兩一錢五分五厘。又廉州府屬北海關口共徵貨稅銀一萬四千五百八兩五錢六分三厘。以上應存銀兩，已撥歸光緒十七年分洋稅項下，湊併不敷撥解。至遵旨酌留尾銀，解存藩庫一款，該年無項可撥，合併陳明。謹將光緒十七年分常稅收支各數，恭摺具陳。伏乞皇上聖鑒。謹奏。

光緒二十一年二月十三日，奉硃批：戶部知道。欽此。

二十年十二月十八日

## 137　粤海關監督廣英奏報光緒十八年分粤海關常稅及廉州北海關口稅收支數目事折①

　　二品頂戴粤海關監督奴才廣英跪奏，爲常稅一年期滿，謹將徵收總數並廉州北海關口稽徵貨稅，恭摺具報，仰祈聖鑒事。窃照粤海大關暨各口徵收正雜銀兩，向係常洋不分，例於一年期滿，先將總數奏明。俟查核支銷確數，另行恭疏具題，分款造冊解部。同治二年十一月間奉部剳行，奏准將各海關洋稅收支數目，均以咸豐十年八月十七日爲始，按三箇月奏报一次。扣足四結，專摺奏銷一次。仍從第一結起造具，每結四柱清冊，送部查核，無庸按照關期題銷，以清界劃而免稽延。其各關歷徵常稅，仍令各按關期，照常題銷，以符舊制。又同治六年五月內奉部议覆，粤海關常稅正額銀五萬六千五百一十一兩九錢四分一厘，盈餘銀十萬兩。又廉州府属北海關口稽徵貨稅，均經奏明，歸入常稅關期報滿摺內，分別具報。各等因。業將光緒十七年分徵收常稅總數，分別具報在案。兹查光緒十八年分常稅，自光緒十六年八月二十六日起，至十七年八月二十五日止，一年期滿，大關徵銀十五萬一千六百九兩四錢七分五厘。潮州新關徵銀二萬八百二十兩四錢七分九厘。瓊州新關徵銀二千十二兩七分六厘，各口徵銀二萬八千二百四十八兩一錢三分六厘，通共徵銀二十一萬二千六百九十兩一錢六分六厘。除徵足正額盈餘銀十五萬六千五百十一兩九錢四分一厘外，計多徵銀四萬六千一百七十八兩二錢二分五厘。查粤海關常稅關期報滿，如有多徵，均於摺內聲明在案。奴才抵任後，稔知洋稅侵占常稅情形，益當設法招徠，認真整頓。況奉上諭籌備餉需內，另通飭關稅一條。倘能溢解一分，則庫儲多受一分之益。現在綜計於正額盈餘之外，多徵銀四萬六千一百七十六兩二錢二分五厘，比較往年有盈無絀。又廉州府属北海關口暨各卡共徵貨稅銀一萬四千六百五十七兩五錢四分六厘。除俟查覈支銷確數，另行恭疏題報，遵例分晰造冊，送部查覈外，所有光緒十八年分徵收常稅總數並廉州北

---

① 見中國第一歷史檔案館第 03-129-6381-017 號檔案。

海關口貨稅各數目，恭摺具陳。再奴才業已交卸，此摺係借用粵海關監督關防，合併聲明。伏乞皇上聖鑒。謹奏。

光緒十八年四月二十九日，奉硃批：戶部知道。欽此。

三月二十四日

## 138 粵海關監督文珮奏爲補报光緒十八年分粵海關收支常稅徵收數目事摺①

二品銜粵海關監督奴才文佩跪奏，为補报光緒十八年分粵海關收支常稅數目恭摺，仰祈聖鑒事。竊照粵海關每年征收稅銀，向係按照關期，將收支各數，分款造報。前於同治二年十一月間奉部札行，奏准將各海關洋稅收支數目，均以咸豐十年八月十七日为始，仍按三箇月奏報一次。扣足四結，專摺奏銷一次。仍從第一結起造具，每結四柱清冊，送部查核，無庸按照關期題銷，以清界劃而免稽延。其各關應征常稅，仍令各按關期，照常題銷，以苻舊制。等因。業經按照四結为一年，將收支洋稅數目，具奏在案。兹查光緒十八年分常稅，前監督廣英管理任內，自光緒十六年八月二十六日起，至十七年八月二十五日止，計一年期內，大關共征銀一十五萬一千六百九兩四錢七分五厘，各口共征銀貳萬八千二百四十八兩一錢三分六厘。潮州新關共征銀二萬八百二十兩四錢一分九厘，瓊州新關共征銀二千一十二兩七分六厘，通共征銀二十萬二千六百九十兩一錢六分六厘。除支銷通關經費及镕銷折耗等銀二萬三千八百一十六兩六錢四分六厘，動支報解水腳銀六千四百八十三兩九錢八分一厘，部飯食銀四千八百八十四兩三分九厘，正雜盈餘、水腳平餘等十五兩加平，共銀二千五百八十四兩七錢一分六厘。以上四款，共支銷銀三萬七千七百六十九兩三錢八分，尚存正雜盈餘銀銀［原衍一字］一十六萬四千九百二十兩七錢八分六厘。循例报解水腳銀六千四百八十三兩九錢八分一厘，部飯食銀四千八百八十四兩三分七厘，正雜盈餘、水腳平餘等十五兩加平，共銀二千五百八十四兩七錢一分六厘。以上四

---

① 見中國第一歷史檔案館第 03-6395-046 號檔案。

款，共存銀一十七萬八千八百七十三兩五錢三分。另存平餘銀九百九兩五錢捌分三厘，统共应存銀一十七萬九千七百八十三兩一錢三分厘。內除解過頤和園常年經費銀三萬兩，戶部新增盈餘銀六萬兩，十五兩加平銀九百兩，部飯食銀一千七百四十兩，解員盤費銀四百六十九兩八錢，廣東藩庫本省兵餉銀七萬兩，共支銀一十六萬三千一百九兩八錢，尚应存銀一萬二千六百七十三兩三錢三厘。又廉州府屬北海關口共征貨稅銀一萬四千六百五十七兩三錢四分六厘。以上应存銀兩，已撥歸光緒十八年分洋稅項下，湊併不敷撥解。至遵旨酌留尾銀，解存藩庫一款，該年無項可撥，合併陳明。謹將光緒十八年分常稅收支各數，恭摺具奏。伏乞皇上聖鑒。謹奏。

光緒二十二年三月十九日，奉硃批：戶部知道。欽此。

二月初九

## 139 粵海關監督事務臣文珮謹題爲奏銷光緒十九年分粵海關收支常稅數目事折①

二品銜管理粵海關監督事務臣文珮謹題，爲奏銷光緒拾玖年分收支常稅數目，仰祈聖鑒事。竊照粵海關每年徵收關稅銀兩，向係按照關期，例於滿關後叁個月，將支銷各數，分晰陳奏，竝循例具題，歷皆遵辦。前於同治貳年拾壹月間奉部剳行，奏准將各海關洋稅收支數目，均以咸豐拾年捌月拾柒日爲始，仍按叁個月奏報一次。扣足肆結，專摺奏銷一次。仍從第一結起造具，每結四柱清冊，送部查核，毋庸按照關期題銷，以清界劃而免稽延。其各關應徵常稅，仍令各按關期，照常題銷，以符舊制。等因。業經按照四結爲壹年，將收支洋稅數目，具奏在案。查光緒拾玖年分常稅，前監督廣英管理任內，自光緒拾柒年捌月貳拾陸日起，至拾壹月貳拾叁日止，計兩個月零貳拾捌日，大關各口、潮州、瓊州新關共徵銀肆萬陸千柒百玖拾兩捌錢陸分伍釐；前監督聯捷管理任內，自拾柒年拾壹月貳拾肆日起，連閏至拾捌年柒月貳拾伍日止，

---

① 見中國第一歷史檔案館第 02－01－04－222649－034 號檔案。

計玖個月零貳日，大關各口、潮州、瓊州新關共徵銀拾伍萬陸千壹百陸拾陸兩玖錢肆分。統計壹年兩任，通共徵銀貳拾萬貳千玖百伍拾柒兩捌錢伍釐。除支銷通關經費及鎔銷折耗等銀，又動支報解水腳，又部飯食，又正雜盈餘、水腳平餘等拾伍兩加平。以上肆款，共支銷銀叁萬柒千柒百叁拾捌兩貳分叁釐，尚存正雜盈餘銀拾陸萬伍千貳百拾玖兩柒錢捌分貳釐，循例報解水腳銀陸千肆百陸拾玖兩貳錢柒分貳釐，部飯食銀肆千捌百柒拾貳兩玖錢伍分捌釐，正雜盈餘、水腳平餘等拾伍兩加平，共銀貳千伍百柒拾捌兩捌錢伍分貳釐。以上肆款，共存銀拾柒萬玖千壹百肆拾兩捌錢陸分肆釐。另存平餘銀貳百叁拾肆兩肆錢捌釐，統共應存銀拾柒萬玖千叁百柒拾伍兩貳錢柒分貳釐。內除解過戶部新增盈餘，又拾伍兩加平，又部飯食，又解員盤費，又廣東藩庫本省兵餉，又頤和園常年經費，陸共支銀拾陸萬叁千壹百玖兩捌錢，尚應存銀壹萬陸千貳百陸拾伍兩肆錢柒分貳釐，又廉州府屬北海關口共徵銀貳萬壹千玖百拾兩壹錢肆分叁釐。以上應存銀兩，已撥歸光緒拾玖年分洋稅項下，湊併不敷撥解。至遵旨酌留尾銀，解存藩庫壹款，該年無項可撥，合併陳明。除循例造冊，送部核銷外，理合遵例，恭疏題報。伏乞皇上聖鑒。

敕部核覆施行，謹具題聞。

光緒□□年叁月□捌日，二品銜管理粵海關監督事務臣文珮。

## 140　粵海關監督聯捷奏報光緒十九年分粵海關常稅總數事折[①]

二品頂戴粵海關監督奴才聯捷跪奏，为常稅一年期滿，謹將徵收總數並廉州北海關口稅［原衍］稽徵貨稅，恭摺具报，仰祈聖鑒事。窃照粵海大關暨各口徵收正雜銀兩，向係常洋不分，例於一年期滿，先將總數奏明。俟查核支銷確數，另行恭疏具題，分款造冊解部。同治二年十一月間奉部劄行，奏准將各海關洋稅收支數目，均以咸豐十年八月十七日为始，按三箇月奏报一次。扣足四結，專摺奏銷一次。仍從第一結

---

① 見中國第一歷史檔案館第 03-6505-058 號檔案。

起造具，每結四柱清冊，送部查核，毋庸按照關期題銷，以清界劃而免稽延。其各關應徵常稅，仍令各按關期，照常題銷，以符舊制。又同治六年五月內奏部議覆，粵海關常稅正額銀五萬六千五百一十一兩九錢四分一釐，盈餘銀十萬兩。又廉州府屬北海關口稽徵貨稅，均經奏明，歸入常稅關期報滿摺內，分別具報。各等因。業將光緒十八年分徵收常稅總數，分別具報在案。茲查光緒十九年分常稅，自光緒十七年八月廿六日起，連閏至十八年七月廿五日止，一年期滿，大關徵銀十五萬一千七百七十五兩四錢九分七釐，潮州新關徵銀二萬九百十一兩五分七釐，瓊州新關徵銀二千二十兩五錢六分四釐，各口徵銀二萬八千二百五十兩六錢八分七釐，通共徵銀二十萬二千九百五十七兩八錢五釐。除徵足正額盈餘銀十五萬六千五百十一兩九錢四分一釐外，計多徵銀四萬六千四百四十五兩八錢六分四釐。查粵海關常稅關期報滿，如有多徵，均扵摺內聲明在案。奴才抵任後，設法招徠，認真整頓。況前奉上諭籌備餉需內，有通核關稅一條。儻能溢解一分，則庫儲多受一分之益。現在綜計扵正額盈餘之外，多徵銀四萬六千四百四十五兩八錢六分四釐，比較往年有盈無絀。又廉州府屬北海關口暨各卡共徵貨稅銀二萬一千九百十兩一錢四分三釐。除俟查核支銷確數，另行恭疏具題，遵例分晰造冊，送部查核外，所有光緒十九年分徵收常稅總數並廉州北海關口貨稅各數目，恭摺具陳。伏乞皇上聖鑒。謹奏。

光绪十九年七月初五日，奉硃批：戶部知道。欽此。

五月十一日

## 141　粵海關監督文珮奏爲補報光緒二十年分粵海關收支常稅數目事摺[①]

二品銜粵海關監督奴才文珮跪奏，爲補報光緒二十年分粵海關收支常稅數目恭摺，仰祈聖鑒事。窃照粵海關每年征收稅銀，向係按照關期，將征收支各數，分款造報。前扵同治二年十一月間奉部劄行，奏准

---

① 見中國第一歷史檔案館第 03-129-6403-001 號檔案。

將各海關洋稅收支數目，均以咸豐十年八月十七日爲始，仍按三個月奏報一次。扣足四結，專摺奏銷一次。仍從第一結起造具，每結四柱清冊，送部查核，毋庸按照關期題銷，以清界劃而免稽延。其各關應徵常稅，仍令各按關期，照常題銷，以符舊制。等因。業經按照四結爲一年，將徵收支洋稅數目，具奏在案。茲查光緒二十年分常稅，前監督聯捷管理任內，自光緒十八年七月二十六日起，至十九年七月二十五日止，計一年期內，大關共征銀一十四萬一千六百四十三兩一錢六分二厘，各口共徵銀二萬八千二百五十二兩一分三厘。潮州新關共徵銀二萬八百一十九兩九錢二分一厘。瓊州新關共征銀二千一十一兩六錢五分八厘，通共征銀一十九萬二千七百二十六兩七錢五分四厘。除支銷通關經費及鎔銷折耗等銀二萬三千八百一十七兩三分六厘，動支報解水腳銀六千一百三兩一錢六厘，部飯食銀四千五百九十七兩一錢四分五厘，正雜盈餘、水腳平餘等十五兩加平，共銀二千四百三十二兩八錢八分七厘。以上四款，共支銷銀三萬六千九百五十兩一錢七分四厘，尚存正雜盈餘銀一十五萬五千七百七十六兩五錢八分。循例報解水腳銀六千一百三兩一錢六厘，部飯食銀四千五百九十七兩一錢四分五厘，正雜盈餘、水腳平餘等十五兩加平，共銀二千四百三十二兩八錢八分七厘。以上四款，共存銀一十六萬八千九百九兩七錢一分八厘。另存平餘銀三百一十二兩七錢六分九厘，統共应存銀一十六萬九千二百二十二兩四錢八分七厘。內除解過頤和園常年經費銀三萬兩，戶部新增盈餘銀六萬兩，十五兩加平銀九百兩，部飯食銀一千七百四十兩，解員盤費銀四百六十九兩八錢，廣東藩庫本省兵餉銀七萬兩，六共支銀一十六萬三千一百九兩八錢，尚应存銀六千一百一十二兩六錢八分七厘。又廉州府屬北海關口共征貨稅銀二萬七百八兩六錢四分五厘。以上应存銀，已撥爲光緒二十年分洋稅項下，湊併不敷撥解。至遵旨酌留尾銀，解存藩庫一款，該年無項可撥，合併陳明。謹將光緒二十年分常稅收支各數，恭摺具奏。伏乞皇上聖鑒。謹奏。

光緒二十四年六月初六日，奉硃批：戶部知道。欽此。

四月初八日

## 142　粵海關監督德生奏報光緒二十一年分粵海關徵收常稅總數目廉州北海關口稽徵貨稅折①

　　二品頂戴粵海關監督奴才德生跪奏，爲常稅一年期滿，謹將徵收總數、廉州北海關口稽徵貨稅，恭摺具報，仰祈聖鑒事。竊照粵海大關暨各口征收正雜銀兩，向係常洋不分，例於一年期滿，先將總數奏明。俟查核支銷確數，另行恭疏具題，分款造冊解部。同治二年十一月間奉部札行，奏准將各海關洋稅收支數目，均以咸豐十年八月十七日爲始，按三箇月奏報一次。扣足四結，專摺奏銷一次。仍從第一結起造具，每結四柱清冊，送部查核，毋庸按照關期題銷，以清界劃而免稽延。其各關應征常稅，仍令各按關期，照常題銷，以符舊制。又同治六年五月内奉部議覆，粵海關常稅正額銀五萬六千五百一十一兩九錢四分一厘，盈餘銀十萬兩。又廉州府屬北海關口稽征貨稅，均經奏明，歸入常年稅期報滿内，分別具奏。各等因。業將光緒廿年分征收常稅總數，分別具報在案。茲查光緒廿一年分常稅，自光緒十九年七月廿六日起，至廿年七月二十五日止，一年期滿，大關征銀十三萬一千七百九十五兩四錢八分六厘。潮州新關徵銀二萬一百十九兩七錢六分五厘。瓊州新關征銀一千八百廿八兩五錢四分六厘。各口征銀二萬八千二百五十三兩一錢五分六厘，通共征銀十八萬一千九百九十六兩四錢五分三厘。除征足正額盈餘銀十五萬六千五百十一兩九錢四分一厘外，計多征銀二萬五千四百八十五兩一分二厘。查粵海關常稅關期報滿，如有多征，均于摺内声明在案。奴才抵任後，稔知洋稅侵占常稅情形，益当設法招徠，認真整頓，況前奉上諭籌備餉需内，有通核關稅一條，儻能溢解一分，則庫儲多受一分之益。惟本年春夏間時疫流行，商民畏縮，貨物滯銷，比較往年稅收稍絀。現在綜計於正額盈餘之外，多征銀二萬五千四百八十五兩一分二厘。又廉州府属北海關口暨各卡共徵貨稅銀一萬五千九百十二兩一錢五分四厘。除俟查核支銷確數，另行恭疏具題報，遵例分晰造冊，送部查核外，所有光緒二十一年分征收常稅總數並廉州北海關口貨稅各數

---

① 見中國第一歷史檔案館第 03-6390-018 號檔案。

目,恭摺具陈。伏乞皇上聖鑒。謹奏。

光緒二十年十一月二十日,奉硃批:戶部知道。欽此。

十一月二十八日

## 143 粤海關監督莊山奏報光緒二十一年分粤海各關一百三十七結等四結收支洋稅總數事折①

二品頂戴粤海關監督奴才莊山跪奏,为光緒二十一年分洋稅第一百三十七結至第一百四十結,一年期內,大關及潮州、瓊州、北海各新關收支總數開單,恭摺具报,仰祈聖鑒事。窃照同治二年十一月間奉部劄行,奏准將各海關洋稅收支數目,均以咸豐十年八月十七日为始,仍按三箇月奏报一次。扣足四結,專摺奏銷一次。仍從第一結起造具,每結四柱清冊,送部查核,毋庸按照關期題銷,以清界劃而免稽延。其各關應征常稅,仍令各按關期,照常題銷,以符舊制。又光緒十年四月間奉戶部劄本部会議,各海關洋稅奏銷辦理,未能畫一,應令遵照定章,一律開單奏报一摺,於光緒十年二月二十五日具奏。本日奉旨依議。欽此。钞錄原奏劄行,欽遵办理,概不准以收支數目串入原摺。等因。伏查粤海關洋稅光緒二十年分第一百三十三結至一百三十六結,一年期內,收支總數,業經奏报在案。茲將光緒二十一年分,自光緒二十年九月初三日第一百三十七結起,連閏至二十一年八月十二日第一百四十結止,所有大關及潮州、瓊州、北海各新關洋稅收支各數目,除遵照扣足四結为一年,造具四柱清冊,送部查核外,再查奉撥京餉及例解廣儲司公用銀兩,均属支放要需,亟應依限籌解。若俟庫有征存,誠恐遲誤。奴才只有設法腾挪,先向西商通融垫解,仍歸入下年分征收稅項內,撥抵核办。謹將光緒二十一年分洋稅收支各數,繕列清單,恭摺具奏。伏乞皇太后、皇上聖鑒。謹奏。

光緒二十六年九月初四日,奉硃批:該衙門知道,單併發。欽此。

八月初八日

---

① 見中國第一歷史檔案館第 03-6414-023 號檔案。

## 144　粵海關監督莊山奏報光緒二十一年分粵海各關自第一百三十七結至第一百四十結洋稅收支總數事清單①

清單

謹將光緒二十一年分，自光緒二十年九月初三日第一百三十七結起，至二十一年八月十二日第一百四十結止，粵海大關及潮州、瓊州、北海各新關洋稅收支各數，敬繕清單，恭呈御覽。

謹開：

粵海大關共徵銀九十二萬一千七百二十四兩三錢八分

粵海大關招商局輪船共徵銀二萬一千六百六十八兩五錢八分六釐

潮州新關共徵銀六十萬二千三百九十八兩九錢六分七釐

潮州新關招商局輪船共徵銀五千八百四十一兩二錢四分七釐

瓊州新關共徵銀六萬六千二百二十四兩六錢四分八釐

瓊州新關招商局輪船共徵銀一兩三分六釐

北海新關共徵銀一十六萬六千三百七十四兩九錢四分四釐

合共徵銀一百七十八萬四千二百三十三兩八錢八釐。

內務府行取各色絍斤、紅飛、金銀硃價等銀一十三萬一千八百六十九兩四錢四分

內務府行取各色絍斤、洋金銀線價等銀二萬二千五百九十四兩九分

內務府行取織機器具價等銀八百九十二兩三錢九分

內務府行取真金銀線、白絲線價等銀一千九百八十二兩三錢

撥解普濟院公用銀一萬兩

補解光緒二十年分普濟院公用銀二萬兩

解員匯解京餉匯費銀二萬九千一百一十九兩一錢七分九釐

大關經費、養廉工食等銀四萬三千八百四十七兩三錢二釐

大關津貼經費銀二萬三千七百三十六兩

---

① 見中國第一歷史檔案館第 03-6414-024 號檔案。

潮州新關津貼經費銀一萬八千二百八十兩八錢
瓊州新關津貼經費銀二萬六千五百三十六兩八錢
北海新關津貼經費銀二萬五千四十八兩八錢
大關火耗銀一萬一千六十兩六錢九分三釐
潮州新關火耗銀七千二百二十八兩七錢八分八釐
瓊州新關火耗銀七百九十四兩六錢九分六釐
北海新關火耗銀一千九百九十六兩四錢九分九釐
大關、招商局輪船火耗銀二百六十兩二分三釐
潮州新關招商局輪船火耗銀七十兩九分五釐
瓊州新關招商局輪船火耗銀一分二釐
大關稅務司經費銀一十三萬二千兩
潮州新關稅務司經費銀七萬二千兩
瓊州新關稅務司經費銀二萬四千兩
北海新關稅務司經費銀二萬四千兩
龍州、重慶、蒙自等關稅務司經費銀三萬六千兩
共撥支銀六十六萬三千三百一十七兩九錢七釐。
存水腳銀三萬三千三百八十九兩四錢一分六釐
存部飯食銀三萬六百四十九兩四錢三分四釐
存正雜盈餘、水腳公用米艇等十五兩加平銀一萬五千九百九十兩三錢九分一釐
存公用米艇等二十五兩加平銀八千二百五十兩
存解部關稅銀一百三萬二千六百三十六兩六錢六分
存北海新關光緒二十一年分貨稅銀一萬五千九百一十二兩一錢五分四釐
共應存銀一百一十三萬六千八百二十八兩五分五釐。
除光緒二十一年分常稅正雜盈餘並水腳、部飯食及正雜盈餘、水腳平餘等十五兩加平暨另存平餘等款，不敷撥解銀一萬四千六百五十九兩四錢八分八釐
尚應存銀一百一十二萬二千一百六十八兩五錢六分七釐。
解部庫京餉連加平飯銀一十萬四千四百兩
解廣儲司公用連加平飯銀二十萬五千七百八十兩

解造辦處米艇連加平銀三萬一千二百兩
　　解廣儲司公用提還怡和第六期本息銀一十萬六千二百二十兩
　　解部庫籌撥東北邊防經費銀一十二萬兩
　　解綺華館常年經費銀一萬三千兩，匯費銀五百二十兩
　　解內務府籌添經費銀二萬兩，匯費銀八百兩
　　解總理各國事務衙門三成船鈔銀一萬五千五百七十四兩二錢
　　交稅務司七成船鈔銀四萬二千九百八兩二錢五分
　　交稅務司還本省息借華款第一期本息銀二十四萬八千四百二十一兩六錢七分八釐
　　解出使經費六成洋稅一成半銀一十二萬九千二百六十七兩一錢六分二釐二毫，匯費銀三千二百三十一兩六錢七分九釐
　　解出使經費、招商局輪船六成洋稅一成半銀二千二百四十九兩六錢六分五毫，匯費銀五十六兩二錢四分一釐五毫
　　解部庫加放俸餉銀二萬四千兩
　　解部庫提撥籌備餉需四成洋稅銀一十二萬兩
　　解部庫提撥籌備餉需六成洋稅銀二十萬兩，匯費銀八千兩
　　內務府年例採辦金二千兩價等銀四萬兩
　　造辦處年例採辦金二千兩價等銀四萬兩
　　共撥解銀一百四十七萬五千六百二十八兩八錢七分一釐二毫
　　連上年不敷撥解銀三百四十四萬九千八百四十四兩七錢六分一毫
　　共銀四百九十二萬五千四百七十三兩六錢三分一釐三毫。
除將應存銀一百一十二萬二千一百六十八兩五錢六分七釐抵撥，計不敷銀三百八十萬三千三百五兩六分四釐三毫
　　再將光緒二十年分洋稅二成經費、二十一年分常稅二成經費、洋藥稅半稅、子口半稅、招商局輪船洋藥稅半稅、瓊州新關洋藥稅、子口半稅、招商局輪船洋藥稅、北海新關洋藥稅半稅、子口半稅，共銀五十一萬八千七百三十四兩二錢八分九釐八毫，全數借撥，合計尚不敷銀三百二十八萬四千五百七十兩七錢七分四釐五毫。
　　粵海关監督　九月初四日。
　　硃批。八月初八日

## 145　粵海關監督文珮奏爲光緒二十三年分粵海關徵收常稅总數事折①

　　二品銜粵海關監督奴才文珮跪奏，爲常稅一年期滿，謹將徵收總數，並廉州北海關口稽徵貨稅，恭摺具報，仰祈聖鑒事。竊照粵海大關暨各口徵收正雜銀兩，向係常稅不分，例於一年期滿，先將總數奏明，俟查核支銷確數，另行恭疏具題，分款造冊解部。同治二年十一月間奉部剳行，奏准將各海關洋稅收支數目，均以咸豐十年八月十七日爲始，仍按三箇月奏報一次。扣足四結，專摺奏銷一次。仍從第一結起造具，每結四柱清冊，送部查核，毋庸按照關期題銷，以清界劃而免稽延。其各關応徵常稅，仍令各按關期，照常題銷，以符舊制。又同治六年五月內奉部議覆，粵海關常稅正額銀五萬六千五百一十一兩九錢四分一厘，盈餘銀十萬兩。又廉州府屬北海關口稽徵貨稅，均經奏明，歸入常稅關期報滿摺內，分別具報。各等因。業將光緒二十二年分徵收常[稅]總數，分別具報在案。業茲查光緒二十三年分常稅，自光緒二十一年六月二十六日起，至二十二年六月二十五日止，一年期滿，大關徵銀十三萬九千八百二十三兩六錢五分八厘，潮州新關徵銀二萬一千八百四十一兩三錢四分六厘，瓊州新關徵銀二千二百五十二兩六錢四分三厘，各口徵銀二萬八千二百五十五兩二錢三分五厘，通共徵銀十九萬二千一百七十二兩八錢八分二厘。除徵足正額盈餘銀十五萬六千五百一十一兩九錢四分一厘外，計多徵銀三萬五千六百六十一兩九錢四分一厘。查粵海關常稅關期報滿，如有多徵，均於摺內聲明在案。奴才抵任後，設法招徠，認真整頓。況前奉上諭籌備餉需內，有通核關稅一條。倘能溢解一分則庫儲多受一分之益。現在綜計於正額盈餘之外，多徵銀三萬五千六百六十兩九錢四分一厘。又廉州府屬北海關口暨各卡共徵貨稅銀二萬一千九百六十一兩二錢九分五厘。除俟查核支銷確數，另行恭疏題報，遵例分晰造冊，送部查核外，所有光緒二十三年分徵收常稅總數並廉州北海關

---

① 見中國第一歷史檔案館第03-6399-018號檔案。

口貨稅各數目，恭摺具陳。伏乞皇上聖鑒。謹奏。

光緒二十二年十一月二十二日，奉硃批：戶部知道。欽此。

九月十九日

## 146　粵海關監督文珮奏報光緒二十四年分粵海關徵收常稅貨稅各數事清單①

清單

謹將光緒二十三年二月三十日一百四十七結起，至二十四年七月二十三日一百五十二結，三月內止，大關及潮、瓊、北、九、拱、三水各新關暨江門、甘竹二口收支數目，敬繕清單，恭呈御覽。

謹開：

舊管

一接上不敷銀三十四萬五千六百八十五兩一錢三分一釐二毫

新收

　第一百四十七結自光緒二十三年二月三十日起，至六月初一日止

一收大關洋稅鈔銀二十七萬五千五百六十一兩一錢八分五釐

一收大關半稅銀三萬九千九百五十八兩二錢二分六釐

一收大關子口半稅銀八十七兩一錢九分一釐

一收大關洋藥稅銀四萬八百一十三兩九錢七釐

一收大關洋藥釐金銀十萬四千九百三十一兩二錢

一收潮關洋稅鈔銀二十萬三千七百八十六兩六錢一分

一收潮關半稅銀三萬五百二十五兩三錢五分一釐

一收潮關洋藥稅銀三萬六百五十二兩三錢一分三釐

一收潮關洋藥釐金銀八萬一千五百六十二兩八錢

一收瓊關洋稅鈔銀二萬一千三百五十五兩四錢七分七釐

一收瓊關半稅銀七兩九錢七分四釐

一收瓊關子口半稅銀一千四百六十四兩九分三釐

---

① 見中國第一歷史檔案館第 03-6406-029 號檔案。

一收瓊關洋藥稅銀三千五百六十兩五錢五分
一收瓊關洋藥釐金銀九千四百九十四兩八錢
一收北海關洋稅鈔銀三萬六千五十六兩七錢五分五釐
一收北海關半稅銀八十二兩一錢一分三釐
一收北海關子口半稅銀三百五十兩三錢二分五釐
一收北海關洋藥稅銀九百一兩六錢五分
一收北海關洋藥釐金銀二千四百四兩四錢
一收九龍關洋藥稅銀三千四百六十四兩七錢三分七釐
一收九龍關洋藥釐金銀九千二百三十九兩三錢
一收九龍關百貨稅銀五萬一千六百二十七兩五錢一分八釐
一收拱北關洋藥稅銀一萬五千九百六十四兩二錢
一收拱北關洋藥釐金銀四萬二千五百七十一兩二錢
一收拱北關百貨稅銀二萬七千三十九兩八錢五分二釐
一收三水關洋稅鈔銀十九兩五錢五分
一收江門關洋稅銀二兩八錢八分九釐
　第一百四十八結自光緒二十三年六月初二日起,至九月初五日止
一收大關洋稅鈔銀三十萬五千六百二十七兩一錢九分二釐
一收大關半稅銀三萬一千七百五十二兩四錢六分六釐
一收大關子口半稅銀一萬一千四百四十八兩二錢八分九釐
一收大關洋藥稅銀三萬九千三百三十六兩四錢八分
一收大關洋藥釐金銀十萬四千八百九十七兩二錢五分
一收潮關洋稅鈔銀十八萬八千七百四十九兩九分六釐
一收潮關半稅銀二萬五千六百三十五兩七錢七分
一收潮關洋藥稅銀三萬四千二百六十四兩二錢三分八釐
一收潮關洋藥釐金銀九萬九百五十九兩二錢
一收瓊關洋稅鈔銀三萬四千九百九十五兩七錢八釐
一收瓊關子口半稅銀五千四百三十兩九錢三分八釐
一收瓊關洋藥稅銀四千二百四十六兩一分三釐
一收瓊關洋藥釐金銀一萬一千三百二十二兩七錢
一收北海關洋稅銀四萬五百二十四兩八錢三分一釐

一收北海關半稅銀一百六十兩一分九釐
一收北海關子口半稅銀五百四十一兩二分五釐
一收北海關洋藥稅銀一千一百八十三兩二錢
一收北海關洋藥釐金銀三千一百五十五兩二錢
一收九龍關洋藥稅銀三千四百四十四兩三分八釐
一收九龍關洋藥釐金銀九千一百八十四兩一錢
一收九龍關百貨稅銀四萬三百四十七兩六錢五分七釐
一收拱北關洋藥稅銀一萬六千一百六十四兩
一收拱北關洋藥釐金銀四萬三千一百四兩
一收拱北關百貨稅銀二萬三千八百七十七兩五錢九分六釐
一收三水關洋稅鈔銀七百九十五兩五分九釐
一收三水關半稅銀三百九十五兩四錢五分八釐
一收三水關子口半稅銀十兩二分五釐
一收江門關洋稅鈔銀一千一百一十二兩一錢七分八釐
一收甘竹關洋稅銀三十九兩一錢四分
一收甘竹關半稅銀十一兩一錢
　　第一百四十九結自光緒二十三年九月初六日起，至十二月初八日止
一收大關洋稅鈔銀二十七萬二千六百六十九兩一錢四分八釐
一收大關半稅銀四萬九千四百七十八兩七錢七分五釐
一收大關子口半稅銀一萬一千七百六十五兩九錢七分七釐
一收大關洋藥稅銀四萬五千二百二十七兩二錢五分七釐
一收大關洋藥釐金銀十二萬六百六兩
一收潮關洋稅鈔銀十五萬八千三百八十九兩三錢五分七釐
一收潮關半稅銀二萬七千一百四十四兩三錢三分七釐
一收潮關洋藥稅銀三萬一千四百八十兩五錢三分八釐
一收潮關洋藥釐金銀八萬三千六百八十兩四錢
一收瓊關洋稅鈔銀一萬八千六百六十三兩一錢四分七釐
一收瓊關半稅銀三十三兩八錢六分六釐
一收瓊關子口半稅銀二百四十七兩六錢五分二釐
一收瓊關洋藥稅銀四千七百八十兩二錢

一收瓊關洋藥釐金銀一萬二千七百四十七兩二錢
一收北海關洋稅銀三萬五千三十七兩四分三釐
一收北海關半稅銀一百二十四兩五錢五分
一收北海關子口半稅銀一千一百二十四兩四錢一分三釐
一收北海關洋藥稅銀八百八十一兩七錢
一收北海關洋藥釐金銀二千三百五十一兩二錢
一收九龍關洋藥稅銀三千七百一十兩八錢三分一釐
一收九龍關洋藥釐金銀九千八百九十五兩五錢五分
一收九龍關百貨稅銀四萬一千一百五十四兩五錢七分九釐
一收拱北關洋藥稅銀一萬六千六百九十二〔兩，原文缺〕
一收北海關子口半稅銀一千一百二十四兩四錢一分三釐
一收北海關洋藥稅銀八百八十一兩七錢
一收北海關洋藥釐金銀二千三百五十一兩二錢
一收九龍關洋藥稅銀三千七百一十兩八錢三分一釐
一收九龍關洋藥釐金銀九千八百九十五兩五錢五分
一收九龍關百貨稅銀四萬一千一百五十四兩五錢七分九釐
一收拱北關洋藥稅銀一萬六千六百九十二兩三錢
一收拱北關洋藥釐金銀四萬四千五百一十二兩八錢
一收拱北關百貨稅銀二萬一千三百一十四兩九錢四分九釐
一收三水關洋稅鈔銀二千四百三十兩五錢三分
一收三水關半稅銀一百五十二兩一錢九分二釐
一收三水關子口半稅銀十二兩三錢三分八釐
一收江門關洋稅銀三千二百一十八兩四錢七分五釐
一收甘竹關洋稅銀二千三百六十二兩四錢九分七釐
一收甘竹關半稅銀六兩三錢二分九釐

　　第一百五十結自光緒二十三年十二月初九日起，至光緒二十四年三月初十日止

一收大關洋稅鈔銀二十三萬八千七百五兩九錢六分六釐
一收大關半稅銀二萬一千一百二兩七錢一分七釐
一收大關子口半稅銀一萬一千六百九十八兩五分三釐

一收大關洋藥稅銀四萬五千六百八十八兩一分五釐
一收大關洋藥釐金銀十二萬一千八百三十二兩四錢
一收潮關洋稅鈔銀十九萬九千八百七十八兩八錢七分九釐
一收潮關半稅銀一萬八千四百九十九兩六錢六釐
一收潮關子口半稅銀三十一兩五錢
一收潮關洋藥稅銀三萬八千九百六十七兩三錢七分五釐
一收潮關洋藥釐金銀十萬三千五百八十一兩二錢
一收瓊關洋稅鈔銀一萬七千七百九十五兩一錢五分二釐
一收瓊關半稅銀十三兩三錢六分一釐
一收瓊關子口半稅銀二百九十二兩六錢二分四釐
一收瓊關洋藥稅銀四千四百一十一兩六錢五分
一收瓊關洋藥釐金銀一萬一千七百六十四兩四錢
一收北海關洋稅鈔銀三萬六千九十一兩六錢七分六釐
一收北海關半稅銀十九兩三錢五分一釐
一收北海關子口半稅銀一千九百七兩六錢二分八釐
一收北海關洋藥稅銀一千八十八兩二錢
一收北海關洋藥釐金銀二千八百九十九兩七錢
一收九龍關洋藥稅銀二千八百九十一兩四錢
一收九龍關洋藥釐金銀七千七百一十兩四錢
一收九龍關百貨稅銀三萬一千六百二十一兩九錢六分三釐
一收拱北關洋藥稅銀一萬八千五百九十九兩四錢三分八釐
一收拱北關洋藥釐金銀四萬九千五百九十八兩五錢
一收拱北關百貨稅銀二萬一千五百八十九兩六錢五釐
一收三水關洋稅鈔銀三千二十四兩六分六釐
一收三水關半稅銀一百三十三兩五分五釐
一收江門關洋稅銀四千二百一兩三錢六分九釐
一收甘竹關洋稅銀七千八百一十七兩六錢四釐
一收甘竹關半稅銀十兩九錢七分二釐
　第一百五十一結自光緒二十四年三月十一日起，至五月十二日止
一收大關洋稅鈔銀二十一萬九千六百五十六兩二錢三分七釐

一收大關半稅銀四萬八千六十三兩三錢八分二釐
一收大關子口半稅銀一萬六百二十三兩二錢一分五釐
一收大關洋藥稅銀三萬九千九百五十九兩八錢二分一釐
一收大關洋藥釐金銀十萬六千五百五十九兩五錢
一收潮關洋稅鈔銀二十萬七百一十二兩八錢七分九釐
一收潮關半稅銀二萬七千九百六十八兩五錢一分
一收潮關子口半稅銀四十九兩三錢五分
一收潮關洋藥稅銀三萬二千八百七十三兩七錢
一收潮關洋藥釐金銀八萬七千四百二十四兩八錢
一收瓊關洋稅鈔銀一萬七千八百五十九兩八錢五分一釐
一收瓊關半稅銀十四兩一錢五分七釐
一收瓊關子口半稅銀五百三十九兩九錢二分一釐
一收瓊關洋藥稅銀三千九百二十八兩三錢五分
一收瓊關洋藥釐金銀一萬四百七十五兩六錢
一收北海關洋稅鈔銀二萬四千六百一十三兩二錢九分三釐
一收北海關半稅銀二十五兩九錢四分七釐
一收北海關子口半稅銀一千三百七十兩一錢一分七釐
一收北海關洋藥稅銀一千四十五兩六錢五分
一收北海關洋藥釐金銀二千七百八十八兩四錢
一收九龍關洋藥稅銀二千九百二十八兩四錢六分九釐
一收九龍關洋藥釐金銀七千八百九兩二錢五分
一收九龍關百貨稅銀二萬八千七百七十一兩八錢八釐
一收拱北關洋藥稅銀一萬九千七百四十五兩七錢七分五釐
一收拱北關洋藥釐金銀五萬二千六百五十五兩四錢
一收拱北關百貨稅銀一萬九千二百八十八兩八錢一分八釐
一收三水關洋稅鈔銀九千四十八兩一釐
一收三水關半稅銀一百四十八兩七錢七分九釐
一收三水關子口半稅銀一百六十六兩七錢三分
一收江門關洋稅銀三千三百九十五兩三錢四分六釐
一收甘竹關洋稅銀二千三百兩七錢七分八釐

一收甘竹關半稅銀十兩三錢四分一釐
　　第一百五十二結自光緒二十四年五月十三日起，至七月二十三日止，計兩個月零八日
一收大關洋稅鈔銀二十一萬九千一百二十四兩五錢五分六釐
一收大關半稅銀二萬二千九百四十九兩三錢九釐
一收大關子口半稅銀三千八百三十三兩四錢七分六釐
一收大關洋藥稅銀三萬四千五百二十四兩七錢一分一釐
一收大關洋藥釐金銀九萬二千六十五兩八錢五分
一收潮關洋稅鈔銀十五萬四千七百七兩九錢九分九釐
一收潮關半稅銀二萬六千二百九十五兩八錢五分四釐
一收潮關子口半稅銀二百一十兩
一收潮關洋藥稅銀三萬三千五百六兩七錢
一收潮關洋藥釐金銀八萬九千八十七兩二錢
一收瓊關洋稅鈔銀一萬八千五百九十八兩二錢四分五釐
一收瓊關半稅銀五兩二錢七分三釐
一收瓊關子口半稅銀一千七百五十兩一錢四分三釐
一收瓊關洋藥稅銀四千二百七十三兩五分
一收瓊關洋藥釐金銀一萬一千三百九十四兩八錢
一收北海關洋稅鈔銀二萬三千四百八兩二分四釐
一收北海關半稅銀五十兩九錢五分六釐
一收北海關子半稅銀八百二十一兩九錢九分九釐
一收北海關洋藥稅銀四百七十八兩五分
一收北海關洋藥釐金銀一千二百七十四兩八錢
一收九龍關洋藥稅銀二千三百九十六兩五錢八分八釐
一收九龍關洋藥釐金銀六千三百九十兩九錢
一收九龍關百貨稅銀二萬六千三百八十四兩四錢二分四釐
一收拱北關洋藥稅銀一萬四千六百三十七兩二錢六分三釐
一收拱北關洋藥釐金銀三萬九千三十二兩七錢
一收拱北關百貨稅銀一萬四千七百四十七兩六錢八分
一收三水關洋稅鈔銀一萬一千八百七十兩七錢五分五釐

一收三水關半稅銀三百三十兩七錢一分一釐
　　一收三水關子口半稅銀二百二十兩六分
　　一收江門關洋稅銀三千六百五十六兩七錢五分一釐
　　一收甘竹關洋稅銀一千九十三兩五錢三分三釐
　　一收甘竹關半稅銀六兩六錢八分三釐
　　合共收銀六百萬一千四百三十五兩三錢五釐

另收江蘇等七省協撥還華款用三十萬兩，除江西解來一萬五千兩，內低水三百六十兩，短平一百二十兩；四川解來五萬八千兩，內低水一千一百六十兩，短平四百六十四兩。實共收銀二十九萬七千八百九十六兩，統共收銀六百二十九萬九千三百三十一兩三錢五釐。

開除：

　　光緒二十三年自二月三十日第一百四十七結一月分起，至二十四年正月初九第一百五十結一月分止
　　一支傳辦各色絍斤等價銀七萬七千三百五十五兩一錢
　　一支傳辦青白絲綫等價銀七百九十四兩四錢八分
　　一支解夏季部庫京餉銀二萬五千兩
　　一支解部庫京餉加平銀三百七十五兩
　　一支解部庫京餉飯食銀七百二十五兩
　　一支解東北邊防經費銀三萬兩
　　一支解籌備餉需銀三萬兩
　　一支解加放俸餉銀六千兩
　　一支解另款加復俸餉銀一萬兩
　　一支解廣儲司公用銀七萬五千兩，內除提還怡和洋行銀四萬八千一百三十兩，實解銀二萬六千八百七十兩
　　一支解廣儲司加平銀一千一百二十五兩
　　一支解廣儲司新增歸公加平銀一千八百七十五兩
　　一支解廣儲司擡費用項銀六百兩
　　一支解夏季京餉匯費銀五千九百二十九兩二錢常稅新增盈餘匯費在內
　　一支解夏季京餉解員盤費銀九百一十九兩二錢七分五釐

一支解部庫秋季京餉銀二萬五千兩
一支解部庫京餉加平銀三百七十五兩
一支解部庫京餉飯食銀七百二十五兩
一支解東北邊防經費銀三萬兩
一支解籌備餉需銀三萬兩
一支解加放俸餉銀六千兩
一支解另款加復俸餉銀一萬兩
一支解廣儲司公用銀七萬五千兩
一支解廣儲司加平銀一千一百二十五兩
一支解廣儲司新增歸公加平銀一千八百七十五兩
一支解廣儲司擡費用項銀六百兩
一支解秋季京餉匯費銀五千四百八十二兩四錢內有五萬九千三百兩不支匯費，係與戶部兌數常稅新增盈餘匯費銀在內
一支解秋季京餉解員盤費銀八百三十五兩五錢
一支解部庫冬季京餉銀二萬五千兩
一支解部庫京餉加平銀三百七十五兩
一支解部庫京餉飯食銀七百二十五兩
一支解東北邊防經費銀三萬兩
一支解籌備餉需銀三萬兩
一支解加放俸餉銀六千兩
一支解另款加復俸餉銀一萬兩
一支解造辦處米艇銀三萬兩
一支解造辦處米艇加平銀四百五十兩
一支解造辦處米艇新增歸公加平銀七百五十兩
一支解廣儲司公用銀七萬五千兩，內除提還怡和洋行銀四萬八千一百三十兩，實解銀二萬六千八百七十兩
一支解廣儲司加平銀一千一百二十五兩
一支解廣儲司新增歸公加平銀一千八百七十五兩
一支解廣儲司擡費用項銀六百兩

一支解冬季京餉匯費銀七千一百七十七兩二錢常稅新增盈餘匯費在內

一支解冬季京餉解員盤費銀一千一百一百五十三兩二錢七分五釐

一支解廣儲司公用提還怡和洋行第八期本息銀九萬六千二百六十兩

一支夏季金價銀二萬兩

一支秋季金價銀二萬兩

一支冬季金價銀二萬兩

一支解秋季貢費銀九萬兩，匯費銀三千六百兩

一支解綺華館秋季常年經費銀三千兩，匯費銀一百二十兩

一支解綺華館秋季續撥經費銀三千五百兩，匯費銀一百四十兩

一支解內務府籌添經費銀一萬兩，匯費銀四百兩

一支解內務府籌添經費平餘等銀六百六十兩，匯費銀二十六兩四錢

一支解戶部續撥籌備餉需銀二十萬兩，匯費銀八千兩

一支解江海關道還俄法英德洋款銀八十八萬兩二十三年分，匯費銀二萬六千四百兩

一支解上海還匯豐銀行洋款銀二萬八千兩，匯費銀七百八十四兩

一支解出使經費第一百三十八結銀三萬六千五百五十兩五錢二分五釐六毫，匯費銀九百一十三兩七錢六分三釐一毫

一支闌干匠養贍自一百四十七結一月分起，至一百五十結一月分止，計十箇月，銀一千一百兩

一支闌干匠劉道成赴京盤費、安家衣帽等銀八十五兩六月十六日給領

一支闌干匠梁潤釗回京盤費銀五十兩六月十六日給領

一支解糧道普濟院公用銀二萬兩

一支解戶部新建陸軍月餉銀五萬兩六月提撥，匯費銀二千兩

一支解稅務司還華款二十三年第四期內三、四、五、六月，第五期

七、八、九、十、十一、十二月分，計十箇月銀五十九萬三千二十七兩七錢六分六釐七毫

一支大關稅務司七成船鈔自一百四十七結起，至一百四十九結止，計三結銀一萬三千三百八十二兩四錢六分

一支潮關稅務司七成船鈔自一百四十七結起，至一百四十九結止，計三結銀一萬七千三百八十六兩四分

一支瓊關稅務司七成船鈔自一百四十七結起，至一百四十九結止，計三結銀五千三百五十五兩

一支北海關稅務司七成船鈔自一百四十七結起，至一百五十結止，計四結銀三百九十六兩七錢六分

一支三水關稅務司七成船鈔自一百四十七結三月間辦起，至一百四十九結三月止，計七箇月銀一十八兩八錢三分

一支大關稅務司經費自一百四十七結一月起，至一百五十結一月止，計十箇月銀一十一萬兩

一支潮關稅務司經費自一百四十七結一月起，至一百五十結一月止，計十箇月銀六萬兩

一支瓊關稅務司經費自一百四十七結一月起，至一百五十結一月止，計十箇月銀二萬五千兩

一支北海關稅務司經費自一百四十七結一月起，至一百五十結一月止，計十箇月銀二萬五千兩

一支大關藥釐稅務司經費自一百四十七結一月起，至一百五十結一月止，計十箇月銀十萬兩

一支潮關藥釐稅務司經費自一百四十七結一月起，至一百五十結一月止，計十箇月銀四萬兩

一支龍州、蒙自、重慶稅務司經費自一百四十七結一月起，至一百五十結一月止，計十箇月銀三萬兩

一支大關津貼自一百四十七結一月起，至一百五十結一月止，計十箇月銀一萬九千七百八十兩

一支潮關津貼自一百四十七結一月起，至一百五十結一月止，計十箇月銀一萬五千二百三十四兩

一支瓊關津貼自一百四十七結一月起，至一百五十結一月止，計十箇月銀二萬二千一百一十四兩

一支北海關津貼自一百四十七結一月起，至一百五十結一月止，計十箇月銀二萬八百七十四兩

一支大關稅釐火耗自一百四十七結起，至一百五十結止，計四結銀二萬二千八百一十三兩二錢九分二釐

一支潮關稅釐火耗自一百四十七結起，至一百五十結止，計四結銀一萬六千一百七十三兩四錢六分三釐

一支瓊關稅釐火耗自一百四十七結起，至一百五十結止，計四結銀一千九百五十一兩五錢三分

一支北海關稅釐火耗自一百四十七結起，至一百五十結止，計四結銀二千二兩六錢二分

一支九龍關洋藥稅釐百貨稅火耗自一百四十七結起，至一百五十結止，計四結銀二千五百七十一兩五錢五釐

一支拱北關洋藥稅釐百貨稅火耗自一百四十七結起，至一百五十結止，計四結銀四千九十二兩三錢四分一釐

一支三水關火耗自一百四十七結三月開辦起，至一百五十結三月止，計十箇月銀八十三兩六錢六分七釐

一支江門關火耗自一百四十七結三月開辦起，至一百五十結三月止，計十箇月銀一百二兩四錢一分九釐

一支甘竹關火耗自一百四十七結三月開辦起，至一百五十結三月止，計十箇月銀一百二十二兩九錢七分二釐

一支大關支銷經費自一百四十七結一月起，至一百五十結一月止，計十箇月銀二萬五千二百七十九兩七錢六分四釐

一支三水關支銷經費自一百四十七結三月起開辦起，至一百四十八結三月止，計四箇月銀一千五百二十四兩

一支江門關支銷經費自一百四十七結三月起開辦起，至一百四十八結三月止，計四箇月銀一千一百三十三兩六錢

一支甘竹關支銷經費自一百四十七結三月起開辦起，至一百四十八結三月止，計四箇月銀一千一百三十三兩六錢

一支郵政局來往文書士擔自一百四十五結起，至一百四十八結止，計四結銀八十五兩三錢四分九釐

一支拱北關收發經費自一百四十七結一月起，至一百五十結一月止，計十箇月銀一千四百四十八兩九分二釐

合共支銀三百二十七萬六千三百六十三兩一錢八分九釐四毫

光緒二十四年自正月初十第一百五十結二月起，至七月二十三日第一百五十二結三月內八天止

一支傳辦各色絎斤等價銀七萬七千一百八兩四錢三分

一支傳辦各色絲線織機器具等並燕梳、水腳銀一千一百四十五兩三錢九分

一支解部庫春季京餉銀二萬五千兩

一支解部庫京餉加平銀三百七十五兩

一支解部庫京餉飯食銀七百二十五兩

一支解東北邊防經費銀三萬兩

一支解籌備餉需銀三萬兩

一支解加放俸餉銀六千兩

一支解另款加復俸餉銀一萬兩

一支解廣儲司公用銀七萬五千兩

一支解廣儲司加平銀一千一百二十五兩

一支解廣儲司新增歸公加平銀一千八百七十五兩

一支解廣儲司擡費用項銀六百兩

一支解春季京餉匯費銀七千八百五十四兩四錢常稅新增盈餘匯費在內

一支解春季京餉解員盤費銀一千二百八十兩二錢五分

一支解部庫夏季京餉銀二萬五千兩

一支解部庫京餉加平銀三百七十五兩

一支解部庫京餉飯食銀七百二十五兩

一支解東北邊防經費銀三萬兩

一支解籌備餉需銀三萬兩

一支解加放俸餉銀六千兩

一支解另款加復俸餉銀一萬兩

一支解廣儲司公用銀七萬五千兩，內除提還怡和洋行銀四萬七千一百一十兩，實解銀二萬七千八百九十兩

一支解廣儲司加平銀一千一百二十五兩

一支解廣儲司新增歸公加平銀一千八百七十五兩

一支解廣儲司擡費用項銀六百兩

一支解夏季京餉匯費銀五千九百七十兩常稅新增盈餘匯費在內

一支解夏季京餉解員盤費銀九百二十六兩九錢二分五釐

一支解廣儲司公用提還怡和洋行第九期本息銀九萬四千二百二十兩

一支春季金價銀二萬兩

一支夏季金價銀二萬兩

一支秋季金價銀二萬兩

一支解江海關道還俄法英德洋款銀四十七萬六千兩二十四年分先行解交，匯費銀一萬四千二百八十兩

一支解春季貢費銀九萬兩，匯費銀三千六百兩

一支解上海還滙豐銀行洋款銀二萬八千兩，匯費銀七百八十四兩

一支解畫士養贍自一百四十六結二月起，至一百五十結一月止，計十二箇月銀二千三百九十兩，匯費銀七十一兩八錢九分一釐

一支解總理衙門三成船鈔自一百三十八結起，至一百四十九結止，計十二結共銀四萬六千九百七兩七錢六分，匯費銀一千八百七十六兩三錢一分

一支解出使經費第一百三十九、一百四十兩結銀八萬六千五百九十九兩六分九釐九毫，匯費銀二千一百六十四兩九錢七分六釐八毫

一支解內務府籌添經費銀一萬兩，匯費銀四百兩

一支闌干匠養贍自一百五十結二月起，至一百五十二結三月止，計八個月銀八百八十兩

一支闌干匠梁潤和回京盤費五十兩七月十三日給領

一支解綺華館春季常年經費銀三千兩，匯費銀一百二十兩
一支解綺華館春季續撥經費銀三千五百兩，匯費一百四十兩
一支解糧道普濟院公用銀二萬二千兩
一支大關稅務司經費自一百五十結二月起，至一百五十二結二月止，計七箇月銀七萬七千兩
一支潮關稅務司經費自一百五十結二月起，至一百五十二結二月止，計七箇月銀四萬二千兩
一支瓊關稅務司經費自一百五十結二月起，至一百五十二結二月止，計七箇月銀一萬七千五百兩
一支北海關稅務司經費自一百五十結二月起，至一百五十二結二月止，計七箇月銀一萬七千五百兩
一支龍州、蒙自、重慶稅務司經費自一百五十結二月起，至一百五十二結二月止，計七箇月銀二萬一千兩
一支大關釐金稅務司經費自一百五十結二月起，至一百五十二結二月止，計七箇月銀七萬兩
一支潮關藥釐稅務司經費自一百五十結二月起，至一百五十二結二月止，計七箇月銀二萬八千兩
一支大關七成船鈔自一百五十結二月起，至一百五十二結二月止，計八箇月銀一萬二千七百四十三兩五錢五分六釐
一支潮關七成船鈔自一百五十結一月起，至一百五十二結三月內八天止，計八箇月零八日銀一萬四千一十四兩五錢六分
一支瓊關七成船鈔自一百五十結一月起，至一百五十二結三月內八天止，計八箇月零八日銀二千五百九十九兩八錢
一支北海關七成船鈔自一百五十結一月起，至一百五十二結三月內八天止，計五箇月零八日銀三百八十三兩二錢五分
一支三水關七成船鈔自一百五十結一月起，至一百五十二結三月止，計九箇月銀二百八兩四錢六分
一支大關津貼自一百五十結二月起，至一百五十二結三月內八天止，計七箇月零八日銀一萬四千三百七十三兩四錢六分七釐
一支潮關津貼自一百五十結二月起，至一百五十二結三月內八天止，

計七箇月零八日銀一萬一千七十兩四分

一支瓊關津貼自一百五十結二月起，至一百五十二結三月內八天止，計七箇月零八日銀一萬六千六百六十九兩五錢七釐

一支北海關津貼自一百五十結二月起，至一百五十二結三月內八天止，計七箇月零八日銀一萬五千一百六十八兩四錢四分

一支解戶部新建陸軍月餉銀五萬兩六月提撥，匯費銀二千兩

一支解稅務司還華款二十四年第六期正、二、三、四、五、六月分，計六箇月銀三十五萬一千二百五十六兩三錢

一支大關稅釐火耗自一百五十一結一月起，至一百五十二結三月內八天止，計五箇月零八日銀九千五百六十八兩三錢二分

一支潮關稅釐火耗自一百五十一結一月起，至一百五十二結三月內八天止，計五箇月零八日銀七千八百三十四兩四分四釐

一支瓊關稅釐火耗自一百五十一結一月起，至一百五十二結三月內八天止，計五箇月零八日銀八百二十六兩七分二釐

一支北海關稅釐火耗自一百五十一結一月起，至一百五十二結三月內八天止，計五箇月零八日銀六百七十兩五錢二分七釐

一支九龍關洋藥稅釐百貨稅火耗自一百五十一結一月起，至一百五十二結三月內八天止，計五箇月零八日銀八百九十六兩一錢七分七釐

一支拱北關洋藥稅釐百貨稅火耗自一百五十一結一月起，至一百五十二結三月內八天止，計五箇月零八日銀一千九百二十一兩二錢九分一釐

一支三水關火耗自一百五十一結一月起，至一百五十二結三月內八天止，計五箇月零八日銀二百六十一兩四錢二分

一支江門關火耗自一百五十一結一月起，至一百五十二結三月內八天止，計五箇月零八日銀八十四兩六錢二分五釐

一支甘竹關火耗自一百五十一結一月起，至一百五十二結三月內八天止，計五箇月零八日銀四十兩九錢三分六釐

一支大關支銷經費自一百五十結二月起，至一百五十一結二月止，計七箇月銀一萬七千六十七兩八錢九分八釐三毫

一支三水關支銷經費自一百四十九結一月起，至一百三十二結二月內

八天止，計十一箇月零八日銀四千四百三十二兩三錢

　　一支江門關支銷經費自一百四十九結一月起，至一百五十二結三月內八天止，計十一箇月零八日銀三千三百六兩八錢八分五釐

　　一支甘竹關支銷經費自一百四十九結一月起，至一百五十二結三月內八天止，計十一箇月零八日銀三千三百六兩八錢八分五釐

　　一支郵政局來往文書士擔自一百四十九結一月起，至一百五十二結二月內八天止，計十一箇月五十三兩六錢四分

　　一支九拱關收發經費自一百五十結二月起，至一百五十二結三月內八天止，計七箇月零八日銀六百七十九兩八錢五分七釐

　　一補支不敷金價自光緒二十一年夏季起，至二十四年秋季止，計十四次銀九萬五千三百兩，於光緒二十四年十二月十九日奉到原摺。欽遵。硃批，照准作為加價核銷

　　　　合共支銀二百二十六萬四千六百九十七兩六錢六分

　　　　連上統共支銀五百五十四萬一千六十兩八錢八分九釐四毫

應存銀七十五萬八千二百七十兩四錢五分五釐六毫，除抵撥接上舊管不敷銀三十四萬五千六百八十五兩一錢三分一釐二毫，實在存銀四十一萬二千五百八十五兩三錢二分四釐四毫。

　　覽。

## 147　粵海關監督莊山奏報光緒二十五年分粵海關常稅總數目事摺①

　　二品頂戴粵海關監督奴才莊山跪奏，為常稅一年期滿，謹將征收揔數並廉州北海關口稽征貨稅，恭摺具奏，仰祈聖鑒事。竊照粵海大關暨各口征收正雜銀兩，向係常洋不分，例於一年期滿，先將揔數奏明，俟查核支銷確數，另行恭疏具題，分款造冊解部。同治二年十一月間奉部劄行，奏准將各海關洋稅收支數目，均以咸豐十年八月十七日為始，按三箇月奏報一次。扣足四結，專摺奏銷一次。仍從第一結起造具，每結

---

① 見中國第一歷史檔案館第03-6409-012號檔案。

四柱清冊，送部查核，毋庸按照關期題銷，以清界劃而免稽延。其各關應征常稅，仍令各按關期，照常題銷，以符舊制。又同治六年五月內，奉部議覈，粵海關常稅正額銀五萬六千五百一十一兩九錢四分一釐，盈餘銀十萬兩。又廉州府屬北海關口稽征貨稅，均經奏明，歸入常稅關期報滿摺內，分別具報。各等因。業將光緒二十五年分征收常稅摺數，分別具報在案。茲查光緒二十六年分常稅，自光緒二十四年五月二十六日起，至二十五年五月二十五日止，一年期滿，大關征銀一十四萬八百三十七兩五錢三分三釐。潮州新關征銀二萬一千八百九十六兩九錢四分四釐。瓊州新關征銀二千二百六十兩四錢二分，各口征銀二萬一千九百三十一兩九分五釐，通共征銀一十八萬六千九百二十五兩九錢九分二釐。除潮州新關所屬東隴黃崗二口劄飭該關委員並添派家人督同口書經理，所有征收，另行奏報外，計二十六年分常稅征足正額盈餘銀十五萬六千五百一十一兩九錢四分一釐外，計多征銀三萬四百一十四兩五分一釐。查粵海關常稅關期報滿，如有多征，均於摺內聲明在案。奴才抵任後，稔知洋稅侵占常稅情形，益當設法招徠，認真整頓。況前奉上諭籌備餉需內，有通核關稅一條。倘能溢解一分，則庫儲多受一分之益。現在綜計於正額盈餘之外，多征銀三萬四百一十四兩五分一釐。又廉州府屬北海關口暨各卡共征貨稅銀二萬二千兩。除俟查核支銷確數，另行恭疏題報，遵例分晰造冊，送部查核外，所有光緒二十六年分征收常稅摺數並廉州北海关口貨稅各數目，恭摺具陳。伏乞皇太后、皇上聖鑒。謹奏。

光緒二十五年九月十八日，奉硃批：戶部知道。欽此。
七月二十七日

## 148　粵海關監督常恩奏爲補報光緒二十五年分粵海關收支數目事折①

二品頂戴粵海關監督奴才常恩跪奏，爲補報光緒二十五年分粵海關收支常稅數目恭摺，仰祁聖鑒事。竊照粵海關每年徵收稅銀，向係按照

---

① 見中國第一歷史檔案館第03-6422-080號檔案。

關期，將收支各數，分款造報，並循例具題，歷皆遵辦。前係同治二年十一月間奉部劄行，奏准將各海關洋稅收支數目，均以咸豐十年八月十七日為始，仍按三箇月奏報一次。扣足四結，專摺奏銷一次。仍从第一結起造具，每結四柱清冊，送部查核，無庸按照關期題銷，以清界劃而免稽延。其各關應徵常稅，仍令各按關期，照常題銷，以符舊制。等因。又於光緒二十七年八月間，先後經前兩廣督臣陶模、前廣東撫臣德壽咨開，光緒二十七年八月十五日內閣奉上諭，李鴻章等奏妥籌本章辦法一摺，內外各衙門一切題本，多屬繁複，現在整頓庶政，諸事務去浮文。嗣後，除賀本仍照常恭進外，所有缺分題本及向來專係具題之件，均著改題為奏。其餘各項本章，一律刪除，以歸簡易，將此通諭知之。等因。欽此。欽遵。恭錄咨行前來。奴才伏查粵海關常稅徵收支銷各數，業經按照關期奏報至光緒二十四年分止在案。茲查光緒二十五年分常稅，前監督文珮管理任內，自光緒二十三年六月二十六日起，連閏至二十四年五月二十五日止，計一年期內，粵海大關共徵銀一十四萬五百三十四兩八錢七分五釐，各口共徵銀二萬一千九百三十一兩六錢三分六釐。潮州新關共徵銀二萬一千八百四十六兩七錢二分六釐。瓊州新關共徵銀二千二百五十七兩二錢四分八釐。東隴、黃岡二口共徵銀一萬八千六十四兩七錢。瓊州土藥稅共徵銀一千九百五十五兩七錢八分二釐。通共徵銀二十萬六千五百九十兩九錢六分七釐。除支銷通關經費及鎔銷折耗等銀二萬三千四百五兩七錢二分八釐，動支報解水腳銀六千六百二十三兩九錢一分六釐，部飯食銀四千九百八十九兩四錢四分三釐，正雜盈餘、水腳平餘等十五兩加平，共銀二千六百四十兩四錢九分八釐。以上四款，共支銷銀三萬七千六百五十九兩五錢八分五釐。尚存正雜盈餘銀一十六萬八千九百三十一兩三錢八分二釐，循例報解水腳銀六千六百二十三兩九錢一分六釐，部飯食銀四千九百八十九兩四錢四分三釐，正雜盈餘、水腳平餘銀等十五兩加平，共銀二千六百四十兩四錢九分八釐。以上四款，共存銀一十八萬三千一百八十五兩二錢三分九釐。另存平餘銀四百七十七兩八錢九分四釐，統共應存銀一十八萬三千六百三十三兩一錢三分三釐。內除解過頤和園常年經費銀三萬兩。又添撥經費銀一萬兩，戶部新增盈餘銀六萬兩，十五兩加平銀九百兩，部飯食銀一千七百四十兩，解員盤費銀四百六十九兩八錢。以上六款，共支銀一十萬三千一百九兩八錢，尚应存銀八萬五百五十三兩三錢三分三厘。又廉州府屬北海關口共徵貨稅銀二萬二千兩。以上應存銀兩，已撥归光緒十三年分洋稅項下，湊併不敷撥解。至遵旨酌留尾銀，解存藩庫一款，該年無項可撥，合併陈明。除循例造冊，送部核銷外，所有補報光緒二十五年分常稅收支各數，並欽遵刪除題本緣由，謹恭摺具奏。伏乞皇太后、皇上聖鑒。謹奏。

光緒二十九年十二月二十五日，奉硃批：戶部知道。欽此。
十一月初九日

## 149　粵海關監督常恩補報光緒二十五年分粵海潮州瓊州北海三水各關第一百五十三結等四結洋稅收支總數目事摺①

二品頂戴前粵海關監督奴才常恩跪奏，爲補報光緒二十五年分洋稅第一百五十三結至一百五十六結，一年期内，粵海、潮州、瓊州、北海、三水各關及江門、甘竹二分關收支數目恭摺，仰祈聖鑒事。竊照同治二年十一月間奉部劄行，奏准將各海關洋稅收支數目，均以咸豐十年八月十七日爲始，仍按三個月奏報一次。扣足四結，專摺奏銷一次。仍從第一結起造具，每結四柱清冊，送部查核，毋庸按照關期題銷，以清界劃而免稽延。其各關应徵常稅，仍令各按關期，照常題銷，以符舊制。又光緒十年四月間，奉戶部劄本部會議，各海關洋稅奏銷辦理，未能畫一，應令遵照定章，一律開單奏報一摺，於光緒十年二月二十五日具奏，本日奉旨依議。欽此。抄錄原奏劄行，欽遵辦理，概不准以收支數目串入原摺。等因。伏查粵海各關洋稅收支數目，業經奏報至光緒二十四年分第一百五十二結止在案。茲將光緒二十五年分，自光緒二十四年八月十六日第一百五十三結起，至二十五年八月二十六日第一百五十六結止，所有粵海、潮州、瓊州、北海、三水、各關及江門、甘竹二分關洋稅收支各數目，除遵照扣足四結爲一年，造具四柱清冊，送部查日

---

① 見中國第一歷史檔案館第03－6428－034號檔案。

外，其餘自一百五十七結起至一百七十七結內，奴才交卸之日止，所有徵收支銷數目，現已趕緊継續报銷，茲謹將光緒二十五年分洋稅收支各數，繕列清單，恭摺具奏。再，奴才業已交卸，此摺係借用兩廣總督關防拜發，合併陈明。伏乞皇太后、皇上聖鑒。謹奏。

光緒三十一年五月二十一日，奉硃批：該部知道，單併發。欽此。

三月二十四日

## 150　粵海關監督常恩奏爲補報光緒二十六年分粵海關常稅收支數目事摺①

二品頂戴前粵海關監督奴才常恩跪奏，爲補报光緒二十六年分粵海關收支常稅數目恭摺，仰祁聖鑒事。竊照粵海關每年徵收稅銀，向係按照關期，將收支各數，分欵造报。至循例具題，歷皆遵辦。前扵同治二年十一月間奉部劄行，奏准將咨海關洋稅收支數目，均以咸豐十年八月十七日爲始，仍按三箇月奏报一次。扣足四結，专摺奏銷一次。仍從第一結起造具，每結四柱清冊，送部查覈，毋庸按照關期題銷，以清界劃而免稽延。其各關應徵常稅，仍令各按關期，照常題銷，以符舊制。等因。又扵光緒二十七年八月間，先後經前兩廣督臣陶模、前廣東撫臣德壽咨開，光緒二十七年八月十五日內閣奉上諭，李鴻章等奏妥籌本章辦法一摺，內外各衙門一切題本，多屬繁複，現在整頓庶政，諸事務去浮文。嗣後，除賀本仍照常恭進外，所有缺分題本及向來专係具題之件，均著改題为奏。其餘各項本章，卽行一律刪除，以歸简易，將此通諭知之。等因。欽此。欽遵。恭錄咨行前來。奴才伏查粵海關常稅徵收支銷各數，業經按照關期，奏报至光緒二十五年分止在案。茲查光緒二十六年分常稅，前監督文珮、莊山管理任內，計自光緒二十四年五月二十六日起，至二十五年五月二十五日止，計一年期內，粵海大關共徵銀一十四萬八百三十七兩五錢三分三釐，各口共徵銀二萬一千九百三十一兩九分五釐。潮州新關共徵銀二萬一千八百九十六兩九錢四分四釐。瓊州新

---

① 見中國第一歷史檔案館第 03-6429-022 號檔案。

關共徵銀二千二百六十兩四錢二分，東隴、黃岡二口共徵銀一萬七千四百二十兩七分一釐。瓊州土藥稅共徵銀一千九百五十五兩七錢八分二厘。通共徵銀二十萬六千三百一兩八錢四分五厘。除支銷通關經費及鎔銷折耗等銀二萬三千四百五兩六錢四分，動支報解水腳銀六千六百七兩二錢二分四厘，部飯食銀四千九百七十六兩八錢七分，正雜盈餘、水腳平餘等十五兩加平，共銀二千六百三十三兩八錢四分四釐。以上四款，共支銷銀三萬七千六百二十三兩五錢七分八厘，尚存正雜盈餘銀一十六萬八千六百七十八兩二錢六分七釐。循例報解水腳銀六千六百七兩二錢二分四厘，部飯食銀四千九百七十六兩八錢七分，正雜盈餘、水腳平餘銀等十五兩加平共銀二千六百三十三兩四錢九分四分四厘。以上四款，共存銀一十八萬二千八百九十六兩二錢五厘。另存平餘銀三百四兩一錢二厘，统共應存銀一十八萬三千二百三兩三錢七厘。內除解過頤和园常年經費銀三萬兩。又添撥經費銀一萬兩，戶部新增盈餘銀六萬兩，十五兩加平銀九百兩、二十九兩，飯食銀一千七百四十兩，解員盤費銀四百六十九兩八錢。以上六款，共支銀一十萬三千一百九兩八錢，尚应存銀八萬九十五兩五钱七厘。又廉州府屬北海關口，共徵貨稅銀二萬二千兩。以上應存銀兩，已撥歸光绪二十六年分洋稅項下，湊併不敷撥解。至遵旨酌留尾銀，解存藩庫一款，該年無項可撥，合併陳明。除循例造冊送部核銷外，所有補報光绪二十六年分常稅收支各數，並欽遵刪除題本緣由，恭摺具奏。再奴才業已交卸，此摺係借用兩廣捴督關防拜發，合併陳明。伏乞皇太后、皇上聖鑒。謹奏。

光绪三十一年六月初七日，奉硃批：戶部知道。欽此。

四月十一日

## 151　粵海關監督莊山奏爲光绪二十七年粵海關北海關收稅總數事折[①]

二品頂戴粵海關監督奴才莊山跪奏，为常稅一年期滿，謹將征收诸

---

[①] 見中國第一歷史檔案館第03-6415-024號檔案。

数并廉州北海關口稽征貨稅，恭摺具报，仰祈聖鑒事。窃照粵海大關暨各口征收正雜銀兩，向係常洋不分，例扵一年期滿，先將總數奏明。俟查核支銷確數，另行恭疏具題，分欵造冊解部。同治二年十一月間奉部劄行，奏准將各海關洋稅收支數目，均以咸豐十年八月十七日为始，仍按三箇月奏报一次。扣足四結，专摺奏銷一次。仍從第一結起造具，每結四柱清冊，送部查核，毋庸按照關期題銷，以清界劃而免稽延。其各關应征常稅，仍令各按關期，照常題銷，以符舊制。又同治六年五月內奉部议覆，粵海關常稅正額銀五萬六千五百一十一兩九錢四分一厘，盈餘銀十萬兩。又廉州府屬北海關口稽征貨稅，均經奏明，歸入常稅關期报滿摺內，分別具报。各等因。業將光绪二十六年分征收常稅總數，分別具报在案。茲查光绪二十七年分常稅，自光绪二十五年五月二十六日起，至二十六年五月二十五日止，一年期滿，大關征銀一十四萬一千二百五十四兩六錢七分二厘，潮州新關征銀二萬一千八百九十八兩九錢五分八厘，瓊州新關征銀二千二百六十一兩三錢五分二厘，各口征銀二萬一千九百三十兩六錢三厘，通共征銀一十八萬七千三百四十五兩五錢八分五厘。除潮州新關所屬東隴、黃岡二口劄飭該關委員，並添派家人督同口書經理，所有征收，另行奏报外，計二十七年分常稅征足正額盈餘銀一十五萬六千五百一十一兩九錢四分一厘外，計多征銀三萬八百三十三兩六錢四分四厘。查粵海關常稅關期报滿，如有多征，均扵捐內聲明在案。奴才抵任後，稔知洋稅侵占常稅情形，益多设法招徠，認真整頓。況前奉上諭籌備餉需內，有通核關稅一條。倘能溢解一分，則庫儲多受一分之益。現在綜計扵正額盈餘之外，多征銀三萬八百三十三兩六錢四分四厘。又廉州府屬北海關口暨各卡共征貨稅銀二萬二千兩。除俟查核支銷確數，另行恭疏具題报，遵例分晰造冊，送部查核外，所有光绪二十七年分征收常稅總數，並廉州北海關口貨稅各數目，恭摺具陳。伏乞皇太后、皇上聖鑒。謹奏。

光绪二十六年十二月初七日，奉硃批：戶部知道。欽此。

九月十五日

## 152　恒嘉片[①]

再，光緒二十年廣東息借華欵，議定由粵海關六口貨稅及洋药稅厘項下，按期付還。經海關監督、藩司、稅務司訂立合同，於二十年十二月奏明。嗣因關庫竭蹶，復經司局籌商，將海關每年應解善後局勇餉十二萬兩，藩庫旂綠兵餉十七萬兩，共銀二十九萬兩，自光緒二十三年暫行停解。每歲以二十九萬濟諭，海關息借華欵之用。俟息款還请，仍照解司局，以濟兵勇餉糧。於二十二年九月，經前督臣谭鍾麟会同粵海關監督臣文珮附片，具奏各在案。兹據廣东布政使丁体常会同善後局司道詳稱，查息借華欵，截至光緒二十六年岁，業已掃數還清。所有海關應解司局兵勇餉銀二十九萬兩，自二十七年起，自应照案仍解司局。惟查本年奉部奏明，英法借欵佛郎磅價不敷加撥廣东銀一十五萬五千兩。前撥包厘已成無著，尚無指定专款。又每年解部固本兵餉一十二萬兩，從前本係出自洋药厘金，嗣因药厘旧關併征，遂無可動之款。歷年起解此項餉銀，均向商号挪借，積久恐難为繼。选經报明了案。以上加撥洋款、固本兵餉兩項，每年共銀二十七萬五千兩，閏年應加固本餉一萬兩，均属再要之欵，不能短少拖延。当此左支右绌之时，诚恐一旦挪借俱穷，於要需未免贻誤。再回籌酌海關應解兵勇餉銀二十九萬兩，均係有著之欵，本應分解司局，今請將加撥洋欵及固本餉，共銀二十七萬五千兩。自光緒二十七年起，改由關庫認解，即以之抵作應解司局兵勇各餉。除抵外，尚存銀一萬五千兩，仍解善後局应支，此係以海關應解司局之銀，劃抵司局應解之欵；並非加撥關庫。明知兵勇粮餉，亦係必不可少之需。惟当此时事艱難，自以洋欵部欵爲尤要，不得不竭力腾挪。先其所急，以致要款悉归有著，其兵勇粮餉不敷之数目外，再行设法籌垫等由，除请奏咨立案前來，奴才覆核无异。除咨部外，謹附片具陳。伏乞聖鑒訓示。謹奏。

光緒二十七年正月十四日，奉硃批：戶部知道。欽此。
十一月廿八日

---

[①]　見中國第一歷史檔案館藏第03-129-6415-08號檔案。

### 153　署理兩廣總督岑春煊奏報光緒三十一年分粵海各關經徵洋稅各款收支數目事折①

太子少保頭品頂戴兵部尚書銜署理兩廣總督兼管廣東巡撫粵海太平兩關事務臣岑春煊跪奏，爲粵海各關一百七十七結第三月第十天起，至一百八十結，經徵洋稅各款收支數目，開單報銷恭摺，仰祈聖鑒事。竊查粵海各關經徵稅項，惟粵海、潮海、瓊海、北海、三水、江門各關洋稅、洋藥稅收支數目，係按四結，專摺奏銷。其各關洋藥、釐金，九龍、拱北兩關洋藥稅與九、拱兩關百貨稅收支數目，爲數亦鉅，向止分案造冊報部，不列奏銷，以致隱匿侵盜，弊端百出，業經臣另摺奏請。自光緒三十年十一月初四即一百七十七結第三月第十天，前廣東撫臣張人駿接管關務之日起，凡歸各關稅務司按結徵收之洋稅等款，併案奏銷。前此未報各款，由前監督臣常恩清理造銷，並經臣與前廣東撫臣張人駿先後奏明在案。茲將光緒三十年十一月初四日，即第一百七十七結第十天起，至光緒三十一年九月初二日，即第一百八十結止，粵海、潮海、瓊海、北海、三水、江門、九龍、拱北，各關洋稅、洋藥稅釐，暨九龍、拱北兩關百貨稅收支銀數，併案核實奏銷，並無浮濫。除造辦四柱清冊，咨送戶部查核外，謹繕具收支款目清單，恭摺具奏。伏乞皇太后、皇上聖鑒。謹奏。

該部知道，單併發。

光緒三十二年二月初十日

### 154　署理兩廣總督岑春煊奏報光緒三十一年分粵海關常稅收支數目事折②

太子少保頭品頂戴署理兩廣捴督管廣東巡撫事新授雲贵捴督臣岑春

---

① 見前揭《清宮粵港澳商貿檔案全集》第1193號檔案，第6183～6185頁；前揭《明清宮藏中西商貿檔案》第935號檔案，第4909～4911頁。

② 見中國第一歷史檔案館第03-6440-044號檔案。

煊跪奏，为粤海各關光緒三十年十一月初四日起，至三十一年十二月底止，經徵常稅收支數目，開單报銷恭摺，仰祈聖鑒事。窃查粤海各關常稅，向按關期造報，現□按年造報，期於稅務司徵報銀數相符，免造紅單細冊季冊情形。業經臣另摺具奏。自光緒三十年十一月初四，前撫臣張人駿接管關務之日起，至三十一年十二月底止，計一年一箇月零二十七天，所有粤海各關常稅徵收解撥數目，除列單分咨戶部、稅務處查核外，謹□具清單，恭呈御覽。至光緒三十年十一月初四日以前各年常稅奏銷，已由前監督臣常恩併案造報，合併陳明。为此，恭摺具奏。伏乞皇太后、皇上聖鑒。謹奏。

光緒三十二年九月二十日，奉硃批：該部知道。單併發。欽此。

八月十六日

## 155　署理兩廣總督岑春煊奏銷光緒三十一年粤海關各關一百八十一等四結收支洋稅各款事折①

太子少保頭品頂戴署理兩廣總督管廣東巡撫事新授雲貴總督臣岑春煊跪奏，爲粤海各關一百八十一結起，至一百八十四結止，經徵洋稅各款收支數目，開單報銷恭摺，仰祈聖鑒事。竊查粤海各關經徵稅項，惟粤海、潮海、瓊海、北海、三水、江門各關洋稅、洋藥稅收支數目，係按四結專摺奏銷。其各關洋藥釐金、九龍、拱北兩關洋藥稅與九、拱兩關百貨稅收支銀兩，爲數亦鉅，向止分案造冊報部，不列奏銷，以致隱匿侵盜，弊端百出。自關務改章後，業經臣將光緒三十年十一月初四日，即第一百七十七結第三月第十天，前廣東撫臣張人駿接管之日起，至光緒三十一年九月初二日第一百八十結止，凡粤、潮、瓊、北、三、江、九、拱各關洋稅、洋藥稅暨九、拱兩關百貨稅徵收解支銀數，併案開單奏銷，並造冊送部核銷在案。茲將自光緒三十一年九月初三日第一百八十一結起，至光緒三十二年八月十三日第一百八十四結止，粤海、潮海、瓊海、北海、三水、江門、九龍、拱北各關洋稅、洋藥稅釐暨九

---

① 見前揭《清宮粵港澳商貿檔案全集》第1198號檔案，第6205～6207頁；前揭《明清宮藏中西商貿檔案》第944號檔案，第4959～4961頁。

龍、拱北兩關百貨稅收支款目銀數，併案奏銷，繕具清單，恭呈御覽。除造具四柱清冊，咨送戶部稅務處查核外，理合恭摺具奏。伏乞皇太后、皇上聖鑒。謹奏。

該部知道，單併發。

光緒三十二年九月二十四日

## 156　署理兩廣總督岑春煊奏報光緒三十一年分改章整頓粵海關務撙節釐剔歸公各款摺①

太子少保頭品頂戴署理兩廣總督管廣東巡撫事新授雲貴總督臣岑春煊跪奏，爲粵海關務改章，整頓撙節，釐剔歸公各款，繕單恭摺具陳，仰祈聖鑒事。竊臣上年接管關務，當將前撫臣張人駿管理期內規畫整頓，歲可增出銀四十餘萬兩，擬請撥補匯豐鎊價無著之款。於光緒三十一年二月二十日具奏，四月初三日奉旨：著照所擬辦理，該部知道。欽此。並准戶部咨此項增出銀兩，俟該關一年期滿，核明數目，另列清釐一項奏報，無庸列入正額盈餘數內統算，以清界限。等因。查洋稅向按四結奏銷，常稅按年奏銷，各口稅則或徵成元洋銀或徵全毫洋銀，日久相沿，驟難改爲一律。所徵正雜稅銀，除各該口支銷並於常稅奏銷案內列報額徵銀三萬五千餘兩外，餘銀向歸中飽，現在悉數歸公。計自光緒三十年十一月初四日一百七十七結第三月第十日起，至三十一年九月初二日一百八十結期滿止，洋稅收支款內節省歸公紋銀十五萬六百九十二兩四錢五分二釐。又自光緒三十年十一月初四日起，至三十一年十二月底止，常稅收支款內節省歸公並新增紋銀七萬六千七百二十五兩一錢三分二釐。又各口徵收正雜稅內，除常稅奏銷列報東隴、黃岡二口暨各口額徵銀三萬五千八百四十七兩六錢七分，並支經費津貼等項外，實剩正稅成元洋銀六千九百九十二兩五錢二分四釐，全毫洋銀十六萬七千六百三十兩九錢八分九釐，雜款全毫洋銀六萬九千五百八十一兩七錢五分一釐，統計洋常稅收支款內節省歸公關平紋銀二十二萬七千四百一十七兩

---

① 見前揭《清宮粵港澳商貿檔案全集》第1199號檔案，第6208~6212頁；前揭《明清宮藏中西商貿檔案》第945號檔案，第4962~4966頁。

五錢八分四釐。各口正雜稅內，除列常稅奏銷並支經費津貼等項外，下剩歸公關平成元洋銀六千九百九十二兩五錢二分四釐，全毫洋銀二十三萬七千二百十二兩七錢四分，以上紋銀暨成元全毫洋銀，共四十七萬一千六百二十二兩八錢四分八釐，撥補光緒三十一年分匯豐鎊價無著之款。又一百八十一結至一百八十四結，即三十一年九月初三日起，至三十二年八月十三日止，洋稅收支款內節省歸公關平紋銀二十一萬五千七百八十四兩六錢五分九釐，撥補光緒三十二年分匯豐鎊價無著之款。除將收支銀數造冊，分報戶部稅務處外，所有粵海各關洋、常稅收支款內節省歸公並各口正雜稅，除支銷下剩歸公各銀數，理合開具清單，恭摺具陳。伏乞皇太后、皇上聖鑒。謹奏。

該衙門知道，單併發。

光緒三十二年九月二十四日

## 157　署理兩廣總督岑春煊奏報光緒三十二年分粵海各關洋常各稅等銀數移交清楚摺①

太子少保頭品頂戴署理兩廣總督管廣東巡撫事新授雲貴總督臣岑春煊跪奏，爲粵海各關洋、常稅各口稅暨洋、常稅項下節省歸公各銀數移交清楚恭摺，仰祈聖鑒事。竊臣署理兩廣總督任內兼管粵海關務，所有粵海各關洋稅，截止一百八十四結，即光緒三十二年八月十三日止，常稅截止光緒三十一年十二月底止，征收解支及節省歸公各款，均經分案開單奏報，並分咨戶部稅務處，核銷在案。查，洋稅報至一百八十四結止，結存銀三萬七百三十五兩七錢九分三釐，自三十二年八月十四日，即一百八十五結第一月第一日起，至九月二十六交關前一日止，收銀六十一萬八千四百五十三兩八錢八分，解支銀二十萬四千八百七十七兩九錢二分五釐。又支九、拱兩關欠解一百八十四結銀三萬四千三兩一錢七釐，實存關平紋銀四十一萬三百八兩六錢四分一釐。常稅報至三十一年年底止，結存銀二十四萬六千二百九十四兩九錢二分九釐。自三十二年

---

①　見前揭《清宮粵港澳商貿檔案全集》第 1200 號檔案，第 6213～6217 頁；前揭《明清宮藏中西商貿檔案》第 946 號檔案，第 4967～4971 頁。

正月起，至九月二十六交關前一日止，收銀三十六萬六千四百八十一兩九錢二分八釐，解支銀五十萬八千二百四十五兩三錢一分三釐，實存關平紋銀十萬四千五百三十五兩四錢四分四釐。各口稅自三十二年正月起，至九月二十六交關前一日止，收成元洋銀六萬八千五百五十五兩六錢六釐，全毫洋銀九萬五千七百七十五兩九錢八分九釐，節省歸公。各款洋稅自一百八十五結起，常稅自三十二年正月起，均截至九月二十六交關前一日止結，存關平紋銀一萬四千一百五兩五錢六分三釐，關平全毫洋銀四萬四千二百三十兩四錢三分四釐，以上共存關平紋銀五十二萬八千九百四十九兩六錢四分八釐，成元洋銀六萬八千五百五十五兩六錢六釐，全毫洋銀十四萬六兩四錢二分三釐。如數移交新任督臣周馥接收清訖。所有微臣任內兼管粵海關務移交後任，接收洋、常稅各口稅並節省歸公各銀數，除分咨戶部，即新改之度支部暨稅務處查照外，謹繕摺具陳。伏乞皇太后、皇上聖鑒。再，移交節省歸公關平紋銀一萬四千一百五兩五錢六分三釐內，應扣解部庫二成，減平銀二千七百四十四兩六錢九分八釐，合併陳明。謹奏。

該衙門知道。

光緒三十二年九月二十六日

## 158　粵海關監督常恩補報光緒三十二年分粵海關常稅收支總數目事摺[①]

二品頂戴前粵海關監督臣常恩跪奏，爲併案補報光緒二十七年分起，至三十二年分內，七箇月零八日止，粵海各關征收支銷常稅數目恭摺，仰祈聖鑒事。竊照粵海關每年徵收稅銀，向係按照關期，將收支各數，分款造報，並循例具題，歷皆遵辦。前於同治二年十一月間奉部劄行，奏准將各海關洋稅收支數目均以咸豐十年八月十七日爲始，仍按三箇月奏報一次。扣足四結，專摺奏銷一次。仍從第一結起造具，每結四柱清冊，送部查核，毋庸按照關期題銷，以清界劃而免稽延。其各關應

---

① 見中國第一歷史檔案館第 03－6354－019 號檔案。

征常稅，仍令各按關期，照常題銷，以符舊制。等因。又於光緒二十七年八月間，先後准前兩廣督臣陶模、前廣東撫臣德壽咨開，光緒二十七年八月十五日內閣奉上諭，李鴻章等奏妥籌本章辦法一摺，內外各衙門一切題本，多屬繁複，現在整頓庶政，故諸事務去浮文。嗣後，除賀本仍照常恭進外，所有缺分題本及向來專係具題之件，均著改題為奏。其餘各項本章，即行一律刪除，以歸簡易，將此通諭知之。等因。欽此。欽遵。恭錄咨行來關。又於光緒三十一年四月間准兩廣督臣岑春煊咨開戶部咨本部奏，准各關從前未經奏報各案，統令一律分款併案奏報。等因。咨會前來。奴才伏查粵海關常稅徵收支銷各數，業經按照關期奏報至光緒二十六年分止在案。茲查光緒二十七年分起，至光緒三十二年分內，七箇月零八日止，即係自光緒二十五年五月二十六日起，至三十年十一月初三日，奴才交卸之日止，連閏統計共五年零七箇月零八日，所有粵海各關常稅徵收支銷各款數，臣謹按年逐款敬繕清單，併案具奏。除鈔摺呈明戶部核銷外，所有粵海關常稅徵收支銷各款數目，均已一律補報完竣。再查粵海各關常稅，每年向有紅單細冊、季冊等件解部。現此次併案彙報五年零七箇月零八日常稅收支數目，核計應造解部紅單細冊、季冊等件，約千數百本，篇帙浩繁，實非一時所能起辦。擬懇天恩，飭部免予造報，以歸簡易而免稽延。現奴才業已交卸，此摺係借用兩廣捴督關防拜發，合併陳明。伏乞皇太后、皇上聖鑒。謹奏。

光緒三十二年六月初九日，奉硃批：戶部知道，單併發。欽此。

閏四月十一日

## 159　兩廣總督胡湘林奏報光緒三十二年分粵海各關撥節歸公各款事摺①

頭品頂戴議理兩廣捴督、廣東布政使臣胡湘林跪奏，為粵海各關光緒三十二年分常稅及各口稅樽節釐剔歸公各款繕單，恭摺具陳，仰祈聖鑒事。竊粵海關自改章奉整頓後，前督臣岑春煊奏請將每歲增出銀四十

---

① 見中國第一歷史檔案館第 03－129－6447－035 號檔案。

餘萬兩撥補滙豐磅價無備之款，奉旨著照所□節理。該部知道。欽此。並請戶部咨此項增出銀兩，俟該關一年期滿，核明數目。为列清厘一項奏報，無庸列入正額盈餘數內統算，以清界限。等因。查粤海關洋稅節省各款，已报至一百八十四結止，常稅及各口稅節省各款，已报至三十一年年底止，惟各口稅或征成元洋銀，或征金毫洋銀，日久相沿，未能一律。茲查自三十二年正月起，至十二月月底止，常稅收支款內，節省归公並新增各款，實勝正稅餘銀八萬一千三百六十八兩四錢二分二厘。又各口征收正雜稅內，除常稅奏銷列报東隴、黃岡二口，暨各口款征銀三萬五千八百七十九兩二錢五分八厘，並支經費津貼等項外，實勝正稅成元洋銀六萬一千九百二十五兩四錢九分七厘。雜稅及雜款，實勝金毫洋銀一十六萬九千六百七十一兩八錢四分三厘。統計以上紋銀暨成元金毫洋銀共三十一萬三千五兩七錢六分二厘正，全數撥補光緒三十二年分滙豐磅價無備之用。除收支細數造冊，分报度支部稅務處查核外，所有粤海關常稅收支款內節省归公，並各口正雜稅支勝及各銀數，理合開具清單，恭扺具奏。再稅項下节省归公各數，应俟一百八十五結至一百八十八結，扣足四結期滿，再行開單报銷，合併陳明。伏乞皇太后、皇上聖鑒。謹奏。

光緒三十三年九月初九日，奉硃批：該部知道，單併發。欽此。
七月二十八日

## 160　兩廣總督張人駿奏報光緒三十三年分粤海各關一百八十五等四結洋稅節省歸公各數事折①

兩廣總督兼管廣東巡撫事臣張人駿跪奏，爲各關第一百八十五結至一百八十八結洋稅樽節釐剔歸公各款數目，繕單恭摺具陳，仰祈聖鑒事。竊粤海關自改章整頓後，經前督臣岑春煊奏請，將臣前在廣東巡撫任內接管關務時，規畫整頓每歲增出銀四十餘萬兩撥補匯豐磅價無著之款，奉旨：著照所擬辦理，該部知道。欽此。並准戶部咨，此項增出銀

---

① 見前揭《清宫粤港澳商貿檔案全集》第1204號檔案，第6230～6232頁；前揭《明清宫藏中西商貿檔案》第950號檔案，第4984～4986頁。

兩，俟該關一年期滿，核明數目，另列清釐一項奏報，無庸列入正額盈餘數內統算，以清界限。等因。查粵海關洋稅節省各款，已報至一百八十四結止，常稅及各口稅節省各款已報至三十二年年底止。茲查光緒三十二年八月十四日第一百八十五結起，至三十三年八月二十三日第一百八十八結止，洋稅收支款內，共節省歸公紋銀二十一萬九千六百九兩九錢四釐，已全數撥補光緒三十三年分匯豐磅價無著之用。除將收支細數，造冊分報度支部稅務處查核外，所有粵海各關第一百八十五結至一百八十八結洋稅節省歸公各款數目，理合開具清單，恭摺具奏。再，三十三年分常稅及各口稅項下節省歸公各數，現已另案開單報銷，合併陳明。伏乞皇太后、皇上聖鑒。謹奏。

該部知道，單併發。

光緒三十四年五月十二日

## 161　兩廣總督張人駿奏銷光緒三十三年粵海各關一百八十五等四結收支洋稅各款數目事摺①

兩廣總督兼管廣東巡撫事臣張人駿跪奏，為粵海各關一百八十五結起至一百八十八結止，經徵洋稅各款收支數目，開單報銷恭摺，仰祈聖鑒事。竊查粵海各關經徵稅項，惟粵海、潮海、瓊海、北海、三水、江門各關，洋稅、洋藥稅收支數目，係按四結，專摺奏銷；其各關洋藥釐金，九龍、拱北兩關洋藥稅與九、拱兩關百貨稅收支銀兩，為數亦鉅，向止分案造冊報部，不列奏銷，以致隱匿侵盜弊端百出。自關務改章後，業經前督臣岑春煊將光緒三十年十一月初四日，即第一百七十七結第三月第十天，臣前在廣東巡撫任內接管之日起，至光緒三十一年九月初二日第一百八十結止。又光緒三十一年九月初三日第一百八十一結起，至光緒三十二年八月十三日第一百八十四結止，凡粵、潮、瓊、北、三、江、九、拱各關洋稅、洋藥稅暨九、拱兩關百貨稅徵收解支銀數併案，先後開單奏銷，並造冊送部核銷在案。茲將自光緒三十二年八

①　見前揭《清宮粵港澳商貿檔案全集》第1205號檔案，第6233～6235頁；前揭《明清宮藏中西商貿檔案》第951號檔案，第4987～4989頁。

月十四日第一百八十五結起，至光緒三十三年八月二十三日第一百八十八結止，粵海、潮海、瓊海、北海、三水、江門、九龍、拱北各關洋稅、洋藥稅釐暨九龍、拱北兩關百貨稅收支款目銀數，併案奏銷，繕具清單，恭呈御覽。除造具四柱清冊，咨送度支部稅務處查核外，理合恭摺具奏。伏乞皇太后、皇上聖鑒。謹奏。

該部知道，單併發。

光緒三十四年五月十二日

## 162　粵海關徵收洋稅數目清單①

謹開粵海關奏報洋稅數目：

大關，共徵銀九十三萬二千四百八十兩九錢八分八釐。

大關招商局輪船，共徵銀一萬七千六百二十八兩五錢九分二釐。

潮州新關，共徵銀五十四萬八千九百六兩四錢八分四釐。

潮州新關，招商局輪船共徵銀二萬八千八百六十四兩七分八釐。

瓊州新關，共徵銀七萬六千三百三十四兩三錢二分。

北海新關，共徵銀六萬九千九百三十四兩四錢七分九釐。

合共徵銀一百六十七萬四千一百四十八兩九錢四分一釐。

## 163　粵海關徵收常稅數目清單②

謹開粵海關奏報常稅數目

大關即廣州省城，徵銀十四萬四千二百九十三兩八錢九分三釐。

潮州即汕頭新關，徵銀二萬五百四十六兩四錢七分九釐。

瓊州新關，徵銀一千九百九十九兩九分三釐。

---

① 見前揭《清宮粵港澳商貿檔案全集》第1207號檔案，第6238~6239頁。
② 見前揭《清宮粵港澳商貿檔案全集》第1208號檔案，第6240~6241頁。

各口徵銀二萬八千二百四十七兩六錢三分一釐。

通共徵銀十九萬五千八十七兩九分六釐。

又新安、香山所屬汲水門等處卽六廠，徵洋藥稅銀十八萬七千七十兩一錢。

又北海關卽廉州府各卡，共徵貨稅銀一萬四千四百三十四兩九錢七分二釐。

## 164　署理兩廣總督袁樹勛奏報光緒三十四年分粵海各關一百八十九等五結收支洋稅數目事折①

頭品頂戴署理兩廣總督兼管廣東巡撫事臣袁樹勛跪奏，爲粵海各關第一百八十九結至一百九十三結洋稅撙節釐剔歸公各款數目繕單，恭摺具陳，仰祈聖鑒事。竊粵海關自改章整頓後，經前兩廣督臣岑春煊奏請，將前廣東撫臣張人駿接管關務時，規畫整頓，每歲增出銀四十餘萬兩，撥補匯豐鎊價無著之款。奉旨：著照所擬辦理，該部知道。欽此。並准戶部咨，此項增出銀兩，俟該關一年期滿，核明數目，另列清釐一項奏報，無庸列入正額盈餘數內統算，以清界限。等因。查，粵海關洋稅節省各款已報至一百八十八結止，常稅及各口稅節省各款，已報至三十三年年底止。茲查光緒三十三年八月二十四日第一百八十九結起，至三十四年十二月初九日第一百九十三結止，洋稅收支款內，共節省歸公紋銀二十五萬九千九百六十六兩六錢六分八釐，已全數撥補光緒三十四年分匯豐鎊價無著之用。除將收支細數造冊，分報度支部稅務處查核外，所有粵海各關第一百八十九結至一百九十三結洋稅節省歸公各款數目，理合開具清單，恭摺具奏。再三十四年分常稅及各口稅項下節省歸公各數，現已另案開單報銷，合併陳明。伏乞皇上聖鑒。謹奏。

該部知道，單併發。

宣統二年二月二十九日

---

① 見前揭《清宮粵港澳商貿檔案全集》第1211號檔案，第6263~6265頁；前揭《明清宮藏中西商貿檔案》第956號檔案，第5023~5025頁。

## 165　署理兩廣總督袁樹勛奏報光緒三十四年分粵海各關一百八十九等五結洋稅節省數目事折①

　　頭品頂戴署理兩廣總督兼管廣東巡撫事臣袁樹勛跪奏，為粵海各關一百八十九結起至一百九十三結止，經徵洋稅各款收支數目，開單報銷恭摺，仰祈聖鑒事。竊查粵海各關經徵稅項，惟粵海、潮海、瓊海、北海、三水、江門各關洋稅、洋藥稅收支數目，係按四結專摺奏銷，其各關洋藥釐金、九龍、拱北兩關洋藥稅與九、拱兩關百貨稅收支銀兩，為數亦鉅，向止分案造冊報部，不列奏銷，以致隱匿侵盜，弊端百出。自關務改章後，業將光緒三十年十一月初四日，即第一百七十七結第三月第十天，前廣東撫臣張人駿接管之日起，至光緒三十三年八月二十三日第一百八十八結止，凡粵、潮、瓊、北、三、江、九、拱各關洋稅、洋藥稅暨九、拱兩關百貨稅徵收解支銀數，按屆併案，先後開單奏銷，並造冊送部核銷在案。茲於宣統元年十月初十日，准度支部電開各關洋稅四結奏銷，與清理財政全年冊報相差一結，應改歸一律，以便查考。粵海關洋稅奏銷，應自一百八十九結起，扣至一百九十三結止，計五結，彙總辦理，並將前項更改緣由，隨摺聲敘，以後仍按四結遞推。等因。前來。茲將自光緒三十三年八月二十四日第一百八十九結起，至光緒三十四年十二月初九日第一百九十三結止，粵海、潮海、瓊海、北海、三水、江門、九龍、拱北各關洋稅、洋藥稅釐暨九、拱兩關百貨稅收支款目銀數，併案奏銷，繕具清單，恭呈御覽。除造具四柱清冊，咨送度支部稅務處查核外，理合恭摺具奏。伏乞皇上聖鑒。謹奏。

　　該部知道，單併發。

　　宣統二年二月二十九日

---

　　① 見前揭《清宮粵港澳商貿檔案全集》第1212號檔案，第6266~6269頁；前揭《明清宮藏中西商貿檔案》第957號檔案，第5026~5029頁。